中非关系与经济转型

China-Africa and an Economic Transformation

〔埃塞俄比亚〕阿尔卡贝·奥克贝（Arkebe Oqubay）　林毅夫◎编

宋　琛◎译

北京大学出版社
PEKING UNIVERSITY PRESS

著作权合同登记号　图字：01-2020-3101

图书在版编目(CIP)数据

中非关系与经济转型/(埃塞)阿尔卡贝·奥克贝，林毅夫编；宋琛译. —北京：北京大学出版社，2023.3

ISBN 978-7-301-33273-3

Ⅰ．①中…　Ⅱ．①阿…　②林…　③宋…　Ⅲ．①中外关系—研究—非洲　②转型经济—研究—非洲　Ⅳ．①D822.34　②F140.39

中国国家版本馆 CIP 数据核字(2023)第 012519 号

Ⓒ Oxford University Press

China-Africa and an Economic Transformation was originally published in English in 2019. This translation is published by arrangement with Oxford University Press. Peking University Press is solely responsible for this translation from the original work and Oxford University Press shall have no liability for any errors, omissions or inaccuracies or ambiguities in such translation or for any losses caused by reliance.

《中非关系与经济转型》英文版于 2019 年出版。此翻译版由牛津大学出版社授权出版。北京大学出版社负责原著的翻译。对于译文可能出现的任何错译、漏译、不准确或歧义，以及由此带来的相关损失，牛津大学出版社不承担责任。

书　　　名	中非关系与经济转型	
	ZHONGFEI GUANXI YU JINGJI ZHUANXING	
著作责任者	〔埃塞俄比亚〕阿尔卡贝·奥克贝（Arkebe Oqubay）　林毅夫　编	
	宋　琛　译	
策 划 编 辑	张　燕	
责 任 编 辑	闫静雅　兰　慧	
标 准 书 号	ISBN 978-7-301-33273-3	
出 版 发 行	北京大学出版社	
地　　　址	北京市海淀区成府路 205 号　100871	
网　　　址	http://www.pup.cn	
微信公众号	北京大学经管书苑（pupembook）	
电 子 信 箱	em@pup.cn	
电　　　话	邮购部 010-62752015　发行部 010-62750672　编辑部 010-62752926	
印 刷 者	涿州市星河印刷有限公司	
经 销 者	新华书店	
	730 毫米×1020 毫米　16 开本　18.25 印张　264 千字	
	2023 年 3 月第 1 版　2023 年 3 月第 1 次印刷	
定　　　价	72.00 元	

本书献给中非问题研究的先驱 Deborah Brautigam，
她启发了许多该领域的知名学者和后起之秀

本书所获赞誉

该书对中非之间不断发展的贸易和投资关系作出了最新的评估，这对一个尚未得到充分研究的领域是可喜的贡献。该书指出并探讨了中非关系的不对称问题，对政府治理方式也提出了深刻见解。该书不仅在学术上十分严谨，而且也为中国和非洲的利益相关者提供了大量非常实用的指导，帮助其在未来更好地建立伙伴关系。

Miriam Altman 博士，南非国家计划委员会委员

这是一本极其重要的著作。在有关中国和非洲的讨论中，中国人和非洲人的观点往往被忽略。该书作者代表了一种与西方世界基于自身独特利益所形成的言论相背离的观点。他们汇集了一系列关于特定国家间合作的深刻见解，并且揭示了世界正因中国和非洲而发生改变的复杂情形。

Stephen Chan，伦敦大学亚非学院世界政治学教授

这本书出版之际正值中非关系的关键节点，此时双方都在探索新的合作方式以继续发挥合作潜力。正如《2063年议程》所述，2018年中非合作论坛北京峰会启动了一项雄心勃勃的日程以支持非洲的发展。双方还一致同意在全球舞台上推进共同的优先事项。非洲联盟致力于与中国共同努力，实现"构建更加紧密的中非命运共同体"的目标。在双方的合作向前推进时，这本书汇集了多方面的智慧结晶，是一份珍贵的资源，它记录了这种伙伴关系的具体成就，并强调了其有机会对双方的利益产生更大影响。

Moussa Faki Mahamat，非洲联盟委员会主席

奥克贝和林毅夫召集了世界各地的众多知名学者，就非洲的合作伙伴之一——中国——进行了最新的讨论。非洲国家和中国的关系正日益发展、巩固、加强并更趋多样化，人们需要不断学习和适应才能理解这种变化。通过这本细致入微的书，作者阐明了中国的参与并非非洲国家发展的灵丹妙药。但是中国对非洲的正面叙事是一股新鲜的东风，非洲国家可以利用这股东风来实施本土化的战略举措。该书是学者和政策制定者都需要阅读的重要著作。

Sven Grimm，德国发展研究所项目负责人，
斯泰伦博斯大学（Stellenbosch University）副教授

该书对中国高速发展背景下的中非关系以及在过去25年中这种关系如何发展进行了精彩回顾，是一本必读书。该书将中非关系同过去和现在的非洲与西方世界的经济关系进行对比，指出了非洲与中国进行贸易的积极影响和新机遇，以及负面因素和未来可能出现的问题（如不断增加的债务和贸易赤字）。在该书中，著名的专家团队对上述问题进行了分析，生动地阐明了非洲和其他国家可以从中国的快速发展中学到什么。其分析结果是一份重要的参考资料，值得非洲国家、西方国家和中国的国内及国际政策制定者，以及研究中非关系的学生和分析人士关注。

Richard Jolly，英国发展研究所荣誉教授兼研究助理

如果你是一位国有企业或民营企业的企业家，或者任何有志于在未来 50 年内在非洲大陆建设更加繁荣的国家和企业的人，那么这本引人入胜的书是必读书。显然，中国在不到 50 年的时间内实现了经济转型，使近十亿人口摆脱贫困，并具备了影响全球科技进步的能力，其经验对非洲来说具有振奋人心的作用和启发意义。这表明这种转型是可能的。该书的编者和作者们完成了一份杰出的工作，展示了在动态和复杂的环境中，非洲国家迫切需要更具战略性的方法，以释放整个非洲大陆前所未有的经济价值，并确保未来的经济互惠互利。无论在政府部门还是民营部门中，任何真正致力于实现中非可持续发展和创造繁荣未来的人，都应该仔细研读这本书，并从其基于历史的理智分析中获得具有可操作性的洞见。

Strive Masiyiwa，伊科网创始人

《中非关系与经济转型》是一部引人入胜且具有说服力的著作，它为人们提供了一个与主要决策者和资深学者互动的机会。与其他有关中非关系的陈词滥调不同，该书作者提供了有关发展道路问题的新颖而独到的见解。该书出版得非常及时且富有挑战性。即使将其比作一颗璀璨的宝石，也不足以体现出其价值。

James H. Mittelman，美利坚大学名誉教授、杰出研究教授

非洲的发展和结构转型要想取得成功，就必须以非洲人民找到适合非洲大陆文化、社会和经济环境的发展道路为前提。奥克贝和林毅夫所编的这本有趣的书，几乎是第一本探讨中国经济发展模式在非洲的实际应用并审视其成功与失败之处的著作。该书出版得非常及时，在全球多极化格局不断变化的背景下，探讨经济发展中哪些做法行得通、哪些行不通非常重要，因此这本书必须一读。

Ngozi Okonjo-Iweala 博士，尼日利亚前财政部长

非洲国家已经准备好经历持续的增长和发展。中国将凭借自身的经济发展和对外政策，在这一进程中发挥越来越重要的作用。《中非关系与经济转型》一书对中国与其非洲的贸易和投资伙伴之间的多方面互动关系进行了清晰而重要的评估。书中许多闪光点在于它对这种关系的动态和变化，以及在全球环境中所有经济体对该变化的应对做出了明确的认识。该书将成为中国和非洲的政策制定者、企业和民间社团领袖的必读书目，也将成为所有关注可持续发展目标和全球经济增长模式包容性的全球支持者的必读书目。

Michael Spence，纽约大学斯特恩商学院经济学教授，
2001 年诺贝尔经济学奖获得者

随着中国在非洲的影响力不断增强，政策制定者、企业和民间社团领袖必须深入了解中非关系，以便做出明智的决定，最大限度地利用机会并获益。《中非关系与经济转型》一书汇集了中国自身发展历程的历史经验、中非关系迄今为止在非洲基础设施建设中的作用，以及对这种伙伴关系在未来数十年的潜在发展轨迹的细致分析，旨在为决策者提供指导。该书的一个新颖之处在于抓住了中非之间经济关系的多样性和动态性，并将其与非洲的转型联系起来。它是有志于使非洲大陆经济发展健康而充满活力的政策制定者、从业者和研究人员的必读书。

Mark Suzman，
比尔及梅琳达·盖茨基金会首席战略官、全球政策与宣传总裁

前　言

　　随着中非经济关系进入一个新的阶段，回顾过去 25 年中非关系的发展历程，并评估未来将影响中非关系的重要经济政策和发展战略，对中非关系的未来发展具有重要意义。中国为迎接第四次工业革命所做出的经济调整、"一带一路"倡议，以及 2018 年 9 月中非合作论坛第七届部长级会议期间宣布的新的政策方向，对非洲国家来说既是机遇也是挑战。同样，2018 年的非洲经济与 2000 年首次举办中非合作论坛时已有很大的不同。在国内经济改革不断推进和全球经济环境不断变化的共同作用之下，超过 18 个非洲国家在过去 10 年中取得了积极的经济增长。但这种增长持续时间较短，且非洲各国的经济发展也不均衡。大多数非洲国家的经济没有充分实现多样化，经济增长也没有充分转化为结构转型。此外，非洲各国与中国的经济关系和发展成果也参差不齐。

　　自 2000 年中非合作论坛首届峰会以来，中非经济关系取得了长足进展。除了中非双边贸易的显著增长，中国对许多非洲经济体生产部门的投资促进了这些部门生产率的提高——尽管非洲各国的生产率参差不齐。中国在非洲关键基础设施（交通、电力和物流）的发展和融资方面所发挥的作用，对于解决长期以来阻碍非洲大陆发挥其经济潜力的关键问题至关重要。

同样重要的是中国自身的发展经验对非洲国家的示范作用。在这方面，中国政府在引导市场方面所发挥的作用，以及政府尝试"非常规"政策以促进经济增长、参与全球市场竞争并在此过程中减少贫困的意愿，都具有重大意义。政府对重要基础设施的大量投资、对出口部门的针对性支持、对外国直接投资（FDI）的积极促进、对教育和研发的支持，被辅以灵活的政策，这些政策旨在通过技术改造、员工再培训和逐步放松市场管制，提高当地企业的竞争力。中国的经验（政策自主权和战略规划）正日益为许多非洲国家制定发展战略提供参考。

随着中国在全球化的新阶段向"知识型经济"过渡，中国面临着许多再平衡的挑战，这些挑战可能给非洲国家带来新的机遇，也可能消除一些机会。中国作为对外直接投资的主要来源国，以及世界上最大的贸易和制造业国家，如果非洲国家在与中国交往时采取正确的战略方法，那么中国的崛起将使非洲国家受益。例如，中国的劳动密集型制造业即将向外迁移，有望为非洲青年创造数百万个就业岗位；中国不断壮大的中产阶级对奢侈农产品的消费，将增加非洲对中国的农产品出口，从而释放非洲农民的生产潜力。

中非经贸关系和发展合作正处于起步阶段，要断定这种关系带来的是机遇还是挑战还为时过早。我们不能过于笼统地概括中国在非洲所扮演的角色，而是需要对单个非洲国家和价值链层面进行更详细的研究，以追踪中国对非洲经济发展的实际影响。同时，我们也需要谨慎看待对中国模式可复制性的过度乐观。虽然中国的例子很有吸引力，但是对非洲人民来说，如果要正确解读不断演变的全球秩序并据此制定政策，就必须立足于非洲的现实。

　　与此同时，中非之间不断发展的贸易和投资伙伴关系，也为中国的国有企业、民营企业和民间社团提供了前所未有的机遇。我们希望本书的出版不仅有助于推动中非合作的政策和学术讨论，也能为有志于在未来 50 年内参与非洲大陆建设与繁荣的企业或个人提供参考和借鉴。

Arkebe Oqubay　林毅夫

致　谢

我们非常感激本书的所有撰稿人，我们有幸与他们一起工作，真诚地感谢他们为确保本书成功出版所付出的努力。

特别感谢本书英文版责任编辑 Adam Swallow、牛津大学出版社的编辑团队以及整个制作团队的支持和鼓励。感谢匿名审稿人和牛津大学出版社批准这一选题的最终版本。

感谢 Fantu Cheru 教授作为这个项目的高级技术顾问为我们提供的宝贵指导，同时感谢外部评审员 Mohamed Salih 教授、James Mittleman 教授、Scarlett Cornelissen 教授和 Dirk Willem te Velde 博士的批评性意见和为改进初稿提供的宝贵建议。感谢 2018 年 8 月在亚的斯亚贝巴举行的评审研讨会的所有其他参与者，感谢他们富有洞察力的演讲、讨论、反馈和合作。

感谢比尔及梅琳达·盖茨基金会提供的资助，感谢 Haddis Tadesse 和 Tewolde Gebremariam 一直以来的支持，以及非洲制造倡议（Made in Africa Initiative）和埃塞俄比亚航空为本项目提供的业务支持。我们还要感谢项目协调人 Deborah M. Kefale 以及研究团队 Meron Tilahun、Yohannes Ghebru、Tsion Kifle 和 Edom Haile，感谢他们在本书写作过程中给予的支持以及在整个项目中给予的帮助。

最后，感谢北京大学出版社为出版本书中文版所做的努力。感谢对外经济贸易大学金融学院宋琛博士对中文版的翻译工作。

贡献者名单

Chris Alden 伦敦政治经济学院国际关系系教授。曾在剑桥大学、东京大学、巴黎高等师范学院和比勒陀利亚大学等多所大学获得助学金。其著作包括 *New Directions in Africa-China Studies*（与 Dan Large 合编，Routledge/SSRC，2018）；*Apartheid's Last Stand：The Rise and Fall of the South African Security State*（Palgrave，2017）；*Brazil and Mozambique：Forging New Partnerships or Developing Dependency?*（与 Sergio Chichava 和 Ana Cristina Alves 合编，Jacana/IESE/SAIIA，2017）；*China and Africa：Building Peace and Security Cooperation on the Continent*（与 Abiodun Alao，Laura Barber 和 Zhang Chun 合编，Palgrave，2017）。

Deborah Brautigam 美国约翰·霍普金斯大学高级国际研究学院（SAIS）政治经济学教授、国际发展项目主任、中非研究项目主任。其最新著作包括 *The Dragon's Gift：The Real Story of China in Africa*（OUP，2010）和 *Will Africa Feed China?*（OUP，2015）。在 2012 年

加入 SAIS 之前，曾在哥伦比亚大学和美利坚大学任教。主要教学和研究领域为国际发展战略、治理和外国援助。拥有塔夫茨大学弗莱彻法律与外交学院博士学位。

Richard Carey 经济合作与发展组织（OECD）发展合作部前主任，为 OECD 的发展援助委员会（DAC）提供支持。在 OECD 任职期间（1980—2010 年），他领导了多项关于发展问题的研究，包括援助有效性、贸易援助、参与性发展和良好治理、政策一致性、发展融资以及冲突和脆弱性。2009 年，他担任中国-发展援助委员会（China-DAC）研究小组创始联席主席。他还积极参与多边工作，包括千年发展目标、债务统计和多边协调，并与联合国非洲经济委员会建立了密切联系。

Fantu Cheru 美利坚大学（华盛顿特区）国际关系学名誉教授，荷兰莱顿大学非洲研究中心高级研究员。2007—2012 年，他在瑞典乌普萨拉（Uppsala）的北欧非洲研究所担任研究主任，并担任联合国秘书长科菲·安南（Kofi Annan）动员国际社会支持非洲发展新伙伴关系的小组成员。Cheru 教授还是多家学术期刊的编辑委员会成员，其著作包括 *Oxford Handbook of the Ethiopian Economy*（与 Cramer 和 Oqubay 合著，OUP，2019）；*Agricultural Development and Food Security in Africa：The Impact of Chinese，Indian and Brazilian Investments*（Zed Books，2013）；*Africa and International Relations in the 21st Century*（与 Cornelissen 和 Shaw 合著，Palgrave Macmillan，2011）；*The Rise of China and India in Africa*（Zed Books，2010）。

Jing Gu 博士，英国国际发展研究院新兴大国与全球发展中心主任。谷博士具有法律、经济和国际发展等复合专业背景。她领导了许多涉及多国团队的跨学科研究项目，包括 2007—2017 年在非洲开展的涉及 15 个非洲国家和 10 个中国省份的关于中国的开创性研究。她在国际发展中的金砖国家、中国和新兴大国、中国在国际发展中的作用以及中非关系等方面发表了大量文章。她还担任中国国际发展研究网络（CIDRN）高级顾问，同时也是《第三世界季刊》（*Third World Quarterly*）国际编辑委员会成员。

Won L. Kidane 西雅图大学法学院法学副教授（终身教职）。主要从事国际仲裁和诉讼领域的教学、研究和实践工作。Kidane 教授出版了四部著作（其中两部为合著），发表了数十篇法律评论文章。其知名著作包括 *The Culture of International Arbitration*（OUP，2017），*Litigating War*（与 Murphy 和 Snider 合著，OUP，2013）和 *Global Issues in Immigration Law*（与 Aldana、Lyon、McKanders 合著，West Academic，2013）。他拥有法学博士学位（SJD，乔治敦大学）、职业法律博士（JD，伊利诺伊大学）和法学硕士学位（LLM，佐治亚大学）。

林毅夫 北京大学新结构经济学研究院院长，南南合作与发展学院院长，国家发展研究院名誉院长，教授。膺选为英国科学院外籍院士和世界科学院（原第三世界科学院）院士。2008—2012 年，担任世界银行高级副行长兼首席经济学家。他是北京大学中国经济研究中心（现国家发展研究院）创始主任，并在此任教 15 年。现任国务院参事、全国政协常务委员会委员。其主要英文著作包括 *Beating the Odds：Jump-Starting Developing Countries*（Princeton University Press，2017）；*Going beyond Aid：Development Cooperation for Structural Transformation*（CUP，2017）；*The Quest for Prosperity：How Developing Economies Can Take Off*（Princeton University Press，2012）；*New Structural Economics：A Framework for Rethinking Development and Policy*（World Bank，2012）；*Against the Consensus：Reflections on the Great Recession*（CUP，2013）；*Demystifying the Chinese Economy*（CUP，2012）。

Célestin Monga 博士，非洲开发银行副行长。曾任联合国工业发展组织（UNIDO）常务董事、世界银行高级顾问和项目主任。他在学术机构和金融机构担任多种高级职务。毕业于麻省理工学院、哈佛大学和巴黎第一大学。Monga 博士出版了数本有关非洲的著作，包括与林毅夫合著的 *The Oxford Handbook of Africa and Economics*，Vols 1 and 2（OUP，2015）。他还是五卷本的 *New Encyclopedia of Africa* 的经济学编辑（Charles Scribner's，2007）。

Arkebe Oqubay 博士，埃塞俄比亚高级部长和总理特别顾问。曾任亚的斯亚贝巴市市长，并因改造该市而被荷兰银行授予"2006 年最佳非洲市长"称号。目前担任数个主要公共组织和国际顾问委员会主席，并获得日本天皇颁发的朝阳勋章、金星勋章和银星勋章。他还担任伦敦大学非洲研究中心（SOAS）兼职研究员，并拥有伦敦大学亚非研究所发展研究博士学位。其近期著作包括 *Made in Africa：Industrial Policy in Ethiopia*（OUP，2015）；*The Oxford Handbook of the Ethiopian Economy*（与 Cheru 和 Cramer 合著，OUP，2019）；*How Nations Learn：Technological Learning，Industrial Policy，and Catch Up*（OUP，2019）；*African Economic Development：Evidence，Theory，and Policy*（与林毅夫合著，OUP，2020）。曾因其在产业政策方面的实践和理论研究成就，被《新非洲》（*New African*）杂志评为 2016 年最具影响力的 100 名非洲人之一，并被评为"非洲战略发展领军思想家"。主要研究领域包括结构转型、经济追赶、产业政策和政策制定，尤其关注非洲问题。

Carlos Oya 博士，伦敦大学亚非学院发展政治经济学副教授。主要研究方向为劳资关系与就业、农业政治经济学、发展政策、贫困和研究方法。他目前正主持一个研究埃塞俄比亚和安哥拉基础设施建设和制造业的结构转型与就业动态的项目。

徐佳君 北京大学新结构经济学研究院助理教授、常务副院长。曾在联合国和世界银行任职，目前担任经济结构转型全球研究联盟秘书长。主要研究方向为发展融资和全球经济治理。曾在国际发展领域的学术期刊上发表文章。其学术专著 *Beyond US Hegemony in International Development* 于 2017 年由剑桥大学出版社出版。徐教授拥有牛津大学哲学博士学位。

Linda Yueh 博士，牛津大学圣埃德蒙德学院经济学研究员、中国增长中心主任；同时担任伦敦商学院兼职经济学教授和伦敦政治经济学院高级访问研究员。曾任北京大学客座经济学教授。其著作包括 *China's Growth：The Making of an Economic Superpower*（OUP，2013）；*Enterprising China：Business，Economic and Legal Development Since 1979*（OUP，2011）；*What Would the Great Economists Do？How Twelve Brilliant Minds Would Solve Today's Biggest Problems*（Picador Press，2019）。

目　录

第 1 章　中非关系与经济转型概述 / 001

　　（Arkebe Oqubay，林毅夫）

　1.1　中非关系的背景 / 001

　1.2　本书的分析框架和目标 / 005

　1.3　本书的结构 / 007

　1.4　寻求互补的中非经济伙伴关系 / 012

第一部分　中国的崛起与不断变化的全球发展话语权

第 2 章　中国的经济崛起及其对非洲的影响 / 019

　　（Linda Yueh）

　2.1　中国的经济崛起及其全球影响 / 019

　2.2　中国的经济崛起 / 020

　2.3　中国的全球影响力 / 026

　2.4　中国对非洲的影响："一带一路"倡议与肯尼亚 / 030

　2.5　中国的崛起助力撒哈拉以南非洲的增长转型 / 033

第 3 章　中国经济崛起的意义及其全球外部性 / 039

（Célestin Monga）

3.1　导言 / 039

3.2　中国经济作为全球公共品 / 041

3.3　潜在的负外部性和缓解因素 / 051

3.4　结论 / 061

第二部分　中非经济关系的演进

第 4 章　中非经济关系的争论和展望 / 067

（Chris Alden）

4.1　南南合作：从政治团结到经济合作 / 068

4.2　动态模式：中国经验与非洲发展 / 074

4.3　讨论未来：是走向更加多元化还是更强依赖性？ / 077

4.4　结论 / 078

第三部分　中非经济合作关系动态

第 5 章　中国的贷款和非洲的结构转型 / 085

（Deborah Brautigam）

5.1　引言 / 085

5.2　中国贷款的历史框架 / 087

5.3　21 世纪中国的海外贷款机构 / 089

5.4　中国的贷款与结构转型 / 095

第 6 章　中国开发性金融与非洲基础设施建设 / 107

（Jing Gu，Richard Carey）

6.1　新模式，新对手，新合作？/ 107

6.2　中国的国际开发性金融：全球政治经济学视角 / 109

6.3　中国对全球和非洲基础设施投资框架的影响 / 117

6.4　电气化和数字化作为中非关系发展的变革性因素 / 127

6.5　结论：为非洲互联互通基础设施搭建共享平台 / 130

第 7 章　中非经济关系中的协议和争端解决 / 138

（Won L. Kidane）

7.1　引言 / 138

7.2　中非经济合作协议：文化注解 / 141

7.3　中非经济协议及实质性内容和规范 / 143

7.4　中非经济协议中的争端解决 / 149

7.5　其他协议 / 153

7.6　结论 / 157

第 8 章　中非之间的劳工制度和工作场所冲突 / 165

（Carlos Oya）

8.1　概述：工作场所冲突和经济转型 / 165

8.2　中非劳工冲突：主导与新兴问题和相关争论 / 167

8.3　了解中国的劳动制度 / 176

8.4　非洲的劳资关系：案例研究及启示 / 181

8.5　中国例外主义？非洲机构和背景 / 185

第四部分　中国与非洲的经济转型

第 9 章　中国的轻工业与非洲的工业化 / 195

（林毅夫，徐佳君）

9.1　引言 / 195

9.2　从"飞雁"到"领头龙" / 197

9.3 中国轻工业试点调查 / 200

9.4 "飞雁"先行者 / 206

9.5 政策建议 / 209

第 10 章 推动中非关系以促进非洲结构转型

——埃塞俄比亚的经验 / 215

（Fantu Cheru，Arkebe Oqubay）

10.1 引言 / 215

10.2 超越理论和意识形态：历史和非洲机构的作用 / 217

10.3 中埃关系：背景和情境 / 219

10.4 战略性地接触中国：向埃塞俄比亚学习 / 230

10.5 大局观：非洲经济转型的制约因素和途径 / 233

10.6 结论 / 238

第 11 章 中非经济关系的未来

——新的轨道和可能性 / 251

（Arkebe Oqubay，林毅夫）

11.1 反对"反华"言论：让事实说话 / 252

11.2 不均衡、多样性和动态变化 / 254

11.3 促进非洲经济转型 / 255

11.4 中非经济关系的战略方针：未来发展之路 / 260

11.5 政策自主权和掌握主动权 / 262

第 1 章　中非关系与经济转型概述

（Arkebe Oqubay，林毅夫）

1.1　中非关系的背景

20 世纪后半叶，人类在组织生产、工作、贸易和社会活动的许多方面取得了长足的进步。科学技术的加速发展，国家和市场之间相对角色的平衡，全球贸易和投资体制的转变，以及环境和社会政策上的全球契约都意义深远。中国是一个成功利用了全球化浪潮机遇来实现结构转型的发展中国家。在短短的 40 年里，中国已发展成为世界第二大经济体，拥有庞大的工业体量和制造基地。仅仅用了一代人的时间，中国就使 7 亿人口摆脱了贫困，并成为全球事务中最具影响力的国家之一。① 中国已成为全球经济增长的引擎。自 2008 年全球金融危机以来，中国每年对全球经济增长的贡献至少为 30%，远远超过任何其他经济体（参见第 2 章）。中国还是全球最大的贸易国和对外直接投资（FDI）的净出口国（参见第 2 章）。因此，中国的经济崛起可被视为一项"全球公共品"，对包括非洲在内的许多国家和地区的经济命运产生了巨大的积极影响。

在近年来的崛起和 1978 年年底开始实施的一系列改革之前，中国长期深陷在贫困的泥淖当中。20 世纪 70 年代末，中国的人均 GDP（国内生产总值）还不到撒哈拉以南非洲国家的三分之一，中国在这种情况下的崛起无疑是一种鼓舞，这表明了贫穷不是宿命，转变是可能的。中国崛起的历史案例当然具有其自身的一些特征，但也并非特例。中国的工业化在许多方面以更快速度和更大规模复制了历史模式，特别是其他东亚后发经济体的工业化模式，并且遵循了"定向发展"（directed development）或"务实试验"（pragmatic experimentation）的模式（Ang，2016）。因此，除了中国，其他经济体的历史经验也为非洲经济提供了重要的经验和教训；大部分亚洲其他经济体的发展道路都与中国的实践道路有共通之处，表明其基本原理是相似的，即快速的基础设施建设以及审慎的外国直接投资管理，再结合其他因素。② 在非洲，埃塞俄比亚是一个遵循中国和其他东亚经济体工业化模式的国家（参见第 10 章）。

在过去的 15 年里，中国已成为非洲最大的贸易伙伴，是非洲前五大投资国之一，并成为非洲大陆发展资金的主要来源和主要基础设施项目的承包商（参见第 2、3 和 6 章）。在过去的 10 年里，中国对非洲

---

① National Intelligence Council（2012），*Global Trends 2030：Alternative Worlds*；Linda Yueh（2013），*China's Growth：The Making of an Economic Superpower*；Justin Yifu Lin（2012），*Demystifying the Chinese Economy*.

② 感谢 Tames Mittelman 和 Carlos Ova 对本节的重要评论和意见。

石油和其他原材料的需求对非洲经济产生了巨大影响。此外，中国在基础设施领域——公路、发电站、港口和新机场——投资的扩大为非洲生产商提供了增加产量并将货物相对快速地运往本地、区域和全球市场的机会，从而增加了非洲人民的收入（Brautigam，2009；Cheru and Obi，2010；另见第 6、10 和 11 章）。

但是，首先需要明确的是，中国并不是非洲建设的新参与者，而是从一开始就没有离开过非洲大陆。在 20 世纪 50—60 年代，中国的外交政策主要集中在支持非洲国家反对殖民主义和帝国主义的斗争方面；而在后冷战时期，务实地追求互利的经济合作已成为中国对非政策的核心（Shinn and Eisenman，2012）。自 1978 年实行改革开放以来，中国一直以全球化和全球一体化为发展战略，为实现成为工业强国的梦想而努力。中国能够成为新兴经济体中对外直接投资的主要参与者，与其推行的"走出去"战略及其构筑一个全新的国际体系的愿景有关。因此，我们必须在这个更为广阔的背景下去理解中国在非洲所进行的尝试。

在来自新自由主义阵营的"处方"和结构调整改革被视为空头承诺之际，中国成为 1990 年后非洲最具价值的合作伙伴绝非偶然。因此，中国在非洲的地位日益提高始于非洲人自发地进行自我反省，他们试图探寻为什么尽管自殖民统治结束以来，非洲与欧洲和北美始终保持着联系，但是在殖民统治结束的五十多年后，大多数非洲国家依然发现其发展道路出现了问题。对新自由主义政策实践的日益厌倦促使人们寻找替代的发展模式，也使得许多非洲领导人仔细研究了中国近年来的发展经验，希望从中吸取重要的经验和教训（参见第 10 章关于埃塞俄比亚的内容）。中国曾经沦为半殖民地的经历，以及自 20 世纪 70 年代末以来在一个强大的发展中政府的引领下取得惊人增长的经历，引发了非洲寻求替代发展战略（即一个不同于传统新自由主义的"华盛顿共识"的政策处方）的兴趣。非洲的政策制定者感兴趣的是本国的政策经验教训，以及中国政府在尝试"非常规"政策，以使中国实现经济加速增长，成为制造业强国和主要出口国，在减少贫困的同时逐步扩张市场方面所扮演的角色（参见第 2 章和第 9 章）。

非洲对中国的吸引力也有非物质原因。与西方伙伴对非洲的家长式视角（通常是悲观的视角）不同，中国政府机构和各种民营部门都持有一种观点，即非洲是一个充满活力的大陆，正处于发展和腾飞的起点上。中非明确的伙伴关系立场包括团结一致、互利经济合作、共同繁荣和共同的发展中国家地位。对于那些警惕西方的家长式作风，并且厌倦了由于接受西方援助而失去政策空间的非洲决策者来说，这种正面叙事就像悦耳的音乐一样。中国没有在非洲假扮家长来帮助贫穷的非洲人民发展或教他们如何管理自己。中国在非洲开展商业活动是基于互利、合作和不干涉非洲国家内政的原则（People's Republic of China，2006）。

中非之间日益发展的经济伙伴关系在许多方面令人既兴奋又焦虑。一个极端是西方的"抨击中国者"。他们指责中国实行所谓的"新殖民主义"，与弱小的非洲国家建立"剥削性"的经济关系，在不遵守劳工和环境标准的情况下"攫取"非洲的石油和战略矿产，从而加重了这些国家的债务负担。另一个极端则是把中国视为"非洲救星"的非洲政府官员。他们指出，中国在长期被忽视的非洲基础设施领域进行了巨额投资，增加了非洲企业获得低息贷款的渠道，而且由于中国对非洲自然资源的需求不断增长，大宗商品的回报率也有所提高。实际的中非关系比"反华"和"亲华"阵营所描绘的状况要复杂得多。本书的作者们一致认为，中国的崛起对非洲国家的意义更多的是积极的。"中国效应"对非洲经济增长、经济多样化、创造就业机会、互联互通、提高福利以及融入全球化经济的影响不容忽视。中国的融资和承包商对非洲经济基础设施的直接贡献也是非洲国家实现工业化前景的必要条件。

1.2　本书的分析框架和目标

尽管过去十几年来关于中非关系的文献大量涌现，但关于非洲经济发展的经验性文献却寥寥无几，关于中非经济联系在非洲工业化和结构转型中的潜在催化作用的文献更是凤毛麟角。因此，在反映迅速变化的中非经济联系方面，本书对填补现有文献的空白作出了重要贡献。本书的一个关键性主题就是中国投资对非洲工业化和结构转型的潜在催化作用。

就整个非洲大陆而言，中国与不同非洲国家的合作程度是不均衡的。一些国家（如南非、安哥拉、坦桑尼亚、肯尼亚、埃塞俄比亚、赞比亚、刚果民主共和国、尼日利亚和阿尔及利亚）与中国进行了多方面的经济合作，而其他许多非洲国家却并非如此。例如，只有不到10 个国家是中国对外直接投资的主要目的地，而且这些国家的外国直接投资的性质是不同的。虽然在埃塞俄比亚的中国企业中，约三分之二是制造业企业，但在非洲的所有中国企业中，只有 30% 是制造业企业，它们作为经济转型的驱动力和催化剂的影响是不均衡的（McKinsey，2017；World Bank，2012）。本书探讨了造成这种差异以及不同非洲国家发展结果的关键因素。本书还探讨了中国发展实践的经验教训如何为非洲工业化的政策决策提供依据。非洲机构确实是造成所观察到的各国结果差异的一个主要因素。本书引入了关于埃塞俄比亚工业化战略的成功案例研究，该案例表明，如果非洲决策者在与中国的交往中采取战略行动来指导经济转型，那么就有可能吸引到中国的对外直接投资和基础设施融资来开启国家的工业化进程。

本书的一个重要主题是经济发展，聚焦在与非洲经济转型相关的核心领域以及观察到重大变化的领域，如国际贸易、投资和工业化、基础设施发展和融资。本书的作者们探讨了中国的贸易、投资和基础设施贷款在非洲转型中发挥催化作用的条件，以及非洲国家可以从中国过去 40 年的发展经验中吸取的启发性教训。本书的作者们一致认为，中国的经验表明了以下方面的重要性：在全球政治经济中谋求本土路径、设计本土战略、培养自信、有选择地融入世界体系并有序开放、投资人力资源、保持清晰愿景并以创造性的方式应对挑战。

此外，中国正在经历着重大的经济再平衡，以进入第四次工业革命并升级为创新驱动型经济体，这必将对中非关系产生多方面影响，既有机遇也有挑战（参见第 2 章）。例如，中国的新国际化战略——"一带一路"倡议——不仅涵盖非洲，也涉及其他大陆，体现出中国的"走出去"战略，更加强调"工业合作"，以及在轻工业部门吸引制造业外国直接投资的潜力。能否从中国经济再平衡和中国企业"走出去"当中获得机遇，主要取决于非洲行动者能否充分利用这些机会。鉴于中国的全球愿景，非洲决策者需要了解在快速变化的背景下，中非经济关系所带来的贡献和具有的局限性。这将使本书讨论的范围有别于其他主要涉及治理、国际外交和社会问题的书籍（Alden and Large，2019）[①]。

对中非经济关系的理解不能与全球经济变化以及中非各自在全球劳动分工中所处的位置相分离。中国已经从 40 年前的相对贫穷和欠发达的国家转变为当今世界上主要的工业化经济体之一，而非洲大陆仍然远远落后，尽管近年来全球化使得许多非洲国家实现了令人瞩目的经济增长，并且出现了相当数量的中产阶级。为了解释中国和非洲之间发展结果的差异，并且了解非洲国家在工业化和结构转型路径方面能够从中国吸取的经验教训，我们需要一种非正统的政治经济学方法，明确关注不断变化的全球劳动分工和权力划分。这个框架要求人们了解不断变化的政治经济状况，它正在影响着中国发展轨迹，也会影响

---

① 有关中非问题研究的最新概要，请参阅 Alden and Large（2019），*New Directions in Africa-China Studies*。这本书的第 18、19 章与本章讨论的重点直接相关。

到中非关系对非洲结构转型前景的作用。同样，非洲环境中的结构性的和不断变化的条件也会对如何获取社会和经济变革的机会产生影响。鉴于此，这本书所采用的方式是将各章内容联结在一起，又未将各章作者限制在一个死板的框架中。

20 世纪后半叶制造业向全球南方转移和"全球商业革命"（Nolan et al.，2007）对各国经济和国际分工产生了巨大影响。在比较优势的差异以及技术和通信革命的推动下，一个将资本主义经济的不同地区和国家联系起来的全球化工业体系已经显现。①一个灵活积累的体系催生了全球生产网络，这些网络协调了跨越多个边界的供应链，吸收了越来越多发展中国家的资本和劳动力。不断扩大的全球分工造成了区域分工的差异，以及差异化发展的可能（Fröbel，Heinrichs and Kreye，1980）。韩国、日本和中国台湾等东亚经济体是最早从新的全球经济中获益的经济体，中国大陆从 1978 年开始也紧随其后。非洲国家总体上并未从不断发展的全球分工中获益。因此，本书的目标是探讨非洲可以从包括中国在内的东亚经济体学习到什么以走上工业化和结构转型的道路，以及与中国的新兴关系是否能为这条道路作出贡献。

1.3　本书的结构

本书共有 11 章，按照主题分为 4 个部分，主要讨论中非合作的进展、基础、挑战和未来发展轨迹。在经济发展这一总体主题下，考察了对非洲经济转型具有长期影响的核心领域，如贸易、投资、工业化、基础设施发展和融资。

1.3.1　第一部分：中国的崛起与不断变化的全球发展话语权

这一部分的作者旨在了解中国经济崛起在全球化时代的意义和全

---

① 感谢 James Mittelman 教授对本节内容提出的见解和建议。

球外部性。在全球化时代，民族国家之间的经济一体化和相互依存达到了前所未有的程度。Linda Yueh（参见第 2 章）和 Célestin Monga（参见第 3 章）探讨了中国成为经济超级大国的驱动力及其全球影响。他们认为，虽然全球化促进了中国的崛起，但中国政府在东亚式发展战略方面的务实经济试验及其在寻求世界繁荣方面的成功，也构成了世界知识界和政治史上的重要篇章。

随着非洲国家越来越多地将中国视为可效仿的榜样，作者们一致认为，非洲国家必须更加注重学习中国过去的国内改革进程，而不是试图不加批判、不考虑非洲当地的情况地加以复制。理解产业政策框架对于理解中非经济关系至关重要，因为中国正朝着自主创新型经济的方向发展。[①]

1.3.2 第二部分：中非经济关系的演进

这一部分的作者将从中非关系的历史演进以及中国政府为巩固与非洲的经济联系而部署的关键政策工具（贸易、投资、贷款和技术援助）角度考察中非关系。然而，必须指出的是，中国在非洲促进贸易和投资的方式并非特例，虽然考虑到中国的财力，其规模可能有所不同。中国的战略很明确：创造一个既有利于中国，又有利于伙伴国的全球化范式。

在第 4 章中，Chris Alden 追溯了中非经济联系随时间的演变，从 20 世纪 80 年代初的初步商业合作，到如今所有部门都在寻求全面的基础设施贷款和更多的外国直接投资。随着非洲经济体展现出持续的高增长率，以及与中国的双向贸易按比例增长，关注的焦点转为中非之间的经济互补性以及非洲融入全球价值链的问题。这标志着中非经济

---

① Xi Jinping (2012), *The Governance of China*；另见 Ezra Vogel (2011), *Deng Xiaoping and the Transformation of China*；Justin Yifu Lin (2012), *Demystifying the Chinese Economy*.

关系逐步发展到了另一个阶段。中国经济的持续活力与非洲的快速发展，预示着两个经济体将迎来一个新的增长和变革周期。例如，"一带一路"倡议旨在通过各种活动，以基础设施连通为核心，提高亚洲内部及亚洲与欧洲、非洲之间的经济一体化。这一新举措必将对中非经济关系的未来产生影响。为了利用这一新的机会，非洲各国必须做好功课。

1.3.3　第三部分：中非经济合作关系动态

中国人在非洲开展经济活动的方式与西方发达资本主义国家所追求的无异。然而，中国的侧重点与西方伙伴的对象和目标大不相同。至少近年来，中国更专注于基础设施建设，并且有意识地促进工业投资，这在西方占主导地位的投资中是完全没有的。而且这对结构转型的前景也有影响。中国政府采取多种措施促进对非直接投资，以便为中国投资者在非洲大陆创造更安全的环境，这些措施包括基础设施贷款、贸易优惠政策和建立经济特区。

中国向非洲提供的基础设施建设贷款在消除增长约束方面发挥了关键作用。在第 5 章中，Deborah Brautigam 调查了 2000—2016 年间面向非洲的不断变化的债权人和不同类型的贷款工具。中国银行、中国进出口银行和中国农业发展银行是提供此类贷款的主要机构，贷款工具包括银团贷款和资源或商品担保融资。该章详细介绍了贷款融资、贷款的地区分布以及中国贷款所资助部门的变化趋势，并考察了非洲借款人直接或间接利用这些贷款支持结构转型项目的程度。本章最后分析了几个非洲案例中债务水平上升的影响，以及在非洲债务国和中国债权人之间制定债务解决机制以避免违约的模式。

作为对 Deborah Brautigam 所撰写的章节中中国贷款部分的补充，Jing Gu 和 Richard Carey（参见第 6 章）研究了中国对非洲基础设施发展提供的融资。Carey 和 Gu 认为，中国在其国家-市场关系中引入了一种"公共创业"模式，通过省、市进行分权，将国有企业和民营企业的愿景、行动和学习结合在一个纵向和横向结合的治理结构中。中国具备在非洲和世界各地提供大量基础设施融资和项目实施服务的能力，可用以下三个因素来解释：（a）中国政策性银行的"公共创业"方式；（b）"一带一路"倡议的实施和推进；（c）中非合作论坛作为中国与非洲大陆多方面关系的首要政策框架的重要性。虽然资金的规模也很重要，但最重要的是将愿景、行动和学习过程联系起来的"公共创业"模式，以及通过引导性的自由发挥来实现国家和市场的共同发展。

在第 7 章中，Won Kidane 批判性地评价了中国在与非洲国家的经济关系中运用国际贸易协定及争端解决机制的情况。"协议"一词在广义上不仅包括国家间的国际条约，还包括中国国有企业与非洲政府或利益集团所签订的跨国商业和基础设施合同。该章进一步讨论了中国在贸易、投资和商业三大领域的协议和争端解决。在贸易关系中，中国与非洲大多数贸易伙伴在 GATT/WTO（关税及贸易总协定/世界贸易组织）法律框架的多边贸易体制下运作，既有基本的实质性规则和原则，也有《关于争端解决规则与程序的谅解》下的争端解决机制。然而，更重要的是，可以合理地假设，中国与四十多个非洲国家的双边贸易协定提供了比 WTO 要求的更有利的贸易条件和互惠条件。中国似乎还经常在双边条约之外向许多非洲国家提供单边贸易优惠。目前灵活的制度安排有可能在未来促进非洲对中国的制成品出口。

在第 8 章中，Carlos Oya 讨论了关于中国的外国直接投资和建筑承包商中涉及的中非的劳工制度和工作场所冲突问题。该章反驳了关于在非洲的中国公司的常见描述，即由于依赖中国劳动力、恶劣的工作条件和有限的技能转让，中国企业在非洲创造的就业机会有限。并且，针对中国企业在非洲各地创造就业机会和就业动态的现实，该章提供了一个与主流媒体的报道相比有细微差异但更具经验性的视角。该章指出，劳工实践和劳工结果是易变的，在劳动关系中通常存在的"中国例外"的假设是错误的。因此，了解和记录"中国资本"的多样性（国有资本和私人资本，大规模或小规模，建筑业或制造业）、非洲劳动力市场环境的重要性以及不同行业的中国企业投资经营的特殊性和结构特征非常关键。该章的证据表明，中国企业在创造建筑业和制造业的新就业机会方面具有潜在的变革作用，因为它有助于推动非洲建立一支工业劳动力队伍。

1.3.4　第四部分：中国与非洲的经济转型

这一部分的作者讨论了中国的参与能够在非洲工业化和结构转型中发挥催化作用的条件。在第 9 章中，林毅夫和徐佳君从"飞雁"模式、中国劳动力成本上升以及中国制造企业将生产转移到非洲的可能性等历史角度，研究了中国轻工业转移有助于推动非洲工业化的条件，以及非洲国家必须做些什么来抓住这个机会。基于第一手的调查数据，作者探讨了中国轻工业企业是如何应对劳动力成本上升的，什么样的企业更有可能将其生产能力转移到低工资的目的地，以及企业倾向于在哪里重新部署生产线。作者估计，随着中国在劳动密集型产业中失去竞争力，大约 8 500 万个工作岗位可能转移到其他目的地（参见第 10章）。林毅夫和徐佳君就如何缓解约束瓶颈提出了几点建议，旨在帮助非洲国家抓住中国产业转移的机遇之窗，利用中国经济再平衡带来的新机遇，实现经济结构转型。

在第 10 章中，Fantu Cheru 和 Arkebe Oqubay 认为，必须从结构转型的角度审视中非经济关系，以便充分评估中国的参与对非洲经济增长、经济多样化、中国国内产能增长以及非洲成功融入全球化经济的催化作用。这种作用将主要取决于非洲行动者在战略上指导经济转型进程的能力。到目前为止，中非交往对非洲国家经济转型的催化作用并不均衡，主要是个别非洲国家缺乏把握新机遇的战略方针。另外，部分原因还在于，相对于中国国内的制造业规模，中国在非洲的制造业规模有限。埃塞俄比亚是非洲国家中为数不多的既采取了更具战略性的方式与中国接触，又与传统的西方发展伙伴保持着牢固联系的国家。这种务实的做法使埃塞俄比亚的决策者能够从中国、其他新兴经济体和传统伙伴那里调动大量投资，从而开始工业化和结构转型的进程。不幸的是，大多数其他非洲国家尚未效仿埃塞俄比亚的例子。

在未来几年，中非经济合作仍有相当大的发展空间。中国的经济再平衡和"走出去"战略的实施效果将主要取决于非洲行动者充分利用这些机会的能力。因此，引导非洲经济转型进程方向的非洲机构和非洲政策制定者是中非关系的关键媒介。在这方面，埃塞俄比亚在吸引中国制造企业方面的成功经验可以供其他非洲国家参考，这表明，确实可以采取行动来引导中国参与非洲的工业化进程。如果非洲国家不能对中国采取积极主动的战略方针，则8 500万个就业岗位中的许多很可能流向全球其他目的地（比如印度），也可能流向中国内陆地区。

最后一章（第11章）汇集了非洲经济转型的基本主题、分析视角和路径，以及中国投资和贸易对非洲工业化与长期增长的催化作用。该章还回顾了中非合作论坛第七届部长级会议（2018年9月），认为这标志着未来几十年中非经济关系的新方向。随着中国进入第四次工业革命，其经济再平衡有可能为非洲国家提供新的机遇，非洲国家有望成为那些计划迁往低成本目的地的中国企业的首选地。因此，非洲国家必须采取战略性方针来处理与中国的关系。

1.4　寻求互补的中非经济伙伴关系

中非经济合作既充满活力，又在不断发展。但这并不是一个天造地设的"完美姻缘"，还存在巨大的改进潜力。在国家之间的关系中，特别是实力不平等的国家之间，总是会出现紧张局势。有争议的问题包括：对当地经济的溢出效应有限，表现在创造就业机会、知识转让，或者向非洲企业转包机会等方面；中国投资者对社会和环境问题的关注有限；劳资关系方面的一些冲突。

值得称赞的是，中国政府在为这些敏感问题寻求补救措施方面并没有自以为是，并已制定了政策和战略，来提高其海外贸易和投资项目的可持续性。然而，中国政府的立法与在非洲运营的中国公司的实际合规性之间仍存在一定差距。此外，非洲东道国政府在监督项目执行情况和确保外国公司遵守当地法律法规方面的能力有限。

本书的作者还就以下两个重要领域提出了警示，认为中非双方政府必须通过对话和仔细核查事实来处理这些问题：（a）各国对中国的债务水平不可持续；（b）与中国持续的贸易不平衡。债务问题与贸易逆差问题之间有着内在的联系。鉴于大多数非洲国家的自由贸易框架，在没有进行充分结构转型的情况下，这种不平衡并不令人惊讶。解决债务问题的措施必须与改善贸易不平衡、支持出口部门和扩大对经济生产部门的高质量外国直接投资相结合，否则很难取得效果。

尽管存在上述分歧，不断发展的中非关系所带来的机遇也远远大于威胁。鉴于中国潜在的巨大购买力、与出口市场的联系、技术实力，以及增加投资和贸易的承诺，中国对非洲意味着巨大的经济机遇。作为世界第二大经济体，中国是制造业对外直接投资的首要来源地，也是基础设施融资的最大来源地，这两方面无疑是未来非洲结构转型的两大支柱。对非洲来说，中国经济的再平衡为轻工业等行业的经济转型带来了显而易见的机遇。这些部门对大多数国家都至关重要，因为它们有助于应对目前威胁该区域经济和政治稳定的两个挑战：出口业绩和就业创造。随着中国劳动力成本的不断上升，非洲国家可能成为那些计划向劳动力成本低的经济体迁移的中国制造业企业的最佳目的地。此外，非洲靠近欧洲市场，而自动化和技术进步也有助于缩短生产周期。例如，快速投产上市是中国制造业企业在埃塞俄比亚投资的首要原因之一。此外，中国的融资和承包商正在为经济基础设施作出直接贡献，这是非洲经济实现工业化前景的必要条件。显然，非洲各国政府需要制定协调一致的国家政策和完整的区域/大陆战略，以便在系统、稳固和信息充分的基础上与中国进行长期合作。其中应该包括一项旨在缩小技术差距、改变非洲大陆和中国之间不对称贸易格局的非洲议程。此外，非洲也需要学习和了解中国的历史、文化及其与非洲大陆、与世界互动所产生的广泛影响。同样，中国的参与者，尤其是企业家，也需要了解非洲历史、当地文化和社会规范的多样性。这些认知将构成长期非洲战略管理与中非合作愿景的基石。

参考文献

Alden，C. and D. Large（2019）*New Directions in Africa-China Studies*. London：Routledge.

Ang，Y. Y.（2016）*How China Escaped the Poverty Trap*. Ithaca，NY：Cornell University Press.

Brautigam，D.（2009）*The Dragon's Gift：The Real Story of China in Africa*. Oxford：Oxford University Press.

Cheru，F. and C. Obi（2010）*The Rise of China and India in Africa：Challenges，Opportunities and Critical Interventions*. London：ZED Books.

Fröbel，F.，J. Heinrichs，and O. Kreye（1980）*The New International Division of Labour：Structural Unemployment in Industrialised Countries and Industrialization in Developing Countries*. Cambridge：Cambridge University Press.

Lin，J. Y.（2012）*Demystifying the Chinese Economy*. Cambridge：Cambridge University Press.

McKinsey（2017）"Dance of the Lions and Dragons：How Are Africa and China Engaging，and How Will the Partnership Evolve?" June. Irene Yuan Sun，Kartik Jayaram，and Omid Kassiri（eds）. New York：McKinsey.

Nolan，P.，J. Zhang，and C. Liu（2007）"The Global Business Revolution， the Cascade Effect，and the Challenge for Firms from Developing Countries"，*Cambridge Journal of Economics*，32(1)：29-47.

National Intelligence Council（2012）"Global Trends 2030：Alternative Worlds". Washington，DC：National Intelligence Council Report.

People's Republic of China（2006）"Declaration of the Beijing Summit and Beijing Action Plan，2007—2009"，Forum on China-Africa Cooperation（FO-CAC），Ministry of Foreign Affairs，the People's Republic of China，Beijing.

Shinn，D. and J. Eisenman（2012）*China and Africa：A Century of Engagement*. Philadelphia，PA：University of Pennsylvania Press.

Vogel，E.（2011）*Deng Xiaoping and the Transformation of China*. Cambridge，MA：Harvard University Press.

World Bank（2012）"Chinese FDI in Ethiopia：A World Bank Survey"，Washington，DC and Addis Ababa：World Bank.

Xi Jinping（2012）*The Governance of China*. Beijing：Foreign Languages Press.

Yueh，L.（2013）*China's Growth：The Making of an Economic Superpower*. Oxford：Oxford University Press.

第一部分

中国的崛起与不断变化的全球发展话语权

第 2 章　中国的经济崛起及其对
非洲的影响

(Linda Yueh)

2.1　中国的经济崛起及其全球影响

中国在不到 40 年的时间里崛起为世界第二大经济体，不仅改变了地球上人口最多的国家，也改变了全球经济。中国创造了另一个消费者来源和生产地，并以此影响了世界其他地区。与拥有足够成熟的海外投资公司相匹配的是，自 2014 年以来，中国已成为一个资本净出口国，在海外的投资额超过了吸纳的外国直接投资。这种对外投资在中国 21 世纪初推出的中国企业"走出去"政策和 2013 年年初提出的"一带一路"倡议中表现得尤为明显。"一带一路"倡议对非洲、中亚到中东的古老丝绸之路，以及东南亚和南亚都具有重大意义。

中国是否会继续发挥这样的影响取决于其经济增长速度。本章探讨中国崛起为一个经济大国的驱动力，以及决定其增长可持续性的因素，重点关注全球一体化的重要性，并探究中国对世界更为广泛的影响面。我们首先评估了中国经济崛起和持续增长的前景，然后分析了全球经济如何受其影响，最后以中国的"一带一路"倡议为例，专门针对撒哈拉以南非洲的发展，特别是中国在肯尼亚基础设施方面的投资来进行案例研究。

2.2　中国的经济崛起

中国在短短 30 年的时间里，从最贫穷的国家之一转变为世界第二大经济体，取得了令人瞩目的成就（Borensztein and Ostry，1996；Chow，1993；Jefferson，Hu and Su，2006；Lin and Zhang，2015；Song，Storesletten and Zilibotti，2011）。1978 年中国开始实行市场化改革，逐步废除了计划经济体制。此后，中国每七到八年国内生产总值和平均收入都会翻一番，同时也已经使数亿人进入了中产阶级行列。中国有 14 亿人口，占世界总人口的五分之一左右，中国的经济增长已经开始影响世界。

中国经济有着不同寻常的特点。中国是一个转型经济体，大部分（但不是全部）国有企业和国有银行已实现改制。但中国也是一个发展中国家，尽管自 20 世纪 80 年代以来城市化进程很快，但仍有一半的人口生活在农村。由于中国是一个社会主义国家，它并不完全适合制度和增长研究。其私有财产保护制度等市场支持制度还不完善，这导致了"中国悖论"的产生，即中国的市场制度虽不完善，但经济却发展良好（Allen，Qian and Qian，2005；Yao and Yueh，2009）。因此，中国的经济增长既令人瞩目又令人费解。此外，与其他快速增长的国家一样，中国的这种快速增长能否持续也是不确定的（Zheng，Bigsten and Hu，2009）。毕竟，大多数国家在成为中等收入经济体时经济增长会放缓，而少数已实现繁荣的国家则是通过提高生产力和创新来完成的。那些迈入富裕国家行列的国家，例如韩国等，也实现了其经济的全球一体化，这也是中国所具有的特点。

中国过去经济增长的关键因素在于投资和教育的改善。展望未来，这些因素以及技术和创新，尤其是通过全球一体化获得的能够提高全要素生产率（TFP）的技术和创新，将发挥重要作用。

围绕着投资和技术这两个重要组成部分，已有大量的研究探讨了技术和创新对中国经济增长的影响，特别是外国直接投资带来的知识溢出效应。中国政府很早就认识到创新的重要性，于 1984 年[①]颁布了《专利法》，随后又进行了相关的版权和商标立法。随着中国于 2001 年加入 WTO 后对知识产权（IPR）提出了更加严格的要求，中国企业投入了更多资源用于创新活动，包括专利申请（Hu and Jefferson，2009）。例如，Zheng、Liu 和 Bigsten（2003）发现，中国的全要素生产率增长更多是通过技术进步，而不是通过提高效率来实现的。

但在改革初期，中国的政策侧重于吸引外国直接投资和促进国际贸易，以便从技术和专有知识的正向外溢中获益，这是经济发展"追赶"阶段的特征，即在这一阶段，远离技术前沿的国家更多是学习和模仿而不是重新发明或创新。地理和政策因素（例如靠近主要港口和建立自由贸易区的决定），制度性因素（例如法律法规、合同执行、当地基础设施支出），以及劳动力市场条件都决定着外国直接投资的地点（Yueh，2011）。

外国直接投资和贸易促进经济增长有几种机制（Gylfason，1999）。技术转让是公认的途径之一。外国直接投资的一个重要好处是外国企

---

① 原文为 1985 年，疑误。——译者注

业可为本国带来新技术。外国企业可通过许可协议直接出售新技术，或将新技术隐性转让给与外国投资者一起工作的国内企业，来实现技术转让。此外，通过出口学习效应（learning-by-exporting）或对进口的中间产品中所体现的技术进行模仿，国际贸易便产生了技术外溢。面对全球竞争，国内企业的生产率也会得到提高。外国直接投资和国际贸易在 20 世纪 80 年代末到 90 年代中期对中国经济的快速增长起到了积极的推动作用，这一点得到了广泛的认可（Chen，Chang and Zhang，1995；Harrold，1995；Liu，Burridge and Sinclair，2002；Pomfret，1997；Shan，2002）。Wei（1993）得出结论，外国直接投资通过企业间的技术和管理溢出而不是单纯地提供新资本来促进经济增长。这一点得到了 Dees（1998）以及 Sun 和 Parikh（2001）研究的支持，他们得出的结论是，外国直接投资流入对中国经济增长的影响不仅仅是简单的提供资本。对中国来说，外国直接投资还通过引进外国合作伙伴和竞争促进了经济中国有和集体成分部门的转型，这有助于提高一些国有企业和集体企业的效率（Liu，2009）。

因此，外国直接投资在中国全要素生产率的提高和经济的显著增长中发挥了重要作用（Islam，Dai and Sakamoto，2006）。新古典增长模式中的经典追赶机制是资本从发达国家流向发展中国家，同时带来信息技术和专有知识。中国自 20 世纪 90 年代初实施进一步对外开放政策以来，无疑成为大量外国直接投资的接受者。Whalley 和 Xin（2010）发现，外商投资企业（FIE），通常是中外合资企业，大约贡献了中国国际贸易额的一半。

由此可见，外国直接投资对中国经济增长具有积极影响。许多研究运用计量经济学方法，用外国直接投资等变量对 GDP（或 GDP 增长率）进行回归，发现外国直接投资的系数显著为正，说明外国直接投资对中国经济增长起到了显著作用（Berthelemy and Demurger，2000；Borensztein，De Gregorio and Lee，1998；Chen，Chang and Zhang，

1995；Dees，1998；Graham and Wada，2001；Lemoine，2000；Liu，Burridge and Sinclair，2002；Sun and Parikh，2001；Tseng and Zebregs，2002；Wei，1993；Wei et al.，1999）。

Fleisher、Li 和 Zhao（2010）发现，外国直接投资对中国全要素生产率增长的影响在 1994 年之前比之后要大得多。20 世纪 90 年代中期以后外国直接投资对中国经济的影响要小得多，甚至微不足道。他们认为，1994 年之后外国直接投资的影响下降，部分原因是非国有部门的增长。从那时起，民营企业和农村集体企业以及从集体企业演变为民营企业的乡镇企业，成为相对更重要的增长来源，而外国直接投资带动增长的相对重要性有所下降。与这一发现相一致，Wen（2007）表明至少自 90 年代中期以来，外国直接投资倾向于挤出国内投资，在非沿海地区更是如此。随后几年，Ran、Voon 和 Li（2007）以及 Jiang（2011）也发现了类似的情况。

但是，如果全要素生产率的增长鼓励更多的外国直接投资，那么外国直接投资与全要素生产率增长之间的关系可能存在一定程度的内生性（Li and Liu，2005）。许多研究得出结论，技术转让和溢出效应是有限的，外国直接投资与强劲增长之间在很大程度上是反向因果关系（Lemoine，2000；Woo，1995；Young and Lan，1997）。Woo（1995）认为，外国直接投资在溢出效应中的作用被夸大了，因为外国投资分布在更加自由化的市场，包括出口区域。Rodrik（1999）也对溢出效应表示怀疑，他认为国内出口企业的生产率提高并不一定意味着来自外国企业的效率溢出，因为生产率更高的企业，不论是国内还是国外的，往往都位于出口导向型地区。

另外，研发（R&D）是提高经济增长率的关键，关于研发的作用的研究不仅关注了创新，还关注了应用新技术的吸收能力。Lai、Peng 和 Bao（2006）发现国内研发对经济增长具有统计上显著的正向影响。他们的估计表明，技术外溢取决于东道国的吸收能力（用人力资本投资衡量）和对国际贸易的开放程度。Kuo 和 Yang（2008）评估了知识和技术溢出对中国区域经济增长的贡献程度。他们通过衡量一个区域吸收外国直接投资和进口品中所含知识的能力来考察一个区域的吸收能力，这些外国直接投资和进口品随后贡献于区域经济增长（例如，受过教育的工人使用可得的外国先进技术的能力）。他们发现有迹象表明存在研发溢出和国际知识溢出。因此，他们得出结论，无论是从研发投资还是技术引进来看，知识资本都对区域经济增长作出了积极贡献。

基于同样的思路，Dobson 和 Safarian（2008）采用了增长的演化论方法，其中制度支持技术进步，企业培养学习和创新能力。他们考察了中国的转型，即从一个以劳动密集型生产和引进理念与技术为导向的经济体转变成为一个依靠国内创新来驱动增长的经济体。他们发现不断增加的竞争压力激励企业去学习。通过对浙江省高科技产业部门里的中小民营企业进行调研，他们发现了许多在工艺过程和产品上进行创新的证据。这些企业通过加强内部学习和研发投资，以及建立国际研究联系，来应对日益激烈的产品竞争和高要求的客户。

当技术创新由一个经济体内部的人力资本和研发投资所决定时，即为内生经济增长。长期以来，人们一直强调国际知识溢出在驱动内生经济增长中的作用（Grossman and Helpman，1991）。上述实证研究和其他国家的研究发现，国际技术溢出是生产率增长的主要来源（Coe and Helpman，1995；Eaton and Kortum，1996；Keller，2000）。这一关键而相对未被充分探讨的议题，可能为中国在未来几十年实现更加可持续的增长奠定基础。

Van Reenen 和 Yue（2012）使用了一个专门设计的数据集来研究这个话题，以在中国企业层面上衡量技术外溢。我们发现中外合资企业，更广泛地说，外国直接投资具有积极贡献。换言之，据我们估计，如果中国没有吸引外国直接投资，它的增长速度会更慢。这是因为中外合资企业的生产率比其他企业高出四分之一，而那些签订了技术转让协议，进而从外国专利技术中获益的合资企业，其生产率更是高出了 73%。

综上所述，我们计算出，如果中国没有吸引外国直接投资，尤其是那些（通过技术转让和其他间接学习渠道）提供"追赶"可能性的合资企业，那么在过去的 30 年里，中国的年均 GDP 增长率可能会低半个百分点至一个多百分点（即低至 8.5%）。而这还是一个保守估计，因为在 20 世纪 90 年代，合资企业在总投资中的占比更高，约占总投资的四分之一。因此，合资企业的贡献是相当大的，因为复合增长率的一个百分点的差别就意味着收入水平的巨大差异。

总结针对中国经济增长的研究，资本积累对中国经济增长的贡献率约为一半，这与其他研究的估计一致，即资本积累而非全要素生产率增长推动了中国从改革开放至今的增长（Yueh，2013）。劳动力增长的贡献率要小得多，约占 GDP 增长的十分之一至五分之一。而人力资本又贡献了中国经济增长的 11% 至 15%。因此，要素积累（资本和劳动力）约贡献了 GDP 增长的 60% 至 70%。一旦人力资本被计入"残差"，全要素生产率对经济增长的贡献就更小了。在全要素生产率内，还需要将改革过程中因要素再分配而获得的一次性生产率收益剔除。尽管劳动力再分配的贡献率在之前的几十年里更高，但是到 21 世纪初，劳动力再分配只贡献了全要素生产率增长的 10% 左右。Van Reenen 和 Yue（2012）表明，正的溢出效应和从现有技术中学习可能贡献了全要素生产率增长的三分之一至三分之二。鉴于中国在 1978 年开始市场化改革时的贫困状况以及明显的"追赶"潜力，这个结果不足为奇。继中国决定在 21 世纪初推动企业"走出去"之后，未来的挑战将是增加本土创新，中国企业的竞争力在全球市场上越发受到考验等诸多迹象都表明了这一点。

为了实现繁荣富强，中国需要改善技术和人力资本，并重新平衡经济。重新平衡经济需要推动国内需求（消费、投资、政府支出）以高于出口的速度增长，从农业转向服务业（包括非贸易部门），推进城市化以提高收入，以及加大金融部门的开放，包括人民币国际化（Corden，2009；Sato et al.，2012）。为了实现这些目标，还需要对法律制度、国有企业和银行进行考察，这些企业和银行降低了中国市场的效率，因此也削弱了中国克服"中等收入陷阱"（即国家在达到中等偏上收入水平后增长放缓）的能力（Prasad and Rajan，2006）。中国要发挥出其作为一个经济超级大国的潜力，不仅需要生产率驱动因素方面的改革，还需要经济结构的持续转型。迄今为止，中国融入世界有助于其经济增长，也有助于其未来发展前景。与世界上最好的公司进行更为激烈的竞争，将激励中国跨国公司的创新并提高其竞争力。

2.3 中国的全球影响力

考虑到全球一体化对中国增长道路的重要性，一个规模如此庞大的国家的崛起也对世界其他地区产生了显著影响（Rodrik，2010）。尽管中国仍然是一个中等收入国家，但它已成为世界经济中的一支重要力量，与富裕的美国、欧洲和日本并驾齐驱。

与美国相类似，中国是一个开放的大型经济体，其规模及参与全球经济的程度推动了全球价格的变化。中国和美国这样的国家能够影响世界价格，而较小的经济体则是"价格接受者"。随着中国成为世界上最大的贸易国，其出口也影响到其他国家。最近，全世界都已经开始感受到中国海外投资所产生的影响。重要的是，中国在全球经济中创造了增量增长，这使得它的成功对其他国家的福利也有显著影响。

从大宗商品价格来看，世界已强烈感受到"中国效应"。20 世纪90 年代的国有企业改革和非国有企业的兴起，预示着中国将迎来第二次工业化浪潮，而这增加了对能源和原材料的需求。自 20 世纪 90 年代中期以来,中国已成为石油的净进口国,尽管它也是世界十大石油生产国之一(Victor and Yueh,2010)。虽然这些大宗商品在中国进口总额中所占的份额相对较小,但其数量之大已足以对世界市场产生影响。由此带来的一个效应就是世界上其他国家之间的收入再分配。因此,初级商品出口国的出口收入和贸易条件(进出口商品的相对价格)都有所改善,而其代价都是由这些商品的进口国来承担的,其中有些是发达国家。

与此同时,中国对一系列制成品的出口使得一些产品的价格大幅下跌,这也使发达国家从中获益。更低的进口价格有助于美国、欧盟和其他经济体维持较低的通货膨胀水平。通过这样的方式,中国迅速融入全球一体化和显著的经济增长产生了有利的贸易条件冲击,致使20世纪90年代和21世纪初全球经济的通货膨胀水平低于预期。

但就出口而言,中国对竞争者构成了威胁。在智利、哥斯达黎加和萨尔瓦多等拉美国家,60%至70%的出口直接受到中国的冲击(Lall,Weiss and Oikawa,2005)。在低端制造业上与中国竞争的孟加拉国和斯里兰卡也受到了影响。尽管中国的崛起使其从亚洲邻国的进口增加,但这并不足以抵消后者在第三国市场上被替代的出口(Bown and Crowley,2010;Greenaway,Mahabir and Milner,2008)。但是,服装服饰、纺织品和鞋类等劳动密集型产品的出口在中国贸易中所占份额迅速下降,因为高端制造业产品,尤其是电子设备,在中国出口中所占比重越来越大(Jarreau and Poncet,2012;Kaplinsky,Terheggen and Tijaja,2011)。

这种技术升级的一个关键方面就是同类产品上的高水平双向贸易增长,尤其是消费类电子产品。这种产业内贸易反映了跨境生产网络。自20世纪90年代中期以来,中国约有一半的出口产品是由外资企业生产的,因此,产业内贸易也随之兴起。跨国公司寻求低成本的制造基地,通过在不同国家的投资来实现其生产和供应链的多样化。

值得注意的是，中国的比较优势不再由充裕的低成本劳动力所驱动。一些内陆省份可能仍在这一基础上进行竞争，但对沿海地区而言，这一优势已被大大削弱，中国的竞争优势越来越依赖于技术。由于这种升级，与以往不同的一系列行业将会感受到来自中国的竞争压力（Yao and Zhou，2011）。

2008 年的全球金融危机和随之而来的大衰退对中国经济造成了冲击，当时中国的出口大幅下滑。美国雷曼兄弟的破产也给中国造成了一些损失，但中国并没有卷入金融危机，只是实体经济受到了全球贸易下滑的影响。不过，中国确实重塑了其发展前景，力图重新平衡其增长驱动因素，这也有利于中国成为一个更依赖于本国消费者而非外国消费者的大型开放经济体（Yueh，2011）。

在危机最严重的时候，中国出口锐减。严重的大衰退导致全球贸易 30 年来首次萎缩。出口约占中国国内生产总值的三分之一，出口工厂的关闭导致了约两千万农民工失业。这迫使中国去思考如何实现一个更稳定的增长模式，包括改善经济结构，以适应大型开放经济体发展的需要。通过自身的重构，作为一个既能享受全球一体化的好处，又能保持强劲国内需求的经济体，中国能够更好地保护自己免受最严重的外部冲击的影响（Bagnai，2009）。

中国资本项目的逐步自由化，特别是"走出去"政策，也已开始改变全球投资和跨国公司的格局。中国政府鼓励国有企业和越来越多的民营企业"走出去"，在全球市场上展开竞争。"走出去"政策于 2000 年推出，旨在打造具备国际竞争力的中国跨国公司。2004 年，TCL 收购了法国的汤姆逊，中国企业就这样完成了第一次对外商业投资。

通过"走出去"战略，中国的目标不仅仅是成为给西方企业贴牌生产低端制造业产品的国家。拥有生产品牌商品的能力是工业升级的标志，这是中国确保持续增长所急需的。如果中国企业与领先的全球企业相比更具有创造性，生产率更高，那就是创新的标志。例如，尽管海尔是中国最大的大件家电制造商，并在沃尔玛销售，但它在世界市场上并没有获得足够的品牌认可和忠诚度。因此，联想的战略不仅是收购 IBM 的个人电脑业务，而且还要授权使用该品牌 5 年，以便联想最终能够在全球市场上获得 IBM 这个值得信赖的品牌。中国的品牌现在更为知名了，比如电子商务网站阿里巴巴和亚洲最大的上市公司腾讯。到 21 世纪第二个十年末，全球最大的电信设备公司华为是唯一一个进入全球百强品牌榜单的中国品牌。

以前，大多数对外直接投资都是由国家主导的能源和大宗商品投资，但这一趋势正在发生变化。随着产业的成熟，中国正在寻求向价值链的上游转移，并发展跨国公司。这个特点也曾是日本和韩国所共有的。与大多数中等收入国家不同的是，日本和韩国借助拥有创新能力和先进技术的公司，成功地迈入发达经济体的行列，克服了"中等收入陷阱"（Yueh，2013）。一般来说，当一个国家的人均收入达到 14 000 美元左右时，其增长就开始放缓。随着以增加劳动力或资本（要素积累）的方式实现的增长减缓或达到极限，大多数国家无法维持发展初期的两位数增长率。中国的决策者强烈地想要避免落入这一陷阱，并努力尝试使中国步入繁荣国家的行列。在国际竞争的刺激下，中国通过产业升级来提高生产率，则更有可能保持强劲的增长速度。能源需求的增加和产业能力的提升是中国对外投资的动力。但是，随着中国致力于克服"中等收入陷阱"，以及中国企业需要面对来自世界最大企业的更多竞争，中国也以"走出去"政策鼓励了中国跨国公司的发展（Yueh，2011）。

结果，自 2005 年左右起，中国的对外直接投资呈爆炸式增长，这不仅包括国家对大宗商品部门的投资，也包括民营企业的商业并购。成为资本净出口国也被视为一个国家达到一定工业化发展水平的标志：其公司可以在世界市场上竞争。"走出去"或"走向全球"最近被扩展到《中国制造 2025》行动纲领中，该行动纲领旨在将人工智能和先进技术引入国内外的中国企业。截至 2005 年左右，中国的对外直接投资流出超过了流入，看起来中国已经改变了其增长模式，从一个依赖于外国投资的经济体转变为一个自己拥有强大跨国公司的经济体，这些跨国公司具备竞争力，能够在国内外进行生产和投资。这种趋势正越来越多地影响到中国对外直接投资的接受国，尤其是在 2013 年中国提出"一带一路"倡议之后。

2.4　中国对非洲的影响："一带一路"倡议与肯尼亚

在促进中国企业对外投资的同时，中国政府还实施了一项大型国际基础设施投资计划（Fan，2018；Huang，2016）。"一带一路"倡议于 2013 年启动，目前涵盖 65 个国家，中国政府还计划自 2018 年起在 5 年内投资达到 1 万亿美元。"一带一路"的基础设施建设涵盖了穿越东南亚到东非的海上公路，而陆路带则环绕着古老的丝绸之路，延伸至中亚、中东以及中东欧。这是来自中国的大规模对外直接投资。它的到来正值一个投资匮乏的时期，不仅在发展中经济体是如此（这是一个长期存在的问题），在发达经济体也是如此。

举个例子，OECD（经济合作与发展组织）估计，在许多发达经济体，投资水平比全球金融危机前低了约 15％（OECD，2017）。为了到 2030 年实现可持续发展目标（SDGs），联合国强调全球经济存在着巨大的资金缺口。17 项可持续发展目标旨在消除贫困和可预防的疾病，并确保地球上每个人都拥有良好的生活质量。"一带一路"倡议计划则填补了一些缺口，特别是在非洲。据估计，在非洲，小部分投资即可带来增长，且很有可能在关键时刻支持重要的基础设施建设（Callaghan and Hubbard，2016；Luft，2016）。

"一带一路"倡议在肯尼亚作用显著。肯尼亚是东非最发达的国家，但其人均收入只有 1 500 美元。它严重缺乏投资和工业化资金。就像在埃塞俄比亚和撒哈拉以南非洲的其他国家一样，中国在肯尼亚进行了大量投资。

在 2017 年的一次访问中，我观察到中国建筑公司正在沿海修建连接首都内罗毕（Nairobi）和蒙巴萨（Mombasa）的铁路，这是肯尼亚半个多世纪以来最大的铁路项目。为了赢得这些合同，中国承包商将成本削减到了最低，以确保从"一带一路"倡议中获得资金来建设铁路和公路，这使得其他公司难以与之竞争，因为很难找到愿意以同样低的成本完成同样工作的西方公司。

早在"一带一路"倡议之前，中国就已经是肯尼亚基础设施项目的重要资助者。例如，中国是肯尼亚第一条现代化多车道公路锡卡高速公路（Thika Road）的联合出资人之一，该公路将内罗毕和位于肯尼亚工业区的锡卡之间的行程时间从 2 小时缩短到了 40 分钟。

当中国在其他国家投资项目时，与不同的政府谈判达成双边投资协议的条款通常会有所不同。例如，在内罗毕的实地考察中，我发现中国与肯尼亚的协议是，中国承包商必须雇用 70％ 的当地人，但谁来构成这 70％ 还有待解释。中国承包商认为这 70％ 就是工人中 70％ 为肯尼亚人。但肯尼亚工人不认同。他们认为，70％ 的当地人指的是当地工人，而不仅仅是肯尼亚人。例如，对于目前正在马赛马拉国家公园附近开展的铁路扩建工程，马赛部落很不高兴，因为这 70％ 被解释为包括其他部落的工人，而不仅仅是马赛部落的工人。中国公司从肯尼亚其他部落雇用当地员工，导致了铁路建设工地的摩擦。不过这些分歧最终得到了解决，因为肯尼亚人将中国的投资视作农村地区所急需的就业来源。肯尼亚人想在中国铁路项目上工作的强烈程度非常令人吃惊。这是一项每天 5 美元的艰苦工作，然而马赛人却在中国承包商的营地外扎营以寻找工作。有些人甚至在那里扎营数月。

这些投资的另一个特点是，中国承包商不与当地公司建立合资企业，也不雇用肯尼亚的管理人员。因此，这些投资在这些非洲国家产生正向外溢的可能性较小。向更先进的外国公司学习是中国从外国直接投资中受益匪浅的方式之一（Yueh，2013）。虽然中国在自身的增长轨迹和追赶中，要求外国投资者雇用当地的中国经理和工人，但这在肯尼亚并不多见。即使在东非最发达的国家，也缺乏熟练的管理人员。肯尼亚政府没有提供培训，可能是由于缺乏具有相关经验的教师，因为这些技能往往是通过在大型基础设施项目中工作来获得的。因此，实际上是中国公司在培训肯尼亚人以提高他们的管理和技术水平。当我问非洲政策制定者，他们为什么不坚持要求中国企业雇用当地经理时，问题的另一面就凸显出来了。他们的回答是，他们担心中国会放弃在其国家投资，转而投资另一个国家。因此，像肯尼亚这样的非洲国家要想从外国直接投资中获得正向外溢，就需要使其工人与中国的管理和技术人员相结合。非洲国家和中国在这方面还需要做更多的工作。

尽管如此，中国仍在非洲提供了后者急需的投资，可能帮助这些国家实现工业化（Harrison，Lin and Xu，2014；另见第 9 章）。如果一个工业区通过与商业中心和港口的连接，能够更好地与首都和海外消费者相联系，那么工业化就更有可能起步。换句话说，向全球市场而非国内市场销售产品，给肯尼亚的企业提供了更多的机会（另见第 10 章）。铁路、公路和其他物流方面的改善将有助于肯尼亚与全球市场接轨，尤其是在轻工业领域，中国对外开放时也是这么做的，因此能够在不完全依赖于国内经济消费能力的情况下实现经济增长。全球化缓解了较小经济体经常面临的规模限制，而对外直接投资则是实现全球一体化的关键。中国正在肯尼亚投资的公路和铁路等基础设施通过改善商品回运中国的物流，不仅有利于中国的发展，也有利于东道国的发展。工业化导向的投资对非洲经济的持续发展至关重要。

2.5　中国的崛起助力撒哈拉以南非洲的增长转型

中国崛起为一个经济强国只用了不到 40 年的时间。在此期间，中国增长的驱动力发生了变化，越来越多地将技术与对外投资结合起来，这意味着中国经济已经在许多方面影响了全球经济。中国依靠廉价制造业的时代已经过去，取而代之的是一批技术上更具竞争力的企业，参与到全球市场的竞争当中。随着公司的"走出去"和大规模"一带一路"倡议的开展，中国这个世界第二大经济体的对外投资开始超过其对内投资。中国跨国公司对发达经济体的影响是多种多样的，但对非洲的发展中国家来说，来自中国的投资具有潜在的变革性。

在肯尼亚等国家，"一带一路"倡议计划已经投入了数十亿美元用于急需的基础设施。将重点城市和港口、公路与铁路相连接为工业化奠定了基础。对工业就业的关注和基础设施带来的经济效益意味着非洲可以从中国的"一带一路"倡议中获益。"一带一路"倡议甚至可能是肯尼亚和撒哈拉以南非洲其他国家经济发展的关键。

参考文献

Allen，F.，J. Qian，and M. Qian（2005）"Law，Finance and Economic Growth in China"，*Journal of Financial Economics*，77（1）：57-116.

Bagnai，A.（2009）"The Role of China in Global External Imbalances：Some Further Evidence"，*China Economic Review*，20（3）：508-526.

Berthelemy，J. C. and S. Demurger（2000）"Foreign Direct Investment and Economic Growth：Theory and Applications to China"，*Review of Development Economics*，4（2）：140-155.

Borensztein，E.，J. De Gregorio，J.，and J. W. Lee（1998）"How Does Foreign Direct Investment Affect Economic Growth?"，*Journal of International Economics*，45（1）：115-135.

Borensztein，E. and J. D. Ostry（1996）"Accounting for China's Growth

Performance", *American Economic Review*, 86(2): 225-228.

Bown, C. P. and M. A. Crowley (2010) "China's Export Growth and the China Safeguard: Threats to the World Trading System?", *Canadian Journal of Economics*, 43: 1353-1388.

Callaghan, M. and P. Hubbard (2016) "The Asian Infrastructure Investment Bank: Multilateralism on the Silk Road", *China Economic Journal*, 2: 116-139.

Chen, C., L. Chang, and Y. M. Zhang (1995) "The Role of Foreign Direct Investment in China Post-1978 Economic Development", *World Development*, 23(4): 691-703.

Chow, G. C. (1993) "Capital Formation and Economic Growth in China", *Quarterly Journal of Economics*, 108(3): 809-842.

Coe, D. and E. Helpman (1995) "International R&D Spillover", *European Economic Review*, 39(5): 859-887.

Corden, M. (2009) "China's Exchange Rate Policy, its Current Account Surplus and the Global Imbalances", *The Economic Journal*, 119(541): F430-441.

Dees, S. (1998) "Foreign Direct Investment in China: Determinants and Effects", *Economics Planning*, 31(2-3): 175-194.

Dobson, W. and A. E. Safarian (2008) "The Transition from Imitation to Innovation: An Enquiry into China's Evolving Institutions and Firm Capabilities", *Journal of Asian Economics*, 19(3): 301-311.

Eaton, J. and S. Kortum (1996) "Trade in Idea: Patenting and Productivity in the OECD", *Journal of International Economics*, 40(3-4): 251-278.

Fan, Z. (2018) "China's Belt and Road Initiative: A Preliminary Quantitative Assessment", *Journal of Asian Economics*, 55: 84-92.

Fleisher, B., H. Li, and M. Q. Zhao (2010) "Human Capital, Economic Growth, and Regional Inequality in China", *Journal of Development Economics*, 92(2): 215-231.

Graham, E. M. and E. Wada (2001) "Foreign Direct Investment in China: Effects on Growth and Economic Performance", Working Paper 01-03, Institute for International Economics.

Greenaway, D., A. Mahabir, and C. Milner (2008) "Has China Displaced Other Asian Countries' Exports?" *China Economic Review*, 19(2): 152-169.

Grossman, G. M. and E. Helpman (1991) *Innovation and Growth in the*

Global Economy. Cambridge，MA：MIT Press.

Gylfason，T.（1999）"Exports，Inflation and Growth"，*World Development*，27(6)：1031–1057.

GICA（2018）2018 Meeting of the G20 Global Infrastructure Connectivity Alliance，https：//www. oecd. org/investment/g20-global-infrastructure-connectivity-alliance-2018. htm

Harrison，A. E.，J. Y. Lin，and L. C. Xu（2014）"Explaining Africa's (Dis) advantage"，*World Development*，63(C)：59–77.

Harrold，P.（1995）"China：Foreign Trade Reform：Now for the Hard Part"，*Oxford Review of Economic Policy*，11(4)：133–146.

Hu，A. G. Z. and G. Jefferson（2009）"A Great Wall of Patents：What Is behind China's Recent Patent Explosion?"，*Journal of Development Economics*，90(1)：57–68.

Huang，Y.（2016）"Understanding China's Belt and Road Initiative：Motivation，Framework，and Assessment"，*China Economic Review*，40：314–321.

Islam，N.，E. Dai，and H. Sakamoto（2006）"Role of TFP in China's Growth"，*Asian Economic Journal*，20(2)：127–159.

Jiang，Y.（2011）"Understanding Openness and Productivity Growth in China：An Empirical Study of Chinese Provinces"，*China Economic Review*，22(3)：290–298.

Jarreau，J. and S. Poncet（2012）"Export Sophistication and Economic Growth：Evidence from China"，*Journal of Development Economics*，97(2)：281–292.

Jefferson，G.，A. G. Z. Hu，and J. Su（2006）"The Sources and Sustainability of China's Economic Growth"，*Brookings Papers on Economic Activity*，2：1–60.

Kaplinsky，R.，A. Terheggen，and J. Tijaja（2011）"China as a Final Market：The Gabon Timber and Thai Cassava Value Chains"，*World Development*，39(7)：1177–1190.

Keller，W.（2000）"Do Trade Patterns and Technology Flows Affect Productivity Growth"，*World Bank Economic Review*，14(1)：17–47.

Kuo，C. C. and C. H. Yang（2008）"Knowledge Capital and Spillover on Regional Economic Growth：Evidence from China"，*China Economic Review*，19(4)：594–604.

Lai, M., S. Peng, and Q. Bao (2006) "Technology Spillovers, Absorptive Capacity and Economic Growth", *China Economic Review*, 17(3): 300–320.

Lall, S., J. Weiss, and H. Oikawa (2005) "China's Competitive Threat to Latin America: An Analysis for 1990—2002", *Oxford Development Studies*, 33: 163–194.

Lemoine, F. (2000) "FDI and the Opening up of China's Economy", CEPII Working Paper 2000–11.

Li, X. and X. Liu (2005) "Foreign Direct Investment and Economic Growth: An Increasingly Endogenous Relationship", *World Development*, 33(3): 393–407.

Lin, J. Y. and F. Zhang (2015) "Sustaining Growth of the People's Republic of China", *Asian Development Review*, 32(1): 31–48.

Liu, X., P. Burridge, and P. J. N. Sinclair (2002) "Relationships between Economic Growth, Foreign Direct Investment and Trade: Evidence from China", *Applied Economics*, 34(11): 1433–1440.

Liu, Z. (2009) "Foreign Direct Investment and Technology Spillovers: Theory and Evidence", *Journal of Development Economics*, 85(1–2): 176–193.

Luft, G. (2016) "China's Infrastructure Play: Why Washington Should Accept the New Silk Road", *Foreign Affairs*, 95(5): 68–75.

OECD (2017) "OECD Economic Outlook", Vol. 2017 (2): 19, OECD, Paris.

Pomfret, R. (1997) "Growth and Transition: Why Has China's Performance Been So Different?", *Journal of Comparative Economics*, 25(3): 422–440.

Prasad, E. S. and R. G. Rajan (2006) "Modernizing China's Growth Program", *WTBX American Economic Review*, 92(2): 331–336.

Rodrik, D. (1999) "The New Global Economy and Developing Countries: Making Openness Work", Policy Essay No. 24, Overseas Development Council (Baltimore, MD).

Rodrik, D. (2010) "Making Room for China in the World Economy", *American Economic Review*, 100(2): 89–93.

Ran, J., J. P. Voon, and G. Li (2007) "How does FDI affect China? Evidence from industries and provinces", *Journal of Comparative Economics*, 35(4): 774–799.

Sato, K., J. Shimizu, N. Shrestha, and Z. Zhang (2012) "New Estimates of the Equilibrium Exchange Rate: The Case for the Chinese Renminbi", *World*

Economy，35：419–443.

Shan，J.（2002）"A VAR Approach to the Economies of FDI in China"，*Applied Economics*，34(7)：885–893.

Song，Z.，K. Storesletten，and F. Zilibotti（2011）"Growing Like China"，*American Economic Review*，101(1)：202–239.

Sun，H. S. and A. Parikh（2001）"Exports，Inward Foreign Direct Investment and Regional Economic Growth in China"，*Regional Studies*，35（3）：187–196.

Tseng，W. and H. Zebregs（2002）"Foreign Direct Investment in China：Some Lessons for Other Countries"，Policy Discussion Paper 02/3，IMF.

Van Reenen，J. and L. Yueh（2012）"Why Has China Grown So Fast? The Role of International Technology Transfers"，University of Oxford Department of Economics Working Paper 592；London School of Economics and Political Science Centre for Economic Performance CEP Discussion Paper DP1121，pp. 1–24.

Victor，D. and L. Yueh（2010）"The New Energy Order：Managing Insecurities in the 21st Century"，*Foreign Affairs*，89(1)：61–73.

Wei，S. J.（1993）"The Open Door Policy and China's Rapid Growth：Evidence from City- Level Data"，Working Paper No. 4602，NBER.

Wei，Y. Q.，X. M. Liu，D. Parker，and K. Vaidya（1999）"The Regional Distribution of Foreign Direct Investment in China"，*Regional Studies*，33（9）：857–867.

Wen，M.（2007）"A Panel Study on China-Foreign Direct Investment，Regional Market Conditions，and Regional Development：A Panel Study on China"，*Economics of Transition*，15(1)：125–151.

Whalley，J. and X. Xin（2010）"China's FDI and Non-FDI Economies and the Sustainability of Future High Chinese Growth"，*China Economic Review*，21(1)：123–135.

Woo，W. T.（1995）"Comments on Wei's（1995）Foreign Direct Investment in China：Sources and Consequences"，in A. Krueger（ed.），*Financial Deregulation and Integration in East Asia*. Chicago，IL：University of Chicago Press，pp. 166–189.

Yao，X. and M. Zhou（2011）"China's Economic and Trade Development：Imbalance to Equilibrium"，*World Economy*，34：2081–2096.

Yao，Y. and L. Yueh（2009）"Law，Finance and Economic Growth in China: An Introduction", *World Development* (Special Issue on Law, Finance and E-conomic Growth in China), 37(4): 753-762.

Young, S. and P. Lan (1997) "Technology Transfer to China through Foreign Direct Investment", *Regional Studies*, 31(7): 669-679.

Yueh, L. (2011) "Re-balancing China: Linking Internal and External Reforms", *Asian Economic Papers*, 10(2): 85-109.

Yueh, L. (2013) *China's Growth: The Making of an Economic Superpower*. Oxford: Oxford University Press.

Zheng, J., A. Bigsten, and A. Hu (2009) "Can China's Growth Be Sustained? A Productivity Perspective", *World Development*, 37(4): 874-888.

Zheng, J., X. Liu, and A. Bigsten (2003) "Efficiency, Technological Progress, and Best Practices in Chinese State Enterprises (1980—1994)", *Journal of Comparative Economics*, 31(1): 134-152.

第 3 章　中国经济崛起的意义
及其全球外部性

（Célestin Monga）

3.1　导　　言

1984 年 6 月 30 日，邓小平大胆地阐述了为何中国将采取与以往实践完全不同的发展道路。他解释了"建设中国特色社会主义"的基本原理。他说：

> 建国以后，我们从旧中国接受下来的是一个烂摊子，工业几乎等于零，粮食也不够吃，通货恶性膨胀，经济十分混乱。我们解决吃饭问题，就业问题，稳定物价和财经统一问题，国民经济很快得到恢复，在这个基础上进行了大规模经济建设。靠的是什么？靠的是马克思主义，是社会主义。……但是，马克思主义必

须是同中国实际相结合的马克思主义，社会主义必须是切合中国
实际的有中国特色的社会主义。①

邓小平在改革开放的早期，对中国经济状况自信而积极的评估被
许多研究人员所否定，他们认为"文化大革命"使得中国在人力、政
治、经济和社会等各方面都付出了沉重代价，并使中国在 20 世纪长期
处于贫弱状态。事后证明，邓小平的乐观评估很显然是基于历史的长
期视角的（正如 Fernand Braudel 所说的"长时段"），并反映了一种强
烈的信念，即在世界联系日益紧密的时代，用资本主义工具实现社会
主义现代化是适当的平衡，这让中国在有机会振兴经济的同时保留其
哲学内核，并防止社会分裂和严重不平等。

2009 年 11 月 16 日，美国总统奥巴马首次访华。他赞扬中国是一
个"伟大的国度"，并称在上海看到了举世瞩目的增长。他说：

> 中国使数亿人摆脱了贫困——这是人类历史上无与伦比的成
> 就——同时中国在全球事务中发挥了更大的作用。中国有句谚语：
> "温故而知新。"当然，在过去 30 年中我们经历了挫折和挑战。中
> 美关系并非没有分歧和困难。但"我们必须是对手"这个观念不是
> 注定的——当我们回顾过去的时候就不是。事实上，正是因为我
> 们的合作，美国和中国才都更繁荣、更安全。② (Obama，2009)

奥巴马看似无伤大雅的言论却在美国引起了争议，许多美国人对
"自由世界的领袖"发表这样的言论感到不满，因为它挑战了美国作为唯
一"不可或缺国家"的永久霸权。它也断言，中国作为一个主要的经济超

---

① 在第二次中日民间人士会议上与日本代表团谈话时的讲话，载于 Deng (1994)，第
72—73 页。

② 1979 年，中美货物和服务贸易总额约为 50 亿美元。在 2017 年，它已上升到 7 120 亿
美元（美国经济分析局，https://www.bea.gov/data/intl-trade-investment/international-trade-
goods-and-services）。在许多方面，这两个世界主要经济体已变得如此相互依赖，以至于持续的
贸易战不会让任何一方真正受益。参见 Monga (2012) 关于美国和中国经济相互依赖的理论框
架的论述。

级大国，其崛起并不令人惊讶：在人类历史的每一个时期，都有通过发展资本主义（或市场经济）取得成功的城市和国家，正如 Braudel（1958）提出的"经济世界"理论体系（économie-monde），今天的中国则恰好成为这些普通现象之一。

然而，中国在 20 世纪末的经济崛起绝非平庸。事实上，1979 年以来中国经济转型的节奏、深度、广度和影响在经济史上确实是独一无二的。近四十年来，中国都保持着年均 9.6％的增长率，在仅仅一代人的时间里就使得七亿多人摆脱了贫困，并成为世界第二大经济体。直到 30 年前，中国还一直被广泛认为是一块几个世纪以来失败的经济试验田，而现在则被预测将很快成为世界上最大的经济体，并在可预见的未来主导全球舞台。在一个全球经济和金融危机频发的世界里，贫穷、不平等、大规模失业、绝望和大规模非法移民浪潮等导致持续的社会紧张和冲突不断，中国的经济转型和稳定表现所产生的反响和意义，已经不局限于其国内和邻国："随着中国国内市场的不断发展，其经济实力和制定全球规则的能力也在增强。"（Spence，2017）

本章认为，中国经济已成为一个多层面的全球公共品。3.2 节强调了中国经济的几个全球外部性，并考察了它们所带来的机会和挑战。然后，我们讨论了中国的一些主要宏观经济风险和可能对世界经济产生的负外部性，最后得出结论。

3.2　中国经济作为全球公共品

长期以来，公共品都是研究者在国家层面对政府政策进行经济分析时所使用的分析框架的一部分。随着全球化进程的加快，人们越来越清楚地认识到，曾经被视为国家政策的问题，实际上具有跨国意义和影响。例如，人们普遍认为，碳排放和全球变暖不仅影响到排放国，而且对其他国家也有重大影响。同样，随着全球流动性的增加，任何单一国家都无法通过有效实施国家战略来充分应对传染病，以保护国民健康。

要想证明中国经济已成为全球公共品，在提供证据之前，首先需要澄清一些概念。全球公共品通常被狭义地定义为这一类产品："其所具有的收益和（或）成本可能会涉及所有国家、人民和世代。"全球公共品具有双重的公共含义：它们是公共的，而非私人的；它们是全球性的，而非本国性的。就像一般的公共性一样，全球性在大多数情况下是一个政策选择的问题（Kaul and Mendoza，2003）。从这个意义上说，"全球公共品中很少有天然就是全球性和公共性的。臭氧层是为数不多的天然全球公共品之一。其他大多数全球公共品都是国家公共品，随着边界的日益开放，以及国际制度的形成和各国政策的日益协调，这些产品变得相互关联。"（Kaul and Mendoza，2003）

本章使用的全球公共品的更广泛定义是由全球公共品国际任务组（International Task Force on Global Public Goods）所给出的，即"那些被广泛认为对国际社会十分重要的问题，那些由单个国家独自行动在很大程度上不能解决或不能充分解决的问题，以及那些通过广泛的国际共识或合法的决策过程来确定的问题"（2006：13）。[①]

全球公共品使人们跨越国界来共享收益、共担成本，其具有两个特点：第一，不可能阻止任何人去享受它们所产生的收益，或者没有任何人能够避免承担它们所带来的成本（非竞争性）。第二，一个个人

---

① 国际任务组还提供了各种类别的公共品的定义：本土公共品（local public good）使当地社区的所有成员受益（或支付成本），可能会包括不止一个社区公民。国家公共品（national public good）使一个国家的全体公民受益（或支付成本）。国内公共品（domestic public good）仅仅使位于单一国家内的所有成员受益（或支付成本）。国家公共品是国内公共产品，但国内公共品不一定是国家公共品。区域公共品（regional public good）使属于一个地理区域的人受益（或支付成本）。全球公共品使所有国家、所有人受益（或支付成本）。国际公共品（international public good）使不止一个国家受益（或支付成本）。全球公共品和区域公共品都是国际公共品。然而，一些国际公共品可能既不是区域性的，也不是全球性的。例如，北约的集体防御作为公共品适用于北美和欧洲。参见 Hartley 和 Sandler（1999）及 Marè（1988）。

或国家的消费不会减少另一个个人或国家的消费（非排他性）。这种"纯"公共品的典型例子就是空气质量或流行病的控制。如果仅满足其中一个特征，那么这个公共品就是准公共品，本章对中国经济的分析就依循这种框架。就其规模和表现而言，中国贡献了全球经济增长的三分之一左右，不断扩大全球需求，推动了世界对繁荣、社会包容和社会和平的追求。中国经济确实已成为一种准全球公共品。

中国的经济转型始于 20 世纪 70 年代末，当时的世界经济正在经历深刻变革。最重要的变化是美国单方面决定结束第二次世界大战后建立的国际货币体系（布雷顿森林体系），以及结束美元对黄金的可兑换。[①]这一决定突然改变了全球金融和世界贸易的规则，并为重塑全球经济奠定了基础。随后的油价冲击（1973 年和 1979 年）加速了旧国际体系的终结，这不仅预示着坏消息（20 世纪 80 年代的国际债务危机），也预示着多极世界的（重新）诞生，日本和其他东亚经济体的崛起就是例证。

中国是在一个持续动荡又充满机遇的时代开始结构变革的。技术进步、卫星通信和航运方面的创新，为制造业从高工资的发达国家转向低工资的亚洲经济体提供了经济上的可能。

> 发达经济体凭借成功的高科技行业和服务业，特别是金融服务业，转移到了价值链的上游。在 1986 年的乌拉圭回合谈判期间，亚洲的新兴经济体开始迅速工业化，并要求进入发达经济体市场——这对西方公司来说是一项颇具吸引力的提议。发达经济

① 在布雷顿森林会议上，44 个国家同意将本国货币与美元挂钩（但在特殊情况下可以调整），将美元与黄金挂钩。美国承诺保持黄金的美元价格固定和调整美元的供给以维持对未来美元对黄金可兑换性的信心。该体系于 1958 年开始运行，运行得相当不错，因为美国持有世界官方黄金储备的四分之三，而且该体系似乎很安全。日本和欧洲仍在重建战后经济，对美国商品和服务——以及美元——的需求很大。但在 20 世纪 60 年代，当欧洲和日本在出口方面变得更具竞争力、美国在全球产出中所占份额下降时，对美元的需求迅速下降，这让黄金变得更受欢迎。由于黄金供应仅有小幅增加，外国持有的美元比美国持有的黄金还要多。美国面临黄金挤兑风险，人们对美国政府履行兑换义务的能力失去了信心，从而威胁到美元作为储备货币的地位和整个布雷顿森林体系。因此，尼克松政府决定放弃美元与黄金挂钩的政策。

体的消费者得益于较低的工业品价格。随着全世界将储蓄投资于
美国国债，美国积累了巨额的贸易逆差。（Desai，2018）

中国的经济发展战略充分利用了新的全球形势，基于本国的比较优
势，将重点放在出口拉动型增长上。与过去几十年的所有社会主义国家
和许多发展中国家经济体一样，中国在20世纪50年代至70年代通过投
资带动增长来追求建设现代资本密集型产业的目标。虽然这一战略取得
了一些明显的成就，但中国的生产力水平仍然很低，而且这一战略与中
国资本稀缺、劳动力和土地供给充足的禀赋结构不相符。事实上，鉴于
中国当时的低收入水平和薄弱的财政基础，现代化战略只能在软预算约束、
金融抑制的情况下执行，这造成了严重的经济扭曲、寻租行为盛行和低效
率。严重的宏观经济不稳定只能通过国家对经济的过度干预来加以控制。

1979年（当时中国人均GDP仅为154美元[①]），中国政府改变了发
展战略，成功地在后布雷顿森林体系下的全球经济中重新定位了中国。
当时中国政府首先瞄准了更符合国家比较优势和禀赋结构的产业。
1979年，初级产品和加工初级产品占中国出口的75%以上，这刺激了
经济增长，带来了急需的外汇储备和财政收入，并且创造了就业机会
来吸收大量的低技能劳动力。但是，中国政府密切关注经济的禀赋结
构和比较优势的演进，采取了精心设计的产业升级战略，以符合现实
的步调来刺激更尖端的出口产品的生产。到2009年，制成品在出口产
品中所占的份额已经超过95%。"此外，中国的制造业出口也从20世
纪80年代和90年代的简单玩具、纺织品和其他廉价产品升级到了21
世纪初的高价值、技术精密设备和信息通信技术产品"（Lin，2011a）。
表3.1显示了中国不断变化的禀赋结构：1990年，鞋类产品是最重要
的出口品，占总出口额的15.5%；先进的资本密集型产品，如电气机
械、仪器和用具，以及电气机械以外的机械，占总出口额的10.8%。
到2016年，它们分别占中国出口的7.5%和42%。

---

① 根据国家统计局数据，1979年中国人均GDP为人民币423元。——译者注

表 3.1　1990—2016 年中国的商品出口

（2017 年前十大出口商品组及 1990—2016 年出口趋势）

	1990	2000	2010	2016
出口额（10 亿美元）				
电气机械、仪器和用具	3.96	41.50	361.63	549.06
电气机械以外的机械	2.72	25.89	309.29	330.62
鞋类	9.61	36.00	129.24	157.32
其他杂项制成品	3.92	27.49	113.63	151.98
纺织纱线、织物、制成品等	7.20	16.08	76.33	103.95
机动车	4.07	8.89	87.46	91.13
金属制品	1.43	8.00	51.09	75.51
科学及控制仪器、摄影产品、钟表	1.30	8.26	52.87	68.27
家具	0.32	4.59	39.26	56.11
钢铁	1.28	4.92	38.64	55.63
出口合计	**62.09**	**249.20**	**1 577.76**	**2 097.64**
占总出口额的百分比（%）				
电气机械、仪器和用具	6.4	16.7	22.9	26.2
电气机械以外的机械	4.4	10.4	19.6	15.8
鞋类	15.5	14.4	8.2	7.5
其他杂项制成品	6.3	11.0	7.2	7.2
纺织纱线、织物、制成品等	11.6	6.5	4.8	5.0
机动车	6.5	3.6	5.5	4.3
金属制品	2.3	3.2	3.2	3.6
科学及控制仪器、摄影产品、钟表	2.1	3.3	3.4	3.3
家具	0.5	1.8	2.5	2.7
钢铁	2.1	2.0	2.4	2.7
合计	**100.0**	**100.0**	**100.0**	**100.0**

资料来源：World Bank，World Development Indicators，July 2018。

　　为反映逐渐演进的禀赋结构而设计和实施的出口导向型战略，不仅给中国，同时也给世界经济带来了丰厚的回报。近 40 年来，中国都维持着年均 9.6% 的经济增长率，仅用一代人的时间就使得 7 亿多人摆脱了贫困。这样一个拥有 14 亿人口的国家，人均 GDP 从 1979 年的 154 美元增加到了 2017 年的 9 000 美元左右，成为世界上第二大经济体。

中国对全球 GDP 增长的贡献率从 1979 年的仅 2％升至 2017 年的约 27％（世界银行的数据，见图 3.1 和图 3.2）。[①]

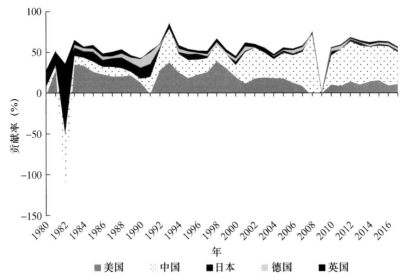

图 3.1 1980—2017 年对全球增长贡献最大的五个国家（按现价美元统计）
资料来源：World Bank，World Development Indicators，2018。

截至 2018 年，中国的经济规模超过了整个欧元区，比日本大 2.5 倍，比印度大 5 倍。也许更令人印象深刻的是，仅一年时间，比如 2017 年，中国名义 GDP 就增长了 1.5 万亿美元，这一成就的确令人瞩目。正如 O'Neill 所观察到的，"它实质上相当于创造了一个规模与韩国相当、2 倍于瑞士、3 倍于瑞典的新经济体。"（O'Neill，2018）

通过迅速摆脱低收入状态，中国已成为全球需求的一个主要来源，也成为其全球贸易伙伴的重要市场。近几十年来，在扩大出口的同时，

---

① 世界银行的 GDP 计算是基于 2010 年不变美元的。所有国家或地区的实际 GDP 数据都以共同的基准年 2010 年计算，并按 2010 年不变美元价格计算。世界或地区的总增长是通过将各个国家或地区 2010 年不变美元 GDP 加起来并计算其百分比变化来计算的。WDI（世界发展指标，World Development Indicators）有 1960 年至 2017 年这段较长时期的数据。非洲开发银行（African Development Bank，AfDB）和国际货币基金组织（IMF）等其他机构采用基于购买力平价（PPP）对一国或地区 GDP 的估值。按 GDP 加权的单个国家或地区增长率来计算，中国经济对世界增长的贡献更大。1980 年至 2018 年期间的数据可从国际货币基金组织的全球经济展望数据库（IMF WEO database）中获得。

中国也从世界各地进口商品和服务。1970 年，中国内地的进口额为 23
亿美元（低于 1960 年的数额）。2017 年，中国内地的进口额为 1.8 万
亿美元，占世界进口额的 10.2%（见表 3.2）。

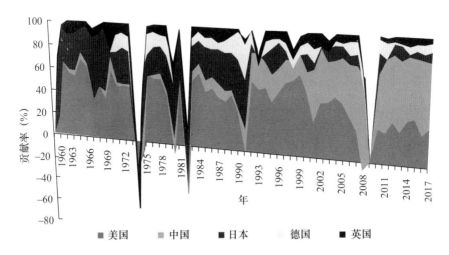

图 3.2　1960—2017 年对全球经济增长贡献最大的五个国家（按现价美元统计）
资料来源：World Bank，World Development Indicators，2018。

另外，在某种程度上，中国已成为几个主要高收入国家选择的融
资来源地（即使不是最后选择）。中国拥有世界上最大规模的外汇储
备，并定期评估其投资战略。例如，中国是美国国债的最大单一外国
持有者。中国还一直在从其他西方国家购买大量债券，从而以低成本
为其财政赤字融资。中国持有的证券大部分是期限在 1 年以上的长期
证券。美国经济和世界经济从中国如此大规模且相对廉价的融资中获
益匪浅。

政策制定者也有一些合理疑虑，即中国可能试图将其美国最大外
国债权人的地位，作为贸易问题僵局或其他政治分歧中的筹码。减缓
或停止购买美国国债的决定，会对全球利率和经济周期产生不良影响，
进而扰乱全球债券市场。

但到目前为止，这种担忧还没有成为现实，这也是合情合理的。

表 3.2 1960—2017 年的中国进口

（2017 年前十大进口国/地区及 1960—2017 年进口趋势）

国家/地区	1960	1970	1980	1990	2000	2005	2010	2015	2016	2017*
进口额（10 亿美元）										
美国	16.4	42.4	257.0	517.0	1259.3	1732.7	1969.2	2315.3	2250.2	N.A
中国内地	2.6	2.3	19.9	53.3	225.1	660.0	1396.2	1679.6	1587.9	1841.9
德国	10.2	29.9	188.0	355.7	497.2	777.1	1054.8	1051.4	1055.7	1167.0
英国	13.0	21.9	115.5	223.0	348.1	519.3	591.1	626.4	636.4	644.1
日本	4.5	18.9	141.3	235.4	379.5	515.9	694.1	648.0	607.6	671.9
法国	6.3	19.1	134.9	234.4	338.9	504.1	611.1	573.4	572.2	624.7
中国香港	1.0	2.9	23.0	84.7	214.0	300.2	441.4	559.4	547.3	589.9
荷兰	5.4	15.7	78.0	126.1	218.3	363.8	516.4	512.4	505.1	574.3
加拿大	6.1	14.3	62.5	123.2	244.8	322.4	402.7	429.0	413.0	441.7
意大利	4.7	15.0	100.7	182.0	238.8	384.8	487.0	411.1	406.9	452.6
世界	130.6	316.9	2018.9	3566.9	6691.5	10835.1	15490.7	16767.5	16283.1	18133.2
占世界进口的百分比（%）										
美国	12.5	13.4	12.7	14.5	18.8	16.0	12.7	13.8	13.8	N.A
中国内地	2.0	0.7	1.0	1.5	3.4	6.1	9.0	10.0	9.8	10.2

（续表）

国家/地区	1960	1970	1980	1990	2000	2005	2010	2015	2016	2017*
德国	7.8	9.5	9.3	10.0	7.4	7.2	6.8	6.3	6.5	6.4
英国	10.0	6.9	5.7	6.3	5.2	4.8	3.8	3.7	3.9	3.6
日本	3.4	6.0	7.0	6.6	5.7	4.8	4.5	3.9	3.7	3.7
法国	4.8	6.0	6.7	6.6	5.1	4.7	3.9	3.4	3.5	3.4
中国香港	0.8	0.9	1.1	2.4	3.2	2.8	2.8	3.3	3.4	3.3
荷兰	4.1	5.0	3.9	3.5	3.3	3.4	3.3	3.1	3.1	3.2
加拿大	4.6	4.5	3.1	3.5	3.7	3.0	2.6	2.6	2.5	2.4
意大利	3.6	4.7	5.0	5.1	3.6	3.6	3.1	2.5	2.5	2.5
世界	100.0	100.0	100.0	100.0	100.0	100.0	100.0	100.0	100.0	100.0

资料来源：World Bank, World Development Indicators, July 2018。

不管怎样，中国购买美国国债是由中美贸易逆差推动的，中国用向美国出售商品获得的美元购买美国国债。出售甚至停止购买美国国债的决定，将对中国持有的庞大美国国债组合的价值产生负面影响。因此，以大量抛售所持有的美国债券作为威胁，而同时又保持如此之大的头寸，并不符合中国的利益。事实上，除了发行债券，美国和中国经济已经变得如此相互依赖，以至于一个国家旨在制裁另一个国家的单边政策在对方采取报复性措施之前就会带来高昂代价（Monga，2012）。

最后，即使中国谨慎地逐步调整增长模式，从出口导向型转向内需导向型（见图 3.3），它也将有助于解决全球经济失衡问题。尽管如此，在这个内部调整过程中，中国将从世界各地吸收越来越多的出口产品[①]——包括从发展中国家，这些国家可以在轻工业和低技能产业方面进行战略布局，提供具有竞争力的商品和服务，而中国在经济起飞的早期阶段曾在这些产业中占主导地位。

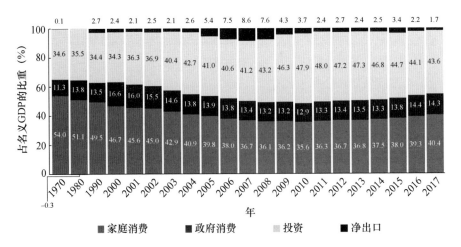

图 3.3 1970—2017 年的中国需求结构（占名义 GDP 的百分比）
资料来源：Statistics Department，AfDB，基于联合国数据。

① 2018 年 3 月 30 日，路透社援引中国外交部长王毅的话称，未来 5 年，中国将进口 8 万亿美元商品，吸引 6000 亿美元外国投资。

中国不仅成为发展中国家大规模且持续增长的出口市场，还为后来者提供了新的金融、商业和管理资源以及加快工业化的新机遇。中国已经在为世界各地的基础设施投资提供资金①，并且成功地将一些劳动密集型产业转移到了工资较低的国家（Lin，2012；Oqubay，2015）。中国、巴西、印度尼西亚或印度等大型新兴经济体即将从低工资、劳动密集型行业退出，这将为低收入国家带来巨大的增长和就业机会——只要后者能够组织起来，以更具竞争力的工资和更低的交易成本来吸纳就业。

除了成为世界上高、中、低收入国家的主要投资者和贸易伙伴（其贷款在政治上甚至政策上没有限制条件），在适当的环境下，中国的融资会带来有价值的想法、知识和经验，可促进并维持学习——特别是在非洲国家。学习和知识转移往往发生在经济特区和工业园区，产生"马歇尔外部性"（Monga，2013a，2013b；Zeng，2011；Zhang，2017）。

中国经济作为一种准全球公共品的这些属性也意味着其对世界经济可能存在负外部性，这一点将在 3.3 节中讨论。

3.3　潜在的负外部性和缓解因素

中国经济作为全球公共品，给世界经济发展带来了巨大机遇，但同时也会给其他国家带来潜在的风险。因此，不难理解世界各国的研究人员和政策制定者一直在监测甚至预期一些可能是由中国经济发展不佳所造成的负外部性。许多关于中国构成全球"经济威胁"的学术和政策讨论，都是被恐惧和负面情绪所推动，并与人们对中国发展轨

---

① 值得注意的是，Hurtley 等（2018）认为，中国的"一带一路"倡议——计划在欧洲、非洲和亚洲的基础设施项目上投资 8 万亿美元——引发了对受资助的 8 个国家主权债务可持续性的严重担忧。

迹深刻而持久的怀疑相吻合。这也不足为奇，因为这种发展轨迹是一个规模巨大、史无前例的经济和社会转型试验。本节简要地评估了一些值得认真思考的关键问题。

全球关注的第一种情况是中国投资持续放缓，这将对全球需求和世界经济产生重要影响。在中国经济发展的最初阶段及之后的数十年间（比如从 20 世纪 80 年代到 21 世纪头十年的大部分时间），出口拉动型增长是中国成功的经济模式。2008 年的金融危机迫使所有主要经济体都改变了增长模式：所谓的大衰退导致中国的净出口大幅下降，权威分析称这种下降是永久性的。中国对全球金融和经济低迷的对策是非常强劲而持续的投资计划，其规模约占 GDP 的 12.5％。正如Wolf 所说，"这可能是有史以来和平时期规模最大的经济刺激计划"（Wolf，2018）。激增的投资谨慎投向生产性基础设施以及具有竞争力的行业和部门，并成为 2008 年后中国和世界经济增长的主要驱动力。

如此高水平的投资率（2008 年至 2018 年期间平均占 GDP 的 50％以上）是不可持续的，中国需要改变增长模式（"经济再平衡"），以确保软着陆和全球产出的稳定。一些研究者警告称，中国的投资质量在下降，这加剧了人们对投资大幅减少导致经济硬着陆的担忧（Chen and Kang，2018）。

一些分析师常常将中国增量资本产出率（ICOR）的下降趋势视作中国投资无效的证据，然而，该指标具有误导性。它基于一种不现实的假设，即投资和增长之间的关系在中短期内是线性的。[①] 如果没有这种理论假设，ICOR 就不是一个常数，那么投资和增长之间的关系也就不是线性的。

---

① 这种假设是由列昂惕夫生产函数或固定比例生产函数推导出来的，它意味着生产要素将以固定的（技术上预先确定的）比例投入，因为要素之间没有可替代性。Solow（1957）等研究者已经证明这是一个不现实的假设。例如，Easterly（2003）指出："在劳动力丰富的埃塞俄比亚，道路是由工人用镐敲碎岩石建造的。在劳动力稀缺的纽约，道路是由数量少得多的驾驶重型设备的工人建造的。"

　　此外，ICOR 的变化并不一定代表投资质量的变化。Easterly 提出了一个索洛式新古典模型的例子，在该模型中，投资的外生增长在从一种稳态到另一种稳态的过渡期间暂时促进了增长，投资与增长之间不存在永久的因果关系。在这种情况下，ICOR 反映的不仅仅是投资质量："转型期间的 ICOR 越高，投资率的初始水平就越高，投资率的变化则越低。同时，稳态下的 ICOR 越高，人口增长率就越低。这些因素都不能反映'投资质量'。"（Easterly，2003：31-32）事实上，内生增长理论所确定的其他所有重要投入（实物资本、新技术、人力资本、新中间产品、管理知识、社会资本等）都会大幅改变 ICOR。因此，投资与增长之间的关系将是不稳定的、非线性的，ICOR 无法衡量"投资质量"。

　　最后，在中国经济稳步增长、中国成为世界第二大经济体且接近全球技术前沿之后，中国较低的增长率不应该被用来机械地计算 ICOR，将其解读为信贷和投资效率低下的证据。相比一只每年体重增长 10％的猫，一头每年体重增长 6.5％的大象更加令人瞩目。

　　虽然中国的投资效率不能用上升的 ICOR 来衡量，但人们仍应考虑投资的实质性和永久性放缓的全球经济影响，这不仅关系到中国经济，也关系到世界经济。主流研究人员的传统看法是，中国经济应该实现再平衡，使得增长主要由国内消费驱动，而不是由投资驱动（Chen and Kang，2018）。然而，人们也承认，调整过快可能引起中国和许多其他国家的全面衰退。

　　如果说从 1979 年至 2018 年这 40 年的历史中有什么确切的政策经验的话，那就是几乎可以肯定，中国政府不会让上述情况发生。中国对高收入国家出口的减速，以及将贸易顺差保持在可控水平的必要性，促使中国政府采取了审慎的增长再平衡策略。得益于一套紧密协调的宏观经济政策（财政和货币政策），中国的经济再平衡策略已经开始实施，不过是以精心设计的步骤来进行的（见图 3.4）。正如林毅夫所解释的那样，"关于刺激消费人们已谈论很多，但这个过程应该在消费和持续强劲的投资增长之间加以平衡。"（Lin，2011b）后者对于产业升级、人均收入的可持续增长以及发展绿色经济部门和环境保护投资都至关重要。

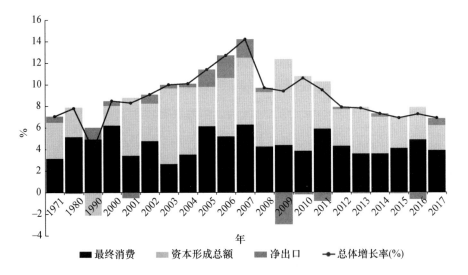

图 3.4 需求对中国 GDP 增长的贡献率（%）

资料来源：Statistics Department，AfDB，基于联合国数据。

中国面临的第二个经济问题是其债务规模、金融负债积累的速度以及由此带来的风险，这也是其他国家非常关注的问题。高债务是全球关注的问题[①]，而中国比大多数国家更有能力处理这个问题。不过还是需要对债务水平进行密切的监测。在 2008 年全球金融危机之前，中国的债务水平已经高于新兴经济体的平均水平。但考虑到中国几十年

———————

① 2016 年，全球债务（公共和私人债务）总额达到 20 164 万亿美元（占全球 GDP 的 225%），在发达和新兴市场经济体中处于历史高位。与全球金融危机最严重的 2009 年的峰值相比，全球债务水平增加了 12%，而中国是推动力量之一。截至 2016 年年底，世界各经济体共积累了 63 万亿美元的公共债务，其中美国占 31.8%，其次是日本（占 18.5%），中国、意大利和法国分别占 7.9%、3.9% 和 3.8%。这五个国家总计持有世界美元债务的 41.6%，相当于世界债务总额的 66%。资料来源：IMF（2008），Fiscal Monitor。

来的快速增长，这一水平还是可控的。

当前债务水平大幅上升的趋势真正起始于 2008 年的"大衰退"。中国在应对危机时期的强劲投资和产出表现是由快速增长的信贷所支撑的，这也导致了高负债，主要是非金融企业的高负债（见图 3.5）以及地方政府的表外融资问题——另一个具有全球重要性的问题。

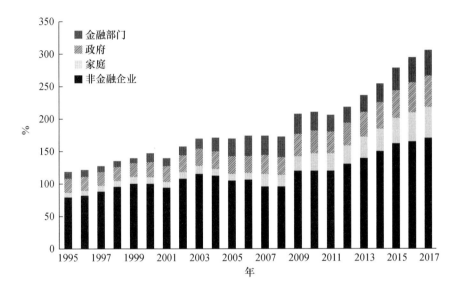

图 3.5　中国 1995—2017 年的债务与 GDP 之比
资料来源：Institute of International Finance（IIF）。

这使得一些研究人员对中国的金融稳定产生担忧，认为其有可能让世界经济付出代价，甚至警告说金融危机可能正在逼近（Wolf，2018）。这种担忧来自历史经验，即非常快速的信贷增长通常是不可持续的，且通常会以金融危机（Gourinchas and Obstfeld，2012）和（或）增长放缓（Eggerston and Krugman，2012；Jones et al.，2018）告终。

信贷周期确实会刺激过度的冒险和杠杆行为，这往往会人为地加速经济增长期的资产升值，加剧经济低迷时期的资产贬值。根据 Chen 和 Kang 的研究：

国际经验表明，中国目前的信贷轨迹是危险的，破坏性调整和（或）增长明显放缓的风险越来越大。为了找到与中国类似的例子，我们分析了 43 个信贷繁荣的案例，这些案例中的债务占GDP 的比率在 5 年期间增长了 30 个百分点以上。其中，只有 5 个国家在结束时没有出现严重的增长放缓或者金融危机。然而，考虑到国家特定因素，这 5 个国家的情况也并不令人感到宽慰。此外，所有在这一比率高于 100％时开始的信贷繁荣——就像中国的情况一样——都以糟糕的结果而告终。(Chen and Kang，2018:8)①

然而，中国在 1979—2018 年这 40 年间的经济轨迹和表现表明，在世界其他地方观察到的繁荣和萧条的经验规律，以及出现在跨国回归分析中的关于金融危机和增长急剧放缓的可能性，作为历史先例并不适用于中国。债务和货币危机通常发生在有双重问题的新兴经济体中：一方面，政府过度支出，为非生产性投资或消费及其他大量毫无目标的转移支付政策提供资金，这种挥霍的习惯严重依赖于外国贷款机构；另一方面，大量借入外币——当美联储提高利率并推高美元价值时，美元债务难以偿还，外国投资者开始逃离，从而造成货币危机。一些政策制定者通过人为地将国内利率设定在低水平（金融抑制），使上述两个问题（助长通货膨胀的公共支出和巨额的以美元计价的外债）变得更加严重。

中国显然并不符合一个"典型"新兴国家的情形。与其他国家不同，中国拥有强大的外部账户：它没有长期的贸易逆差，大部分原材料不依赖于进口，也不必借入大量美元来为其海外采购融资。中国拥

---

① 为了评估中国信贷繁荣的可持续性和潜在风险，Chen 和 Kang（2018）使用了私人信贷决定因素的标准时间序列模型。利用近十年的季度观察数据，他们发现，宽松的货币政策是信贷快速增长的关键驱动因素，但产业结构也很重要：更多的信贷流入了依赖固定资产投资，尤其是基础设施投资的省份。例如，在 2015 年，尽管存款增速和 GDP 增速放缓，但与矿业相关的 5 个省份（黑龙江、吉林、辽宁、山西和内蒙古）的平均银行贷款增速比全国平均银行贷款增速高出 3 个百分点。

有强大的外部头寸（巨额经常账户盈余和较低的外债）、相对封闭的资本账户、能够提供流动性并有效实施资本管制的非常有效的中央银行、较高的国内储蓄和强劲的企业资产负债表，以及充裕的财政空间。没有一个曾遭受了银行和金融危机①的国家拥有过这样的政策缓冲组合。

虽然这些国家特定因素使中国不太容易受到传统的新兴经济体债务危机的影响，但中国经济有可能出于其他原因而受到强势美元的影响：2008 年后的经济刺激计划导致了大量国内贷款，贷款对象包括对更高回报感兴趣的家庭和企业。除了努力确保中美之间的利差最小化以限制资本外逃的动机，中国政府在可预见的未来将维持严格的货币控制。然而，在中长期，中国的主要经济政策，包括维持宏观经济稳定、维持超出中上等收入水平的增长、充当全球增长的主要引擎等，目的都是追求审慎定位的产业升级，使得国家合理利用自己不断演进的比较优势和禀赋结构。

世界经济不确定性的第三个主要来源与人民币稳定有关，这可能源于中国经济作为全球公共品的地位。世界各地的政策制定者和研究人员一再感到担忧的是中国政府是否会决定"武器化"国家货币，即通过积极策划货币贬值来维持在与其他主要经济体（主要是美国和欧盟）或邻国的贸易战中的出口竞争力。除了会削弱中国对全球化的公开承诺和其领导人在全球经济舞台上的可信度②，如此明显的汇率变动策略将触发以邻为壑的战术，并在中国目前维持经济和政治领导力的亚洲地区蔓延开来。此类"货币战争"的最终结果将对所有人都不利。

即使中国央行没有积极尝试系统性地影响人民币相对于主要货币的汇率，市场力量也可能引发类似的波动，给世界经济带来相当大的影响。如果中国生产率没有提高而人民币持续升值，这将反映出中国作为对全球增长贡献最大的国家竞争力的丧失。这将导致全球需求低

①　这里指的是 20 世纪 80 年代的美国储蓄和贷款危机以及 1997 年日本的银行业危机。
②　在 2017 年瑞士达沃斯世界经济论坛上，习近平主席称中国不会主动打货币战。

于预期，中国的增长低于潜在增长，吸收进口的机会减少——包括从一些发展中国家进口的机会，这些发展中国家依赖中国来获得很大份额的外部需求和出口收入。

另外，市场力量导致的人民币持续贬值也对国内外构成了严重威胁。这显示出中国经济内部的脆弱性，并削弱了人民币作为亚洲乃至全球稳定锚的地位/可信度。解决这一问题有三种主要政策选择，但每一种都将给中国和世界经济带来成本和风险。第一种政策选择是央行买入美元，卖出人民币，此类干预行动需要动用外汇储备，而规模庞大的外汇储备是中国经济的标志性资产。利用外汇储备推动人民币升值会带来心理成本（因为这被视为对资本外逃的过度担忧），因此不可能是一个容易做出的决定。此外，中国央行为保护人民币而动用的资源将降低中国的全球金融影响力——削弱其通过购买债券和其他国库券来为财政赤字融资和稳定宏观经济的能力。对于世界经济来说，一个财力较弱的中国央行不是什么好消息。

在人民币贬值的情况下支撑人民币的第二种政策选择是提高国内利率，增加人民币相对于美元的吸引力。尽管这将使人民币升值（尤其是在美国和中国债券收益率的趋同已经推动了资本流动的情况下），但它也将抑制国内信贷、投资和增长。但世界经济需要中国经济的持续增长。

抵御贬值的第三种政策选择是实施资本管制——包括对资金外流实施更严格的行政限制。它通常是一种有效的工具，尤其是在短期内，能够在投资者找到规避办法之前实施。但这将与中国声称的让人民币成为国际货币的既定目标背道而驰。与此同时，人民币的主要竞争对手美元则受到了全世界经济主体的追捧：尽管美国在全球 GDP 中所占的份额从 2001 年的 32％的峰值下降到 2018 年的 23％，但仍享有巨大的特权，其货币在全球各国央行持有的外汇储备中所占比例超过 60％。因此，中国在太长时间内实施严格资本管制的一个主要缺点是，决策

者通过信号传递来影响市场的能力将失去可信度，以及在实施让人民
币成为全球货币的战略方面出现不必要的拖延。归根结底，保持人民
币币值总体稳定既符合中国的利益，也符合全球经济体的利益。

　　来自中国国内的政治经济风险是世界经济关注的第四个话题。中
国的经济增长模式建立在遵循比较优势、反映持续变化的禀赋结构的
一贯战略上。这已经造成了收入不平等——基尼系数从 20 世纪 70 年
代的不到 0.3 升至 0.4 以上。随着产业升级，中国经济对劳动力的依
赖程度降低，对资本和技术的依赖程度上升。这一趋势扩大了收入差
距，因为穷人的收入主要来自劳动，而富人的收入更多地依赖于资本
和技术。

　　一些工人转移到最先拥有更高生产率和更高收入的新行业，这也
加剧了不平等。据 Spence（2007）：

　　　　其结果是收入不平等明显加剧，并在较长时期持续。虽然这
　　是该过程的自然结果，但它还是显现出了一个挑战。在大多数社
　　会中，收入和财富的过度不平等不仅是一个规范问题，还会对社
　　会和政治造成破坏，可能威胁到对政策和公共部门投资的支持，
　　而这些政策和投资在一定程度上维持了增长进程。因此，需要通
　　过收入再分配或其他重要公共服务（如医疗、教育和养老），以及
　　确保获得基础设施（清洁的用水、运输、电力）的机会合理公平，
　　来减轻这种压力。

　　随着在全国各地开展强有力的基础设施建设项目，中国政府在很
大程度上成功地缓解了由持续高度不平等所带来的重大社会风险。

　　许多专家还怀疑，一个拥有如此庞大人口的国家，在从低收入水
平快速增长到中等偏上收入水平，并正在向高收入水平迈进的过程中，
是否有能力保持其运行已久的威权政治体系的完整。

　　中国政治领导人始终明白维持社会和平的极端重要性，即使这意
味着执行那些长远看来是次优的经济政策。转轨后采取的二元经济发

展战略是降低社会风险的主要保证。

一方面，政府致力于提高生产率，即向逐步自由化的农业提供市场激励机制，允许集体农场和国有企业的工人成为剩余价值获取者，他们在以固定价格完成国家的配额任务后可在市场上自行确定销售价格（Lin，1992）。由于迫切需要创造就业（包括为低技能工人创造就业），中国开放了一些本国具有比较优势，但以前受到压制的劳动密集型产业：取消准入壁垒，鼓励合资企业，欢迎外国直接投资。

另一方面，中国保持了强有力的财政支持和保护主义措施，以保护许多经济上没有自生能力的企业免受竞争影响，这些企业处于拥有大量工人的重要行业之中。这些措施在经济和政治上的回报是巨大的：中国在没有遭受企业重组和行业重组等沉重社会损失的情况下，完成了从计划经济向市场经济的过渡。此外，新开放部门的劳动密集型产业吸收了劳动力，带来了持续的经济增长，这最终也促进了旧的、低生产率部门的顺利改革（Lin，2009，2011b）。

中国人均收入的持续提高及其跻身于发达经济体的努力，最终将转化为其公民的新的政治要求，这似乎是合乎逻辑的。但是，这些要求的性质、范围和表现形式可能仍然是因国而异的，中国的社会政治路线不必与西方国家的路线相似。中国政府一直优先考虑政治稳定和社会和平，他们认为这是经济绩效的先决条件。他们还强调，任人唯贤和党内竞争是组织经济和政治治理的一种更"客观"的方式。[①] 无论如何，良好治理的国际测度指标在很大程度上仍然是以主观感受为基础。图3.6显示，该指标（世界治理指数）与人均收入相关，中国处于对数趋势线以下（如图中大黑点所示）。

----

① 2016年，中国共产党发布了一幅广泛发行的漫画，解释了中国各级领导人是如何选拔的。序言中说，中国共产党历来重视领导干部的选拔任用，因为这不仅关系到党的执政能力，而且关系到党的执政质量、执政成败。为此，中国共产党不断完善党政领导干部选拔任用制度和程序，使之更加规范、科学、民主。参见 http://www.idcpc.org.cn/english/picgroup/201605/t20160503_82487.html。

尽管中国经济持续快速增长，但其治理指标仍然较低，低于增长记录较差的国家，这主要反映了该研究所使用的实证工具存在概念问题和方法偏差（Lin and Monga，2017）。中国在这些指标上的排名提升可能只是时间问题。

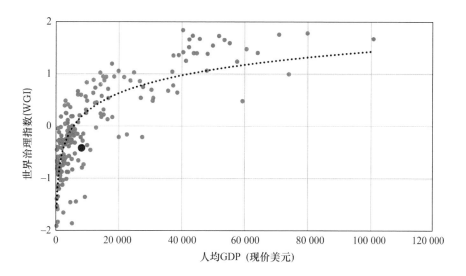

图 3.6　收入与治理的关系（2016）
资料来源：World Bank，World Development Indicators。

3.4　结　　论

近几十年来，中国对世界经济、世界稳定与和平做出了巨大的积极贡献——中国经济成为一个准全球公共品。中国的产业升级战略反映了其禀赋结构的变化，不同于主流经济学给出的"处方"。中国坚定不移地设计和实施其政策框架，以识别潜在的竞争性产业并促使其发展（同时考虑到社会与政治限制和现实），这可以为所有发展中国家提供有用的蓝图。

中国已因其经济规模而成为国际金融体系的锚，也是吸引全球贸易和投资的磁石，同时中国将自己定位为其他发展中国家的经验和政策榜样，这些国家的领导人相信他们可以复制中国的成功。在可预见的未来，中国将继续占据主导地位。尽管如此，中国国内问题的可管理性（其增长模式实现再平衡的速度、国内债务、不平等以及潜在的政治经济问题）对许多进口和资金流动依赖中国的经济体来说至关重要。在国家经济政策波动性加大，同时中国进入了一个产业、企业、机构和能力更加面临全球技术前沿挑战的发展阶段时，人们对于中国能否保持其惊人表现的担忧也是不足为奇的。本章认为，中国经济值得仔细持续的分析和观察。

参考文献

Braudel，F.（1958）"Histoire et Sciences sociales：La longue durée"，*Annales*，13-4：725-753.

Chen，S. and J. S. Kang（2018）"Credit Booms—Is China Different?"，Working Paper WP/18/2，IMF，Washington，DC.

Deng，X.（1994）*Selected Works of Deng Xiaoping*，*vol. III*（*1982—1992*）. Beijing：Foreign Languages Press.

Desai，M.（2018）"Welcome to the Multipolar World：Trump and China Roles in Transformation"，*Omfif Analysis*，13 August.

Easterly，W.（2003）"Can Foreign Aid Buy Growth?"，*Journal of Economic Perspectives*，17(3)：23-48.

Eggerston，G. and P. Krugman（2012）"Debt，Deleveraging，and the Liquidity Trap：A Fisher-Minsky-Koo Approach"，*Quarterly Journal of Economics*，127(3)：1468-1513.

Gourinchas，P. O. and M. Obstfeld（2012）"Stories of the Twentieth Century for the Twenty-First"，*American Economic Journal：Macroeconomics*，4（January）：226-265.

Hartley，K. and T. Sandler（1999）"NATO Burden-Sharing：Past and Future"，*Journal of Peace Research*，36(6)：665-680.

Hurtley，J.，S. Morris，and G. Portelance（2018）*Examining the Debt Implications of the Belt and Road Initiative from a Policy Perspective*. Washington，DC：Center for Global Development.

International Monetary Fund（2018）*Fiscal Monitor：Capitalizing on Good Times*. Washington，DC，April.

International Task Force on Global Public Goods（2006）"Meeting Global Challenges：International Cooperation in the National Interest，Final Report"，Stockholm.

Jones，C.，V. Midrigan，and T. Philippon（2018）"Household Leverage and the Recession"，Working Paper No. 16965，NBER.

Kaul，I. and R. U. Mendoza（2003）"Advancing the Concept of Global Public Goods"，in Inge Kaul，Pedro Conceição，Katell Le Goulven，and Ronald U. Mendoza（eds）*Providing Global Public Goods：Managing Globalization*. New York：Oxford University Press，pp. 78-111.

Lin，J. Y.（1992）"Rural Reforms and Agricultural Growth in China"，*The American Economic Review*，82(1)：34-51.

Lin，J. Y.（2009）*Economic Development and Transition：Thought，Strategy and Viability*（Marshall Lectures）. New York：Cambridge University Press.

Lin，J. Y.（2011a）"China and the Global Economy"，Luncheon Address，Asia Economic Policy Conference，San Francisco，Federal Reserve Bank.

Lin，J. Y.（2011b）*Demystifying the Chinese Economy*. New York：Cambridge University Press.

Lin，J. Y.（2012）"From Flying Geese to Leading Dragons：New Opportunities and Strategies for Structural Transformation in Developing Countries"，*Global Policy*，3(4)：397-409.

Lin，J. Y. and C. Monga（2017）*Beating the Odds：Jump-Starting Developing Countries*. Princeton，NJ：Princeton University Press.

Marè，M.（1988）"Public Goods，Free Riding and NATO Defence Burden Sharing"，*The International Spectator：Italian Journal of International Affairs*，23(1)：7-15.

Monga，C.（2012）"The Hegelian Dialectics of Global Imbalances"，*Journal of Philosophical Economics*，6(1)：2-51，https：//jpe. ro/poze/articole/83. pdf.

Monga，C.（2013a）"Winning the Jackpot：Jobs Dividends in a Multipolar World"，in J. E. Stiglitz，J. Y. Lin，and Ebrahim Patel（eds）*The Industrial Policy Revolution II：Africa in the 21st Century*. New York：Palgrave MacMillan，pp. 135-171.

Monga, C. (2013b) "Theories of Agglomeration: Critical Analysis from a Policy Perspective", in J. E. Stiglitz and J. Y. Lin (eds) *The Industrial Policy Revolution I: The Role of Government beyond Ideology*. New York: Palgrave, pp. 209-224.

Obama, B. (2009) Remarks at the Townhall with China's Youth, Shanghai, 16 November.

O'Neill, J. (2018) "China's Irresistible Rise", *Project Syndicate*, January.

Oqubay, A. (2015) *Made in Africa: Industrial Policy in Ethiopia*. Oxford: Oxford University Press.

Solow, R. (1957) "Technical Change and the Aggregate Production Function", *Review of Economics and Statistics*, 39(3): 312-320.

Spence, M. (2007) "Why China Grows So Fast", *The Wall Street Journal*, 23 January.

Spence, M. (2017) "The Global Economy's New Rule-Maker", *Project Syndicate*, 29 August.

Vogel, E. F. (2013) *Deng Xiaoping and the Transformation of China*, Cambridge, MA: Harvard University Press.

Wolf, M. (2018) "China's Debt Threat: Time to Rein in the Lending Boom", *Financial Times*, 25 July.

Zeng, D. Z. (2011) "How Do Special Economic Zones and Industrial Clusters Drive China's Rapid Development?", Policy Research Working Paper WPS 5583, World Bank, Washington, DC.

Zhang, X. (2017) "Building Effective Clusters and Industrial Parks", How They Did It series, Vol. 1, No. 1, Abidjan, African Development Bank.

第二部分

中非经济关系的演进

第 4 章　中非经济关系的争论和展望

(Chris Alden)

中国和非洲的经济关系随时间而演变，从 20 世纪 80 年代初尝试性的商业合作，到如今综合性的基础设施贷款和所有部门都在寻求增加外国直接投资。随着中非经济联系的不断扩大，有关中非关系的性质及其对各自发展愿望的意义的争论也在不断变化。例如，南南合作为中非双方加强经济关系的第一阶段制定了方针，体现在双方协商的以技术援助、无偿援助和优惠贷款组合换取获得非洲大陆丰富资源的机会。随着非洲经济体的持续高速增长以及中非双边贸易的同比例增长，争论的焦点明显转向了中非经济互补性以及非洲融入全球价值链等方面。在全球金融危机和中国崛起为世界第二大经济体之后，林毅夫等学者针对发展问题提出了一种新结构经济学观点，它是基于国家主导的战略性政策规划，扩大基础设施建设，并通过市场力量来调节资源配置。此外，随着埃塞俄比亚等非洲经济体工业化进程的推进，中国在全球发展融资中的关键作用及行业经验使其处于推动非洲大陆发展新阶段的关键位置。

就这一点而言，中非经济关系从 20 世纪 50 年代中期至今已经有了长足的发展，这既同步于中国政治经济发展模式的变迁，也伴随着全球化所带来的广泛的国际政治经济变化以及对这种变化所做出的政策反应。与此同时，随着中国快速成长为全球舞台上日益突出的经济力量，对这些成就的认可促使非洲等地区对"范例"进行推广，以鼓励各国学习中国的发展经验。注意到这些变化及其如何体现在关于发展的不断变化的争论中，以及确定相应的发展政策的演变，对于理解中非经济关系的内容至关重要。

首先，本章将考察对中国在非洲发展中所起作用的解读是如何随着时间的推移而演变的：从以政治团结为主导变为以经济互补性为基础，再到最近将中国定位为促进非洲工业化的领导者。其次，本章将聚焦于中国发展经验的提炼，以及如何通过在非洲推广"范例"的机制使中国的发展经验成为鼓励政策转移和同行学习的一种方式。最后，本章将讨论未来的趋势及其对下一阶段的中非经济关系可能带来怎样的影响。

4.1 南南合作：从政治团结到经济合作

要了解中国在非洲的经济参与情况，就必须从冷战、中华人民共和国成立和非洲独立后所出现的普遍情况而引发的争论开始。依附论者对资本主义的批评和革命运动促使这些新政府追求国家主导的发展战略（从混合市场方法和进口替代战略，到国家强制的集体主义，甚至是自给自足）（Gray and Gills, 2016：557–558）。由于促进人口占比极大的农村的发展对中非双方来说都是当务之急，在最初的几十年中，双方合作的特点就是开展经济试验、发展南南经济合作以及拥护第三世界的团结。随着发展中国家开始开展双边交流和合作项目，在诸如不结盟运动（NAM）和非洲统一组织（OAU）等区域性组织的历届首脑会议上发表的宣言都支持尽可能广泛的技术援助和经济合作（Lopez Cabana，2014）。

就中非经济关系而言，中国为非洲反殖民斗争提供的外交支持为非洲独立后的技术援助铺平了道路。在 1963—1964 年时任外交部长周恩来的非洲之旅中，他概述了中国对外经济技术援助八项原则，包括对平等互利、通过培训向非洲人民传授知识，以及中国专家维持与非洲东道国专家相同的物质待遇的承诺（Shinn and Eisenmann，2012：130）。这一时期以与整个非洲大陆合作为特点的中非经济合作集中在农业和卫生部门。在这些领域，中国自身不断积累的经验被认为特别适合非洲的农村经济（Brautigam，1998：61-100）。

毫无疑问，在这一时期，中非经济合作的标志性工程仍然是中国资助的赞比亚铜带和坦桑尼亚达累斯萨拉姆港（Tanzanian port of Dar es Salaam）之间的铁路——坦赞铁路。该工程源于坦桑尼亚和赞比亚与中国的领导人之间的讨论，两国领导人当时寻求支持修建一条铁路，使赞比亚的铜能够出口到国外，而不必依赖西方人统治的津巴布韦和南非的运输网络（Monson，2008：197-219）。从一开始，中国政府就提供了几乎所有的资金、管理、劳动力、技术援助、培训和材料，来建造这条全长 1 060 英里的从赞比亚恩多拉市（Ndola）铜带到坦桑尼亚达累斯萨拉姆港的坦赞铁路（Liu and Monson，2011；Monson，2009：3）。这个耗资 4 亿美元的项目在 10 年后（1976 年）竣工，是当时中国最大、最全面的项目。坦赞铁路立即被非洲各国政府誉为一项重大成就（Monson，2009：3-4；Katzenellenbogen，1974）。有意思的是，在许多方面，中国与非洲大陆更现代的经济往来的关键特征已经在这个项目中展现出来：非洲请求中国援助，以推进一个被西方政府摒弃的发展项目；中国在该项目的设计、管理和融资中发挥作用；在建设项目中使用中国劳动力和物资；最后是项目后期关于将管理移交给东道国政府和解决经常性费用问题的讨论。

1978 年年末，中国开始实施改革开放政策，开启了国内渐进式经济改革的新时期，并与出口导向型战略相结合，这反过来又加速了中国与非洲经济往来方面的变化。这反映出中国政策界对新加坡和韩国等积极融入全球市场的新兴工业化经济体的发展成就越来越认可，而不是排斥它们。中国的政策很快就对非洲产生了影响。1982 年中国领导人访问非洲大陆时表示，今后中国对非洲发展的支持将转向以市场标准为基础，也就是说，中方会根据项目对双方的商业价值来评估项目（Shinn and Eisenmann，2012：130）。中国与非洲国家开展经济技术合作的四项原则将指导未来中国与非洲大陆的合作，重申了平等互利、讲求实效的原则，以及中国专家维持与非洲东道国相同的物质待遇的承诺。对非洲的政策转变，从最初的"互利"到后来的"双赢"，折射出中国国内生产部门正在进行的市场导向的改革，以及中国政策制定者对这种做法日益增强的信心。中国与世界贸易组织长久的谈判过程最终以 2001 年中国加入世界贸易组织画上句号，并促使中国进一步融入全球市场。与此同时，中国政府也采取了前所未有的行动，鼓励新整合的国有企业将它们的活动范围扩展到海外（Alden and Davies，2006）。

在接下来的 25 年里，随着中国国内经济的大幅增长，对资源、市场和投资的寻求确实在中非经济交往中占据了更大的比重。从 20 世纪 90 年代中期开始，中国进出口银行提供了大规模贷款，以支持中国石油天然气集团有限公司（CNPC）在苏丹新兴的石油行业的开发和扩大生产（Junbo，2017；Patey，2014）。2004 年年初，在西方主导的捐助国拒绝承诺为安哥拉战后重建提供资金支持（理由是执政党在石油收入上的普遍腐败）之后，中国和安哥拉签署了价值 20 亿美元系列贷款中的第一笔，以支持该国的基础设施建设（Alves，2012：106-111）。

中国对非洲的大规模基础设施债务融资以非洲的资源作为支持，且在苏丹和安哥拉等国使用中国的生产要素，助长了人们（尤其是西方世界）对中国及其对非洲发展所产生影响的猜测，引发了对 OECD 捐助国公约的挑战（Naim，2009）。

正是在中国卷入苏丹和安哥拉事务的背景下，许多关于中非发展的"经典"争论才开始生根，凸显出大众和精英的言论在观念形成方面所起的作用，这些观念直到现在仍有重要影响。目前引发争论的核心问题是"中国会改变非洲吗？"——主要是担忧中国对西方在非洲推动的规范、实践、利益和制度的影响，简而言之，就是担忧中国会对西方在非洲大陆的主导地位构成挑战（Alden，2008；Gaye，2008）。在这些观念的形成过程中，活跃的西方媒体和许多西方学者至少在一定程度上发挥了作用，而媒体和学者的观点往往也映射出发展机构和金融机构的担忧。这种观点是对非洲统治精英和许多学者的正面观点的回应，他们认为中国的"不附加政治条件"是针对近二十年来西方通过结构调整计划和促进民主化来实行的新自由主义的一种替代品。

但是，非洲对发展的看法既不是毫无保留的积极，也不是完全的消极。例如，Dambisa Moyo 曾在其一部有影响力的著作中谴责西方援助行业自私的"利他主义"和失败的专利保护，虽然耗费了几十年的努力和数千亿美元的投入，也未能为非洲带来发展（Moyo，2010）。她公开呼吁非洲各国政府将"中国发展模式"作为替代（Moyo，2012）。非洲领导人也呼应了这一观点，尼日利亚总统奥卢塞贡·奥巴桑乔（Olusegun Obasanjo）等人呼吁与中国建立更为紧密的经济联系，以促进发展（*Daily Trust*，2003）。其他非洲精英一直对权力投射极为敏感，他们开始对中国作为最大贸易伙伴在其经济中所占据的新领导地位以及中国对非洲经济的兴趣不断增加表示担忧（Alden，2007：120）。正如非洲的政治家、中国的长期朋友朱利叶斯·尼雷尔（Julius Nyerere）早在 1968 年所表达的那样，非洲大陆与中国的关系是"平等当中最不平等的"(Bailey，1976：80)。非洲观念的一个被忽视但至关重要的根源，就是那些关于中国和中国人的大众话语所扮演的角色，它以各种形式出现在中国和非洲在国家层面和整个非洲大陆层面的争论中。一些非洲民众对中国劳工的常见评论，无论多么荒谬或具有误导性，仍然影响了中非关系和政客们的政策选择（Sheridan，2018）。与此同时，问卷调查显示非洲公众对中国的评价一直很高，但这也反映出非洲对中国的赞赏与担忧之间的态度分歧（Afrobarometer，2016）。

在 21 世纪的头十年，有影响力的国际金融分析师纷纷将他们的最高增长预测转向了新兴市场，这种高涨的热情表明新兴经济体的角色正在不断变化，成为优惠贷款、投资资本和对其他发展中国家无偿援助的来源（O'Neil，2001）。在 2008 年全球金融危机之后，中国和其他新兴经济体安然度过了这场危机，没有像工业化国家那样受到直接损害，非洲对中国的期望也进一步提高。据报道，截至 2013 年（全球大宗商品繁荣的末期），中国在非洲投资了 260 亿美元，并成为非洲大部分地区优惠融资的主要来源（Chen，Dollar and Teng，2015）。正是在这种背景下，林毅夫关于中国经济结构转型及其给非洲带来的机遇的研究成为争论的焦点（Lin，2012）。林毅夫指出，中国正在转向更多的国内消费，随着劳动力等要素成本的上升，一些产业也在向海外转移（Lin and Wang，2015）。他呼吁建立一种新的发展经济学——新结构经济学，以国家主导的战略政策规划为基础，扩大基础设施建设，并通过市场力量来调节资源配置。

非洲对发展的期望开始反映出新兴国际环境中的潜在前景，特别是中国在促进工业化方面能够发挥的作用。政策界围绕非洲持续增长出现的活力（在"非洲崛起"这一词上得以体现）重新赋予了非洲成为投资目的地的可能性，因为在区域内贸易的支撑下，非洲的消费市场不断增长。除了非洲开发银行和联合国非洲经济委员会在其出版物中所反映的日益增长的乐观情绪，Arkebe Oqubay 的著作通过关注埃塞俄比亚实现工业化所需的必要政治和产业政策框架，拓宽和深化了非洲大陆的发展意图（Oqubay，2015）。由于他是政府的关键决策者之一，他的理论和实践见解被赋予了更深层次的意义。

在 2015 年由南非政府主办的中非合作论坛中，非洲经济学家和政策制定者的这种"新思维"转化为更加注重资源领域的"增值"，从而产生了以创造就业、培训和提供服务为形式的溢出效应。2014 年 5 月，李克强总理在对埃塞俄比亚、尼日利亚、安哥拉和肯尼亚进行国事访问时，提出了"461"中非合作框架和"三大网络和产业化项目"两项倡议，回应了上述关切。2014 年 11 月在亚的斯亚贝巴（Addis Ababa）举行了"中非减贫与发展大会"，中国发展领域的领军人物和非洲联盟同行参加了会议，此类活动旨在进一步了解中国的工业化经验及其向非洲大陆转移的可能（IPRCC/AU/Government of Ethiopia/UNDP，2014）。

在中国提出的具体发展政策建议方面，"461"中非合作框架简要描述了基于四项原则（坚持平等相待、团结互信、包容发展、创新合作）、六大工程（产业合作、金融合作、减贫合作、生态环保合作、人文交流合作、和平安全合作）和一个平台（FOCAC，中外合作论坛）的新政策框架。"三大网络和产业化项目"包括建设高速铁路网、高速公路网、区域航空网。结构性发展支持者的基本想法是：重要的基础设施为产业集群的合理选址提供了基础，这些产业集群为规模经济、与供应链的联系、投资中心、知识转移、集中劳动力以及其他对当地经济的正溢出效应创造了机会（Immarin and McCann，2006）。特别是有三个项目，即亚的斯亚贝巴轻轨系统、亚的斯亚贝巴到吉布提（Djibouti）的标准轨距铁路和蒙巴萨到内罗毕的标准轨距铁路，被视为这一方式的标志。此外，它们与一个关键的"旗舰"项目紧密相连，即被非洲联盟官员列为《2063 议程》第一阶段的"世界级的纵横交错的非洲基础设施"。总之，这些举措代表了中国对中非新合作方式的愿景，即围绕一系列顶尖基础设施和工业化项目加强双方的经济联系，这些项目将涉及中国企业与非洲的合作，并由中国金融机构来提供担保。2018 年 9 月召开的中非合作论坛第七届部长级会议强调了以基础设施建设为主导的发展方向，是这一时期中非合作的高潮。

4.2 动态模式：中国经验与非洲发展

围绕中非经济关系的重点和争论焦点正在发生变化，其核心是一系列变革性政策，突出了中国在发展方面取得的成功，以及它为非洲发展愿景带来的激动人心的可能性。这些成功通过"模式"的传播得到体现，这些模式提供了中国在工业化和农业生产等领域取得重大进展的精炼经验，并作为具体的政策规定推动地方发展。中非经济结构和发展方向的变化，反映出随着时间推移，中非所处的不同发展阶段和发展道路。

尽管对中国发展的参考可以追溯到 20 世纪六七十年代，但近现代的关注焦点反映了非洲对中国改革开放政策显著成功的兴趣，以及中国工业化和农业生产计划在非洲土地上的可复制性。早在 20 世纪 80 年代，当被问及中国经验是否可以复制到非洲时，邓小平就曾提出过著名的异议，但在 2006 年 11 月的中非合作论坛北京峰会上，3 到 5 个经济贸易合作区（ECTZ）和 10 个（后来扩展到 20 个）农业技术示范中心（ATDC）的正式启动，突显了中国态度的变化。前者源自中国 1978 年年末在东南沿海地区建立经济特区的成功经验，后者则是 20 世纪 80 年代初开始的农业改革的经验累积的产物。

通过实施产业政策和建立经济特区，中国在外商直接投资和来自工业化国家的技术转让的基础上发展出口导向型制造业的有益经验，将通过经济贸易合作区的倡议加以复制。该倡议承诺将中国的国家资

金和公私投资结合起来，打造一个创造就业机会、转移技术并有可能
将成本日益上升的中国工业生产外包出去的"温室"，以及培育一个新
生的非洲制造业部门（Howell，1993）。Brautigam 和 Tang 认为，在
中国参与这一过程的各个层面上，从中国的地方政府、企业和开发商
的认知理念，到中国的银行融资，再到对当地市场的投资决策，"盈利
原则占据主导地位"（Brautigam and Tang，2011：49-51）。有趣的是，
经济贸易合作区的倡议——与非洲许多学者和决策者的看法相反——
实际上是全球范围的，东南亚和其他地区也建立了经济贸易合作区。

　　在农业领域，中国政府建立了二十多个农业技术示范中心，包括
提供融资和专业技术，其主要目的是在农业方面的一系列技术合作方
案的支持下，提高当地市场的农业生产率，进而提高农民收入。这些
示范中心采用了一种分阶段的"公私合营"方式：由中国指定的省级
机构与东道国政府合作，第一年建立该中心的基础设施，第二年提供
培训和试验农场，第三年移交地方政府进行管理。Jiang 认为，该项目
的长期目标之一是为中国农业企业创建一个进入非洲国家当地市场的
平台，并获得全球化生产上的地位和经验（Jiang，2015：16-17）。值
得注意的是，尽管该项目包含了"公私合营"模式，但该模式并非来
自最初中国国内农业改革的经验，而是反映了该领域后期的发展情况。

　　总体而言，很明显，中国在非洲推行的这些举措主要来自过去 40
年中国经济快速发展背后的变革性政策方法和实施战略。这些举措植
根于以利益为基础的中非合作关系，这种关系反映在中国企业和非洲
企业共同参与和支持的牢固的商业活动中。虽然对于政府部门和民营
部门在这一进程中所起的催化剂作用的看法有所不同，但是它们反映
出发展领域内部正在形成的一种共识，即就中国而言，增长与减贫之
间的联系十分重要。因此，这些倡议是将中国独特的发展经验用于推
动非洲发展的核心。

　　尽管中国在非洲发起的这些倡议在很大程度上仍处于推广阶段，

但有一些迹象表明，并不是所有作为发展催化剂的倡议都完全符合预期。例如，尽管开展了相关的宣传，但 10 年后，一些经济贸易合作区仍然相对不发达，中国的投资对当地经济的溢出效应有限（如毛里求斯、莱科奇），而另一些国家则只是将中国现有的投资"重塑"为经济贸易合作区（如赞比亚）（Alves，2011）。在这方面，位于亚的斯亚贝巴外围的埃塞俄比亚经济贸易合作区则与众不同，同时也凸显了非洲东道国政府与中国民间资本合作在促进这一进程中发挥的重要作用。在目标明确的埃塞俄比亚领导层的领导下，以及中国华坚公司的投资下，东方工业园已经成为吸引外国直接投资（包括来自新兴经济体和北方的发达经济体的企业）进入制造业的磁石，甚至拓展了一项基础深厚的政策，即在该国不同地区建立工业园区，并与中国援建的基础设施项目（如亚的斯亚贝巴至吉布提铁路）相结合。包括卢旺达、塞内加尔和南非在内的其他国家也建立了经济贸易合作区，并在一定程度上借鉴了中国和埃塞俄比亚的经验，旨在从相同的因素当中获益。

在非洲大陆，农业技术示范中心的使用率要高得多，到 2011 年非洲已经建立了二十多个农业技术示范中心，尽管这一举措带来的实际外商直接投资只有 4 亿美元，仅占中国对非洲农业投资总额的 12%（Jiang，2015：7）。由于中国和当地最终使用者的期望不同，使用者的体验因一些不确定事件而有所不同，包括当地对必要基础设施的提供情况，以及与当地农业培训和推广服务的整合程度。例如，莫桑比克的旗舰农业技术示范中心（被中国政府认为是示范中心当中最成功的），最初甚至中国民营企业都很难找到当地市场能使其以有成本效益的方式维持生产，而企业与当地雇员和社群在劳动条件和产权问题上的一系列纠纷又加剧了这种情况（Chichava，Duran and Jiang，2014）。这些初期的阵痛，以它们自己的方式反映了中国自身在国内发展经验上的试验性特征，即通过寻求资源和政策框架的最有效结合取得成功。

中国发展经验在非洲政策界的吸引力继续增强，部分体现在非洲政府"向东看"政策的增多，以及他们通过各种地区和国际论坛（如中非合作论坛）整合这些政策的努力。2015 年 12 月和 2018 年 9 月在中非合作论坛第六届和第七届部长级会议上中国宣布了巨额资金支持，这印证了 2017 年 10 月习近平主席在党的十九大上明确表达的中国继续发挥负责任大国作用的态度，这表明中国要继续创新思维，扩展手段，培育向非洲传授可复制政策经验的新形式（*Straits Times*，2017）。

4.3　讨论未来：是走向更加多元化还是更强依赖性？

与中非经济关系不断变化的动态相适应的是，随着非洲越来越了解中国（和其他新兴经济体）的发展经验，围绕脱离资源型经济和技术转让而转向多元化发展的必要性的争论也在不断加剧。Mzukisi Qoba 和 Garth Le Pere 考虑到了这些可能性，认为非洲必须进一步扩大其目标：

> 有必要重新考虑非洲未来增长和发展的条件，而不仅仅是从工业化——通常被狭义地认为是制造业——角度进行思考，因为非洲大陆沿着类似于早期工业化国家的轨迹进行工业化发展的可能性较小。相反，推进战略性贸易和产业政策应该成为中非关系的重点，以便利用当前存在的机遇。从附加值和价值链的角度来思考，可以将重点关注部门扩大到制造业、服务业和农业创新等方面。（Qoba and Le Pere，2018：209）

然而，与此同时，也有一种批评的论调，质疑这种关系的结构形式及其对非洲发展的影响。对于一些批评家来说，在中非两国的商品贸易中，以非洲初级产品换取中国制成品的贸易占主导地位，再加上中国在服务业（如金融部门）中不断上升的地位，表明这种关系仍需进一步调整（Le Pere，2007）。这与关于改善中国市场准入的激烈争论以及南非决策者关于制定"中国版的《非洲增长与机遇法案》"的呼声是一致的（Altman，2018）。鉴于中国在两国关系中处于主导地位，专门针对非洲进口产品——特别是增值产品、制成品甚至服务——创造市场机会，是提高双方经济一体化程度的重要一步。尤其是在 2014 年大宗商品价格大幅下跌之后，围绕非洲各国政府的争论再度升温，也加剧了这些担忧。

最后，在 2018 年 3 月，中国宣布成立一个新的机构来协调外国援助和海外开发项目：国家国际发展合作署（SIDCA）。它与"一带一路"倡议的框架相契合，主要目的是支持非洲和亚洲现有的和未来的发展项目，包括加强对中国发展项目的监督和协调。正如中非合作论坛第七届部长级会议所提出的那样，中非合作论坛倡议将与"一带一路"倡议相结合的这一前景提供了进一步扩大基础设施融资的可能性，最终可能为非洲融入全球价值链作出贡献（Chinese Mintstry of Foreign Afffairs，2018）。"一带一路"倡议框架下的中国金融资源，如亚洲基础设施投资银行、金砖国家新开发银行，可以同中非发展基金、新成立的中非产能合作基金、非洲中小企业发展专项贷款一起发挥作用。除了对发展融资的关注，值得注意的是，中非合作论坛第七届部长级会议将环境和社会文化因素纳入议程，这些因素一度与中国和非洲大陆的经济交往相距甚远，这再次表明，中国也有类似的担忧。

4.4 结　论

中非经济关系在过去的 50 年间发生了巨大变化，这些变化在许多方面与中国国内政治经济的变化模式相呼应。如果说有关非洲工业化和让当地经济融入中国全球价值链的争论现在很盛行，那么这标志着中非经济关系的发展进入了一个新阶段。中国在推动国际自由贸易体制方面的领导角色意味着它将认识到有必要应对不断变化

的经济关系所带来的更多挑战，即为非洲进一步进入中国市场提供
专门条款，并与非洲决策者在可持续发展融资方面合作。中国经济
的持续活力推动了两国经济关系的不断变化，如今中国经济的这种
持续活力正与非洲自身的快速发展结合在一起，而这似乎也预示着
两国经济关系将迎来新一轮的发展和变革。

参考文献

Afrobarometer (2016) "Here's What Africans Think about China's Influence in their Countries", http://afrobarometer. org/blogs/heres-what-africans-think-about-chinas- influence-their-countries.

Alden, C. (2007) *China in Africa*. London: Zed Books.

Alden, C. (2008) "Is Africa Changing China?", South African Institute of International Affairs, 21 August, http://www. saiia. org. za/opinion-analysis/is-africa-changing-china.

Alden, C. (2018) "A Chinese Model for Africa", in C. Alden and D. Large (eds) *New Directions in Africa-China Studies*. London: Routledge.

Alden, C. and M. Davies (2006) "A Profile of Chinese MNCs Operating in Africa", *South African Journal of International Affairs*, 13(1): 83–96.

Altman, M. (2018) National Planning Commission, presentation at the Shanghai Forum, Shanghai, 26 May 2018.

Alves, A. C. (2011) "The Zambia-China Cooperation Zone at Crossroads: What Now?", SAIIA Policy Briefing 41, South African Institute of International Affairs, Braamfontein.

Alves, A. C. (2012) "Chinese Economic and Trade Cooperation Zones in Africa: The Case of Mauritius", SAIIA Policy Briefing 51, South African Institute of International Affairs, Braamfontein.

Bailey, M. (1976) *Freedom Railway: China and the Tanzania-Zambia Link*. London: Collings.

Brautigam, D. (1998) *Chinese Aid and African Development: Exporting Green Revolution*. Basingstoke: Palgrave, pp. 61–100.

Brautigam, D. and X. Tang (2011) "African Shenzen: China's Special Economic Zones in Africa", *African Affairs*, 49(1): pp. 49–51.

Chen, W., D. Dollar, and H. Teng (2015) "Why Is China Investing in Africa? Evidence from the Firm Level", *Brookings Papers*, August.

Chichava, S., J. Duran, and L. Jiang (2014) "The Chinese Agricultural Technology Demonstration Centre in Mozambique: A Story of a Gift", in C. Alden and S. Chichava (eds) *China and Mozambique: From Comrades to Capitalists*. Auckland Park: Jacana, pp. 107–119.

Chinese Ministry of Foreign Affairs (2018) "Forum on China-Africa Cooperation Beijing Action Plan (2019—2022)", http://focacsummit.mfa.gov.cn/eng/hyqk_1/201809/t20180912_5858585.htm.

Daily Trust (2003) "Nigeria: Obasanjo Calls for Closer Ties with China", 17 December 2003, https://allafrica.com/stories/200312170136.html.

FOCAC, "Forum on China-Africa Cooperation Beijing Action Plan (2007—2009)", 2006/11/16, https://www.fmprc.gov.cn/zflt/eng/zxxx/t280369.htm.

Gaye, A. (2008) "China in Africa: After the Gun and the Bible ... a West African Perspective", in Chris Alden, Dan Large, and Ricardo Soares De Oliveira (eds) *China Returns to Africa: An Emerging Power and a Continent Embrace*. London: Hurst, pp. 129–141.

Gray, K. and B. Gills (2016) "South-South Cooperation and the Rise of the Global South", *Third World Quarterly*, 37(4): 557–558.

Howell, J. (1993) *China Opens its Doors: The Politics of Economic Transition*. Boulder, CO: Lynne Rienner.

Immarino, S. and P. McCann (2006) "The Structure and Evolution of Industrial Clusters: Transactions, Technologies and Knowledge Spillovers", *Research Policy*, 35, pp. 1018–1036.

IPRCC/AU/Government of Ethiopia/UNDP (2014) "Africa-China Poverty Reduction and Development Conference: Industrial Development—Cross-Perspectives from China and Africa", sponsored by the IPRCC, AU, UNDP, and Government of Ethiopia, Addis Ababa, 18–20 November.

Jiang, L. (2015) "Chinese Agricultural Investment in Africa: Motives, Actors and Modalities", *Occasional Paper* 223, South African Institute of International Affairs, October, pp. 16–17.

Junbo, J. (2017) "China in International Conflict Management", in C. Alden, A. Alao, C. Zhang, and L. Barber (eds) *China and Africa: Building Peace and Security Cooperation on the Continent*. Basingstoke: Palgrave, pp. 147–162.

Katzenellenbogen, S. (1974) "Zambia and Rhodesia: Prisoners of the Past: A Note on the History of Railway Politics in Central Africa", African Affairs, 73, p. 290.

Le Pere, G. (ed.) (2007) *China in Africa: Mercantilist Predator or Partner in Development?* Midrand: Institute for Global Dialogue.

Lin, J. Y. (2012) *New Structural Economics: A Framework for Rethinking Development and Policy.* Washington, DC: World Bank.

Lin, J. Y. and Y. Wang (2015) "China's Contribution to Development Cooperation: Ideas, Opportunities, and Finances", Working Paper, FERDI.

Liu, H. and J. Monson (2011) "Railway Time: Technology Transfer and the Role of Chinese Experts in the History of TAZARA", in T. Dietz, K. Havnevik, M. Kaag, and T. Oestigaard (eds) *African Engagements—Africa Negotiating an Emerging Multipolar World.* Leiden: Brill, pp. 226–251.

Lopez Cabana, S. (2014) "Chronology and History of South-South Cooperation", Working Document 5, Ibero-American Program for Strengthening South-South Cooperation.

Monson, J. (2008) "Liberating Labour? Constructing Anti-Hegemony on the TAZARA Railway, 1965—1976", in C. Alden, D. Large, and R. Soares De Oliveira (eds) *China Returns to Africa: An Emerging Power and a Continent Embrace.* London: Hurst, pp. 197–219.

Monson, J. (2009) *Africa's Freedom Railway.* Bloomington, IN: Indiana University Press.

Moyo, D. (2010) *Dead Aid: Why Aid Is Not Working and How There Is Another Way.* London: Penguin.

Moyo, D. (2012) *Winner Takes All: China's Race for Resources and What It Means for Us.* New York: Basic Books.

Naim, M. (2009) "Rogue Aid", *Foreign Policy*, 15 October.

O'Neil, J. (2001) "Building Better Global Economic BRICS", Global Economics Paper 66, 30 November.

Oqubay, A. (2015) *Made in Africa: Industrial Policy in Ethiopia.* Oxford: Oxford University Press.

Patey, L. (2014) *The New Kings of Crude: China, India and the Global Struggle for Oil in Sudan and South Sudan.* London: Hurst.

Qoba，M. and G. Le Pere (2018) "The Role of China in Africa's Industrialization: The Challenge of Building Global Value Chains", *Journal of Contemporary China*, 27(110), p. 209.

Sheridan，D. (2018) "Chinese Peanuts and Chinese *Machinga*: The Use and Abuse of a Rumour in Dar es Salaam (and Ethnographic Writing)", in C. Alden and D. Large (eds) *New Directions in Africa-China Studies*. London: Routledge.

Shinn，D. and J. Eisenmann (2012) *China and Africa: A Century of Engagement*. Philadephia，PA: University of Pennsylvania Press.

Straits Times (2017) "19th Party Congress: 7 Key Themes from President Xi Jinping's Work Report", 18 October 2017.

第三部分

中非经济合作关系动态

第 5 章　中国的贷款和非洲的结构转型

(Deborah Brautigam)

5.1　引　言

几内亚是中国的第一个非洲借款国。1960 年，中国政府向几内亚提供了约 2 500 万美元的信贷额度。塞古·杜尔（Sekou Toure）政府用这笔资金建造了一个雇用了 1 800 人的香烟和火柴厂、一个茶园和工厂、一个会议中心以及卡文杜（Kavendou）山区的一座小水电站。这项安排基本上没有引起其他人的注意。在 57 年后的 2017 年，众多媒体报道称，几内亚的矿业部长宣布政府正在与中国企业谈判，以此获得价值 200 亿美元的资源担保的信贷额度，并将其用于几内亚的基础设施建设。尽管后来证明这是一厢情愿的想法，并非事实，但这一对比让我们了解了中国的贷款项目是如何随着时间而变化的，也显示出了中国贷款在很长一段时间里是如何支持非洲的基础设施和结构转型的。

本章探讨了中国的贷款与非洲的结构转型之间的关系。它借鉴了早期的研究（Brautigam，1998，2009）和 2000—2017 年间中国贷款的原始数据库。该数据库的数据是由约翰·霍普金斯大学高级国际研究学院的中非研究项目来收集和保存的（Brautigam and Hwang，2016）。

本章从历史和整个非洲的角度来看中国的贷款，首先概述了贷款参与者的变化、各种贷款工具的兴起，然后讨论了贷款融资的新近趋势、贷款的地区分布，以及通过中国贷款来融资的行业。根据这些信息，本章考察了非洲借款者直接或间接利用这些贷款来支持在工业化、农业融资和相关基础设施方面结构转型的程度。

尽管截至笔者撰写本章时，中国在非洲的贷款项目已有 58 年的历史了，但是直到最近它才开始受到媒体的广泛关注。不足为奇的是，中国的贷款并没有被媒体和大众很好地理解。近年来，人们可能会认为，中国向非洲提供贷款主要是为了帮助中国获得非洲大陆丰富的资源，或者实现自己的战略意图。2017 年和 2018 年发布的多份研究报告中，表达了对中国贷款条款和中资银行所要求抵押品的担忧。本章也将阐明这些问题。

因为许多国家刚刚摆脱长期的债务危机，本章将特别关注在风险环境中构建贷款融资和提供还款保证的模式，以及对一些非洲国家债务水平上升的担忧。最后，本章将提供几个特别有趣的贷款融资安排的案例研究，这些贷款融资安排涉及的国家尚未完全确定，但可能包括安哥拉、埃塞俄比亚、津巴布韦、乍得、加纳、南非和刚果民主共和国。

5.2　中国贷款的历史框架

1960 年，中国政府向几内亚提供的贷款是无息的，并且以人民币计价。其他后续的信贷额度也是如此。到 1970 年为止，几内亚已向中国借款约 7 000 万美元（Bartke，1989）。在那时，中国商务部及其前身是唯一向海外提供贷款的中国实体。所有的贷款都是无息的，期限为 15 年或 20 年，在开始偿还本金之前有 5 年或 10 年的宽限期。

这些贷款的现金从未真正交付给几内亚，但几内亚可以利用这些信贷额度——在中国——支付几内亚从中国进口的商品、技术和其他服务，包括工程和建设项目。这些信贷额度也可以用来支付当地项目的费用，例如为项目工作的当地劳工团队的工资。

月结账户由中国人民银行和几内亚财政部负责保管和核对，来具体说明向几内亚其他部门（公共工程、农业、能源和电力、社会福利等部门）支付贷款的情况。当几内亚决定想将这些信贷额度用于哪些项目时，中国会安排中方技术团队抵达几内亚并进行可行性研究（费用由双方共同承担）。如果项目可行——在毛泽东时代甚至之后的中国人眼中，这一般仅指在技术上可行，而非在经济上可行——中国和几内亚相关部门将着手建造一座桥梁，开发一个农业项目，等等。

非洲在独立后的头几十年里，普遍存在外汇短缺问题，并且人民币也不是可自由兑换的货币，也就是说它不能直接在海外使用。因此，这些无息贷款协议总是明确规定，非洲可以使用可兑换货币（即美元、英镑、法郎等）或者向中国出口货物来进行偿还。

同样，非洲各国政府自己往往无法负担当地的开支，比如支付给当地工人的工资、为中国专家提供的当地交通及食宿费用。为了避免项目被推迟，中国构建了一个支付体系，以便非洲各国的贷款额度也能用于支付这些费用。这是通过将中国出口的商品在当地进行销售，并获得当地货币来实现的。双方会制定一份商品清单，这也是这个过程的一部分。来自几内亚等非洲国家的出口清单通常包括几内亚能够出口的所有产品：农产品、当地加工的食物和矿石。来自中国的清单更加多样化，包括纺织品、大米、建筑材料等。

许多早期贷款的还款期恰逢非洲长期且充满争议的经济危机的开始。在 20 世纪 70 年代，第一次油价冲击造成的石油美元过剩，在全球经济中循环，最终进入了发展中国家热切的借款者的账户。与此同时，富裕的北方国家陷入了长期的经济停滞和通货膨胀。英国的玛格丽特·撒切尔（Margaret Thatcher）和美国的罗纳德·里根（Ronald Reagan）的当选导致了全球利率的急剧上升。以墨西哥为首的一些国家一直以来以可变利率（基于 20 世纪 70 年代的低利率）进行借款，1982 年 8 月，这些国家拖欠了西方商业银行的贷款。

这导致了在一个相当长时期内新自由主义的盛行，它强调市场、私有化和紧缩。除了极少数例外，非洲国家深陷私人市场、富裕的债权国政府以及国际金融机构（世界银行和国际货币基金组织）的债务泥潭。它们在中国人民银行也有负债，虽然金额相对较少，中国人民银行曾多次要求这些国家汇出贷款的应付款项。然而，正如一个西非政府在 1979 年所感叹的那样，"由于没有外汇，我们无法满足他们的要求"。

20 世纪 80 年代，当非洲国家在与西方债权国就有争议的新自由主义结构调整计划进行谈判时，中国开始了自己的市场化进程。在此期间，中国继续向非洲国家提供无息贷款，并于 1980—1999 年与 45 个国家签订了新的经济技术合作协议（Brautigam，2008）。

1994 年，在一项旨在使中国经济治理与世界贸易组织接轨的机构改革中，中国成立了两家新的信贷发行机构：中国进出口银行和国家开发银行。到 2018 年，这两家机构已成为中国在非洲发放贷款的主要机构。中国在非洲的无息贷款计划将继续实施，并将继续由商务部进行管理。1978 年后，随着中国企业扩大在非洲的商业活动，它们开始利用自己的资金来源向非洲借款者提供卖方信贷。我们看到，第一批公司融资信贷出现在 20 世纪 90 年代末。最终，第一批来自中国的商业银行在世纪之交的 2000 年左右开始在非洲运营。

因此，在 20 世纪接近尾声时，中国对非洲的贷款随着新参与手段的出现而发生了变化，但这种贷款的首要目标并没有改变。1960 年，中国的贷款支持了中国的经济外交和当时非常有限的商业抱负。这些贷款也为促进中国有限的海外业务提供了机会——在 20 世纪 60 年代中国只有很少量的出口。当中国在 1978 年年底开始转向市场经济时，这些目标仍然存在，尽管外交目标无疑是最主要的目标。虽然顺序颠倒了过来，商业目标成为最主要的目标，但数据表明，外交目标今天仍然存在。

5.3　21 世纪中国的海外贷款机构

从 1994 年到 2017 年，中国的债权人在非洲激增（如表 5.1 所示）。这与中国同世界各地更为密切的经济往来是一致的，包括亚洲其他地区、北美、欧洲和拉丁美洲，在这些地区的贸易、对外直接投资和订立的合同都随着中国经济的扩张和成熟而扩大。

表 5.1　中国提供给非洲政府的贷款

中国的债权人	首次向非洲提供贷款的年份	2000—2016 年的贷款数量（笔）	2000—2016 年的贷款总额（10 亿美元）
中国政府（无息贷款）	1960	117	1.34
中国进出口银行	1995	559	75.72
中国公司的卖方信贷	2000	46	8.22
中国国家开发银行	2007	152	30.47
中国的商业银行	2002	33	8.40
涉及中资银行的银团贷款	2015	6	3.08

资料来源：China-Africa Research Institute, Chinese Loans Database。

正像本章的其他作者所注意到的那样，从 2000 年开始，非洲国家和中国成立了中非合作论坛。长期以来，中非合作论坛通过定期举行峰会和部长级会议，使中国政府对非洲发展的经济合作和援助承诺制度化、简单化。自 2006 年以来，贷款承诺已成为中非合作论坛峰会和部长级会议的常规内容，但每一次中非合作论坛上的措辞都有所不同，使得承诺难以进行比较。例如，2006 年，中国政府承诺向非洲提供 50 亿美元贷款（包括优惠贷款和优惠出口信贷），并在 2009 年之前将官方援助（我们可以将其视为无息贷款和赠款）"翻一番"。截至 2015 年，承诺金额已增至 350 亿美元（包括优惠贷款、优惠出口信贷、信贷额度），外加 50 亿美元的无息贷款和赠款。2018 年，中方承诺将提供总额为 150 亿美元的赠款、无息贷款和优惠贷款，并新增信贷额度 200 亿美元。

表 5.1 和图 5.1 提供了 2000 年以来中国在非洲的贷款数量概览。关于这些贷款机构的更多细节可以在下文中查阅。

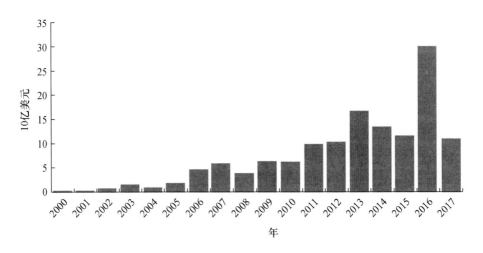

图 5.1　中国对非洲的贷款额（2000—2017）（10 亿美元）
资料来源：China Africa Research Initiative。
注：2017 年数据为临时性数据，只包括中国对非洲政府和国有企业的贷款。

5.3.1　商务部

截至 2016 年，商务部仍积极负责中国的经济外交，中国继续以无息贷款项目为中非关系提供支持。关于无息贷款的协议很难追踪，通常是在外交活动期间（如中国官员访问非洲国家期间）以"经济和技术合作协议"的形式签署，其中通常包括由零利率贷款和赠款所组成的特定金额资金。与新放贷机构所提供的大额贷款相比，这些贷款的规模已经变得相对较小，通常用于修建政府建筑，包括体育馆。我们并未跟踪赠款资金，但我们的数据库显示，2000 年至 2016 年，中国政府与非洲政府签署了至少 117 份零利率贷款协议和经济技术合作协议。

5.3.2　中国进出口银行

如前所述，1994 年，中国进出口银行成为中国官方的出口信贷机构。与其他出口信贷机构一样，它的主要任务是为寻求海外商业机会的国内公司提供机会。为此，中国进出口银行提供三种基本类型的贷款。出口卖方信贷是向需要资金推动海外业务的中国企业或"出口卖方"发放的贷款。出口买方信贷是向中国出口商品和服务的买方提供的贷款。这两种贷款的利率是根据市场上的商业贷款利率来协商确定的。然而，中国进出口银行还经营着第三类被称为"优惠贷款"的贷款，即优惠出口买方信贷和优惠贷款。这两种贷款的利率都是由中国政府预算的年度拨款所补贴的。它们只提供给其他发展中国家的政府或国有企业。只有优惠贷款才被视为中国官方发展援助（ODA）。最后，中国进出口银行还为那些没有从该行借款但需要降低风险的中国企业提供担保。

由于中国的对外援助预算（用于优惠贷款的利率补贴）相对较少，中国进出口银行每年能够提供的优惠贷款数量有限。优惠出口买方信贷的利率补贴也很有限，这种补贴是由单独的经济合作预算提供的。

中国进出口银行通过发行债券和其他各种方式为它的其他贷款工具筹集资金，但这些融资得不到国家预算拨款的直接支持。

1995 年，中国进出口银行发放了首批 8 笔对外优惠援助贷款，其中至少一笔 575 万美元的贷款是提供给赤道几内亚的。在接下来的 20 年里，中国进出口银行分别在摩洛哥和南非开设了分行，前者服务于西非和北非地区，后者服务于南部非洲和东非地区。根据我们的数据，截至 2017 年，中国进出口银行已在 44 个非洲国家发放了至少 559 笔贷款，总额达 757 亿美元（其中包括单一信贷额度下的独立项目）。从我们获得的证据来看，中国进出口银行看起来是在负责履行中非合作论坛有关优惠贷款和其他信贷额度的承诺。2012 年至 2016 年，该银行平均每年提供 90 亿美元的贷款承诺。

5.3.3 国家开发银行

与中国进出口银行一样，中国国家开发银行是中国政府的一个国有政策机构，类似于美国的海外私人投资公司（OPIC）或英联邦开发公司（CDC）。顾名思义，国家开发银行的主要使命是致力于中国的发展。国家开发银行的大部分贷款发放给了中国境内的各种借款人，用于基础设施建设或以其他方式推动中国经济转型。

2005 年，国家开发银行开始为中国的海外投资项目提供支持（Downs，2011）。2009 年，国家开发银行在开罗设立了一家分支机构，目前它仍是该行唯一的非洲办事处。国家开发银行负责履行中非合作论坛的贷款承诺之一：支持非洲中小企业。根据我们的数据，到 2017 年年底，国家开发银行向非洲政府及其国有企业提供了约 305 亿美元的贷款承诺（临时数据）。

5.3.4 中国商业卖方信贷

中国公司还向非洲借款人提供卖方信贷，通常是通过出口卖方从中国进出口银行获得的贷款。这意味着，非洲借款人需要偿还中国企业的贷款，相应地中国企业将偿还本国银行的贷款——这种做法降低了中国国内银行的风险和成本。近 20 年来，中国企业一直在提供这些卖方信贷。例如，在 2000 年，中国水利电力对外公司利用其获得出口卖方融资的机会，获得了加纳的一个农村电气化项目的合同，而中国哈尔滨电力公司的一笔商业卖方信贷，为苏丹的一座燃气发电厂提供了资金。为了应对非洲政府或其国有企业不付款或违约的风险，使用官方出口卖方信贷的中国供应商被要求向中国进出口银行（后来是向中国出口信用保险公司）购买出口信用保险（见 5.3.6 节）。我们的数据显示，截至 2017 年，至少有 23 家中国企业利用出口卖方信贷向非洲政府提供了项目融资，总额至少为 82.2 亿美元。

5.3.5　中国的商业银行

首家进入非洲的中国商业银行——中国银行，于 1997 年在赞比亚设立了办事处。然而，来自中国银行的贷款主要针对中国建筑企业，这些企业需要财务担保来支持其承包投标，其他工具（如短期信用证）则是为支持中非贸易融资而发行的。我们的数据显示，中国银行很少单独向非洲政府提供贷款，虽然其曾与其他非洲银行一起提供了一些银团贷款。2008 年，全球最大的商业银行——中国工商银行收购了南非标准银行（Standard Bank）约 20% 的股份。自那以后，中国工商银行扩大了其非洲投资组合，到 2018 年，中国工商银行已经参与了 30 个大型非洲项目（Eom，Brautigam and Benabdallah，2018），其中大部分项目是由中国工商银行作为牵头方或参与方提供的银团贷款来支持的。

早在 2002 年，我们就开始看到中国的商业银行——有时还包括政策性银行——在非洲参与银团贷款和其他（对中国来说）新颖的信贷工具。在我们的数据中，最早的例子是中国建设银行和中国银行作为经办人参与了数笔三年期和五年期银团贷款，以提振南非储备银行的外汇头寸。我们数据库中金额最大的一笔银团贷款是41亿美元，用于支持安哥拉2170兆瓦的卡库洛·卡巴萨水电站项目。在这笔银团贷款中，中国工商银行汇集了多家中国的银行——中国银行北京分行、中国建设银行北京分行、中国民生银行、平安银行和中国银行中国（上海）自由贸易试验区分行。

中资银行和外资银行在非洲的参与规模继续扩大。例如，2015年，包括中国工商银行、德意志银行和高盛在内的银行财团主导了安哥拉的欧洲债券发行。最后，作为最新的贷款工具，我们看到在2017年，中国银行约翰内斯堡分行首次在非洲发行了人民币计价债券，收益率为4.88％（Dai，2017）。

5.3.6 中国出口信用保险公司

虽然中国出口信用保险公司并不直接向非洲提供贷款融资，但它是贷款和风险缓释体系的重要参与者。中国出口信用保险公司成立于2001年年底，从中国进出口银行手中接管了大部分信用保险业务。正如其网站上所述，中国出口信用保险公司提供多种出口信用保险产品，包括短期、中期和长期出口信用保险，为在高风险环境下经营的中国企业提供海外投资保险以及非洲政府或多边金融机构可能要求的债券和担保，以允许中国企业参与设计采购施工（EPC）项目。

中国出口信用保险公司还提供应收账款管理协助，帮助中国企业管理应收账款的回收过程；提供信息咨询和风险分析服务，包括它专营的中国信保资信的服务。中国出口信用保险公司每年发布《国家风险分析报告》，以及各种国家和主权信用风险分析报告，用于评估企业的政治风险、经济风险、商业风险和法律风险。

在非洲，我们早在2002年就开始看到中国出口信用保险公司作为担保人的身影，当时中国企业开始提供自己的融资。中国出口信用保险公司也开始同中国进出口银行和国家开发银行的代表一起讨论借款安排以及一些中国贷款的重组或拖欠问题。2004 年，津巴布韦拖欠了1997 年中国进出口银行向其发放的、用于翻新津巴布韦钢铁公司的 4号高炉的 3 500 万美元贷款，中国出口信用保险公司不得不向中国进出口银行付款。2008 年，在中国出口信用保险公司向中国融资者支付的中长期出口信用保险理赔额中，有三个国家占主导地位：古巴（84.3％）、贝宁（9.8％）和津巴布韦（5.9％）（Sinosure，2008）。非洲理赔额通常只占中国出口信用保险公司理赔额的 5％ 左右。然而，2011 年，利比亚危机爆发后，非洲理赔额的占比跃升至 32％，其中29％是与利比亚有关的理赔额。

5.4　中国的贷款与结构转型

当世界银行副行长、尼日利亚前财政部长恩戈齐·奥孔乔-伊韦阿拉（Ngozi Okonjo-Iweala）问中国人，尼日利亚如何才能像中国那样实现 10％ 的增长，他们的回答是"基础设施和纪律"（Downs，2011）。所有人都认为，基础设施的改善不仅仅是社会和经济发展的副产品，也是基本前提。改善的道路和交通方式不仅能降低低收入家庭将产品推向市场的成本，当生活在偏远地区的人们能够在紧急情况下（如难产和农场事故）获得医疗救护时，它们也能拯救生命。对于在何种时间段内如何确定一项特定基础设施投资的收益，存在着争论。对一些人来说，一个像新机场这样的大型公共建筑只是一个昂贵的、需要照看和维护的摆设；对其他人来说，同样的建筑可以是民族自豪感的象征，是迈向未来的一步。

从我们的数据可以明显看出，非洲政府从中国借款主要是用于基础设施建设项目和旨在增加非洲自然资源（包括农业）附加值的生产性项目。这种双重重点有着悠久的历史。在 20 世纪 60 年代，塞古·

杜尔政府利用从中国获得的第一笔零利率贷款，建造了一家香烟和火柴厂，以取代进口产品，并在金康（Kinkon）建造了一座 320 万千瓦的水电站，该水电站配有高压线路，为几内亚的卡文杜山区供电；随后又用来自中国的几笔贷款建造了一个茶园和工厂、一个榨油厂以及在廷基索（Tinkisso）的第二个水电站（Bartke，1989；Brautigam，2015）。让我们首先来谈谈基础设施。

5.4.1 中国的贷款和非洲基础设施

也是在几内亚，中国第一次开始讨论为非洲的铁路提供资金。人们普遍知道的一个由中国贷款资助的旗舰项目是坦赞铁路，修建于 1970 年至 1975 年间，这使得赞比亚可以通过坦桑尼亚出口铜到欧洲，而不需使用由英国人建造的当时被白人统治的南非所控制的铁路。然而，很少有人记得，在 20 世纪 60 年代，中国、几内亚和马里开始计划修建 360 公里的铁路，这条铁路将使马里有一个更直接的出海口，将法国殖民时期的铁路从马里首都巴马科（Bamako）延伸到几内亚的康康（Kankan），并纳入几内亚的铁路系统。

这三个国家在 1968 年达成了修建这条铁路的协议，同年 8 月，中国的测量员来到这里开始工作。早些时候，法国政府在统治几内亚时曾研究过同样的项目，当时法国认为该项目不经济。但当时与中国政府没有正式外交关系的塞内加尔，拒绝授予该项目使用达喀尔-巴马科（Dakar-Bamako）铁路的权利。正如一位分析师总结的那样："无论如何，这条铁路都没有经济意义，因为几内亚和马里之间没有商品交换，而且在不久的将来也不会有。显然，修建这条铁路的计划是出于塞古·杜尔和莫迪博·凯塔（Modiba Keita）的政治考虑。莫迪博·凯塔倒台后，这个项目就再也没有音信了。"（Bartke，1989）

在随后的几十年里，中国贷款继续为非洲基础设施提供资金。例如，除了几内亚的水电站和 1976 年完成的著名的坦赞铁路项目，中国还资助了刚果（1980）和塞拉利昂（1986）的水电站的修建，毛里塔尼亚都市地区（1987）和刚果共和国（1990）的供水项目，埃塞俄比亚在韦罗塔（Werota）和沃尔迪亚（Woldia）之间的公路修建（1983），赞比亚的全长 2.5 公里的卢阿普拉（Luapula）桥的修建（1983），毛里求斯在普莱桑斯（Plaisance）机场的一个候机楼的修建（1983），以及中非共和国的一个公共广播电台的修建。虽然这一时期在这些领域的项目并不多，但中国企业积累了经验，丰富了投资组合，使自身在中国加入世界贸易组织（2001）并开始加速推动国有企业"走出去"时占据有利地位。

2000 年至 90 年代，在非洲的中国企业发现，建筑是一项颇具吸引力的业务。早在 1979 年，他们就开始投标由双边或多边捐助者、非洲政府和民营部门资助的项目。例如，在马里，一家中国企业赢得了 1990 年至 1992 年在马里首都巴马科建造法赫德国王大桥（King Fahd Bridge）的合同，该项目是由沙特阿拉伯资助的。

2000 年，中国开展 EPC 的公司报告称，它们从非洲项目中获得的总收入为 11 亿美元，而这仅占其全球收入的 13%。到 2016 年，它们的年收入已经攀升到 500 亿美元，来自非洲的收入占全球 EPC 收入的三分之一以上。中国进出口银行提供的贷款旨在促进中国商品和服务出口商在非洲的业务。然而，我们的数据显示，在这些项目中，只有约 20% 的项目是由中国贷款来融资的。中国公司越来越善于通过营销以及与其他人竞争来赢得投标。

2000 年至 2016 年间，非洲各国政府及其国有企业向中国贷款人（包括上述提到的所有机构）借款约 1 300 亿美元。中国对非洲的贷款大部分用于运输业。在此期间，至少 406 亿美元（占贷款总额的 31%）用于公路、铁路、港口、机场和码头的建设或升级。尽管铁路项目在媒体上引起了极大的关注，但据我们所知，中国实际上只资助了四个新建铁路项目：苏丹的一条新标准轨距铁路、尼日利亚拉各斯–卡诺铁路（Lagos-Kano railway）的几条新路段、肯尼亚一条新标准轨距铁路的几个路段，以及一条从埃塞俄比亚到吉布提的新线路（旨在为内陆的埃塞俄比亚提供出海通道）。自 2000 年以来，中国还为几条旧铁路的翻新提供了贷款融资，其中包括坦赞铁路和安哥拉的本格拉（Benguela）铁路。

20 世纪 70 年代的坦赞铁路项目与南非 Transnet 运输公司之间的对比，充分说明了中国在非洲铁路行业贷款融资性质的变化。考虑到坦赞铁路在外交意义上的重要性，中国对该项目的所有贷款都是并将继续是无息的对外援助贷款。然而，南非国有铁路公司已经为从中国购买铁路车辆支付了资金，首先从中国国家开发银行借款，然后借入了几笔银团商业贷款，这些银团贷款的参与方包括中国银行和中国建设银行，以及南非的融资者〔南非联合银行、莱利银行、未来增长资产管理公司（Future-growth Asset Managers）和旧共同专业化金融机构（Old Mutual Specialised Finance）〕。

非洲各国政府还从中国大量借款，用于修建新公路和维修现有公路。我们的数据库显示，2000 年至 2016 年，中国对非洲公路行业的贷款总额为 180 亿美元。安哥拉在道路和桥梁建设上的借款比其他非洲国家更多，这并不奇怪，因为安哥拉的内战（1975—2002）摧毁了该国的大部分交通基础设施。公路和桥梁的其他主要借款人包括刚果共和国、赞比亚、莫桑比克和埃塞俄比亚。在这些国家，中国的贷款为主要道路的建设提供了资金。例如，在刚果共和国，中国提供的贷款帮助该国重建了二号国道，这是该国殖民时期主要的南北交通走廊。在其他道路项目中，埃塞俄比亚利用中国提供的贷款，在首都亚的斯亚贝巴周围修建了一条环路，并修建了一条从首都延伸出去的收费公路。最后，中国的贷款为航空运输基础设施建设提供了资金——主要是在非洲现有的机场增加了更多现代化航站楼。

非洲政府为实现发展目标向中国借款最多的第二类基础设施领域

是电力。我们的数据库包含超过 160 笔电力生产和供应贷款，2000 年至 2016 年间的贷款总额接近 330 亿美元。这些项目大多是可再生能源项目。在电力领域，非洲各国政府向中国借了 240 亿美元用于水电项目和相关配电线路，仅将 25 亿美元用于煤炭和石油发电厂。

中国提供基础设施贷款的其他重要领域包括电信和供水。非洲各国政府已为电信项目借款七十多亿美元，特别是用于安装宽带光纤线路，以使更偏远的地区接入互联网；用于城市和农村供水项目的借款约为 45 亿美元。

5.4.2　中国对制造业、农产品加工业和其他附加值生产部门的贷款

与基础设施建设一样，中国向非洲政府提供贷款用于制造业、农产品加工业和其他附加值生产部门有着悠久的历史。在零息贷款计划的头十年，非洲政府在方向上更倾向于中央集权制经济，许多国家建立了国有农场和国有工厂。中国向其中一些国家提供了资金援助。在结构调整时期，许多非洲国家将国有企业私有化，其中一些与中国的参与者建立了合资企业。例如，建于 1966 年至 1968 年的坦桑尼亚友谊纺织厂实行了部分私有化，目前是坦桑尼亚政府和中国的一个地方国有企业共同持股的合资企业。在马里，一个大型糖业项目作为马里政府和一家中国企业的合资企业继续运营。

但是，鉴于 1995 年至今各国政府退出经营生产性企业的强烈趋势，我们没有看到许多非洲国家政府为建立新的农业或制造业企业借款。但也有一些例外。最引人注目的例子可能是在苏丹、乍得和尼日尔建立的炼油厂。中国政府为这三个项目提供了贷款融资。作为石油生产国，这三个国家决定不像非洲其他国家那样将原油出口到欧洲提炼，再进口石油产品。人们对在这些地方建立炼油厂的成本效益提出了质疑。

乍得、厄立特里亚、埃塞俄比亚和刚果共和国向中国借款，建立了现代化的水泥厂。包括埃塞俄比亚和苏丹在内的一些国家已经利用中国的贷款建造了糖厂。如前所述，1997 年，津巴布韦向中国进出口银行借款 3 500 万美元，用于改造国有钢铁企业。包括赞比亚和莫桑比克在内的一些国家通过借款为其谷物加工项目融资。在以生产为导向的项目上，向中国借款最多的国家是安哥拉。特别是，安哥拉通过借款和中国的专业技术建立国有农场来对抗私有化的趋势，政府希望这有助于使安哥拉摆脱对进口谷物的高度依赖（Brautigam，2015）。

5.4.3　经济特区和工业区

1997 年，埃及是第一个请求中国帮助建立经济特区或工业区的非洲国家（Brautigam and Tang，2011）。如今，在许多非洲国家都有中国投资者参与建立的开发区。然而，我们没有看到多少由非洲政府以举债方式建设这些工业区的情况。其中大部分工业区都是由中国投资者（其中一些投资者自己也是从中国的银行进行借款）和非洲政府共同出资的。由埃塞俄比亚工业园开发公司（Industrial Parks Development Corporation，IPDC）和长沙经济技术开发集团有限公司在埃塞俄比亚阿达玛共同开发的机械工业园区是个例外。埃塞俄比亚政府借款 2. 623 亿美元用于获得其在该园区的股份。

5.4.4　高风险业务

1980 年前后，在独立近二十年后，许多非洲国家开始陷入长期的债务危机。1996 年，在多年有争议的结构调整方案和各国持续无力偿还贷款之后，国际金融机构发起了所谓的重债穷国（Highly Indebted Poor Countries，HIPC）计划。重债穷国计划为满足条件的低收入非洲国家提供了免除所有国际货币基金组织和世界银行债务的途径。包括津巴布韦在内的一些国家被认为不符合重债穷国的资格。其他国家，包括索马里、苏丹和厄立特里亚，未能启动重债穷国计划。这四国的债务危机从 20 世纪 80 年代持续至今。

我们可以看到，在国际金融机构推动重债穷国计划期间，中国的机构刚刚开始扩大对非洲的贷款，并首次从无息贷款转向计息贷款。它们对第一次非洲债务危机的反应是双重的：第一，它们为各国无力偿还的无息债务制定了自己的债务减免方案；第二，它们设计了一些预期可以降低在非洲国家贷款风险的方法。

5.4.4.1　债务减免

在债务危机之初，中国的第一反应是提供债务减免：重新安排债务付款条件。例如，坦赞铁路的还款被推迟了 10 年。加纳和尼日尔的还款期限被延长了 5 年。2000 年在北京举办的中非合作论坛首届峰会首次宣布了中国的债务减免计划。中国承诺减免非洲重债穷国和最不发达国家 100 亿元人民币（当时约合 12 亿美元）的债务。鉴于中国进出口银行的优惠贷款通常有 5 年的宽限期，并且是在任何国家开始偿付优惠贷款之前，所有这些债务都相当于是零利率贷款。

2005 年在纽约联合国总部，中国的承诺变得更加具体和跨地区。中国将取消"或以其他方式免除所有与中国有外交关系的重债穷国 2004 年年底到期未还的政府无息或低息贷款"。与国际货币基金组织和世界银行不同的是，中国取消债务并不要求任何改革方案，中国只对该国经济和实际需求进行简要审查，并与当地财政部的数据进行核对。索马里、厄立特里亚和苏丹的零利率贷款债务也被取消（Brautigam，2009）。在几乎所有的中非合作论坛峰会（每隔三年举办一次）上，中方都有取消逾期无息债务的新承诺。截至 2012 年年底，中方宣布共取消非洲逾期无息贷款 203.8 亿元人民币（约合 32.7 亿美元）（按 2012 年汇率计算）（State Council of China Information Office，2014）。自那之后，中方就没再宣布过取消的债务总额。

5.4.4.2 降低非洲贷款风险

中国进出口银行敏锐地认识到非洲是一个高风险的贷款环境，采用了多种方法降低贷款风险。一些低收入、易受危机影响的国家，如利比里亚，在许多年里只得到少量赠款。津巴布韦、安哥拉和加纳等具有高收入潜力但已被证明无力偿还贷款的国家，也具有较高风险，中国进出口银行通常会就一些（但不是全部）贷款的进一步担保与其进行谈判。这些贷款基于未来的利润或收入，并被纳入贷款协议。这些未来的应收账款交易非常复杂，因为涉及多个参与者：中国进出口银行、非洲国家的财政部、通常负责某种可出售产品以赚取外汇的另一个部门或非洲国有企业，以及买家（几乎都是中国的买家）。

例如，在加纳，中国为支持布伊大坝（Bui Dam）建设提供的贷款是通过加纳可可委员会（Cocobod）安排向中国买家出口可可豆获得的（Brautigam，Hwang and Wang，2015）。布伊大坝的资金来自加纳政府和中国的四笔贷款。前两笔已先后进行了谈判：第一笔是 2007 年 9 月签订的 2.92 亿美元商业利率出口买方信贷，期限 17 年，宽限期 5 年，利率为 CIRR ＋ 0.75％的利润率；第二笔是 2008 年 9 月签订的 21 亿元人民币（当时约合 3.06 亿美元）的优惠外援贷款，贷款期限 20 年，宽限期 7 年，利率为 2％。后来，双方在 2012 年就另外两笔贷款进行了谈判，以支付大坝超支的费用：一笔贷款的金额为 7 540 万美元，利率为 2％，期限为 20 年，宽限期为 5 年；另一笔贷款的金额为 7 620 万美元，利率为 0，期限为 14 年，宽限期为 2 年。

中国的资金是通过涉及未来收入的"承购"安排获得的：一项是基于可可的销售收入，另一项是基于大坝未来预期的电力收入。中国通用技术公司（Genertec Corporation）与加纳可可委员会达成了一项销售协议，在贷款的头 5 年，每年销售高达 4 万吨可可豆（3 万吨主要作物，1 万吨轻型作物），可可豆将按现行市场价格出售，收益存入中国进出口银行的托管账户。

　　承购安排要求布伊水电与加纳电力公司签订电力购买协议：布伊水电销售收入的 85％将存入一个托管账户，以用于偿还贷款。账户中多余的资金可以由加纳电力公司取出，也可以留在账户中赚取利息。经过初步协商，未来电力的价格在每千瓦时 0.035～0.055 美元之间。根据世界银行的数据，非洲的平均电价实际上比加纳高得多，为每千瓦时 0.13 美元。加纳可能会面临来自中国进出口银行的提高电价的压力，这是世界银行和国际货币基金组织过去一直在扮演的角色。

　　本章详细介绍了布伊大坝协议安排的详细内容，因为它是最透明的。然而，在我们的经验中，也许让许多人吃惊的是，这些安排相当罕见。我们发现，（最著名的例子是）安哥拉的大部分大额信贷额度都采用这种安排。中国已经为刚果民主共和国、赤道几内亚、苏丹和刚果共和国等大部分国家的大额信贷提供了这种未来现金流担保。在其他几个国家，也提出了这种模式，有时甚至签署了协议（尼日尔、尼日利亚、加蓬），但出于各种原因，这种安排没有取得进展，协议也就到期了。在埃塞俄比亚，当签署第一个大额信贷额度协议时，也有类似的安排，但在这个案例中，还款来自一个第三方托管账户，该账户有大量埃塞俄比亚当时所有出口到中国的货物（几乎都是芝麻籽）的收据（Brautigam and Hwang，2016）。

5.4.4.3　对中国贷款和非洲债务管理能力的担忧

　　约翰·霍普金斯大学中非研究项目（CARI）贷款数据库一直追踪到 2017 年的中国贷款。数据显示，2015 年 12 月中非合作论坛约翰内斯堡峰会后，中国对非洲的支持度显著上升。2015 年，中国承诺投资130 亿美元；2016 年，中国承诺的资金超过 300 亿美元，是迄今最高的年度承诺。2017 年的临时性数据显示了更"正常"的年景（见图5.1）。这里有两点需要注意。第一，我们提供的贷款数据不应被视为与历届中非合作论坛峰会宣布的贷款类别完全一致。中国进出口银行通常负责中非合作论坛的一般贷款、出口信贷和信贷额度的承诺，而中国国家开发银行负责管理中小企业贷款专项基金。第二，我们也追踪了一些中国其他银行（包括中国国家开发银行）的贷款，以及中国卖方信贷（如上所述，涉及按议定市场利率提供的商业贷款）。安哥拉对这些贷款的需求很大，尤其是在 2016 年，这就解释了那一年的反常数据。

截至 2018 年，对非洲债务状况的担忧已经上升到非常高的水平。根据国际货币基金组织非洲部主任阿贝贝·艾默·塞拉西（Abebe Aemro Selassie）的一份声明，截至 2018 年 7 月，在非洲的 45 个国家中，有三分之一的国家存在外部和内部借款过度的问题。与此同时，他又指出，"大多数非洲国家的债务水平是可控的"。

中国的贷款在这场债务危机中扮演了什么角色？我们的分析更新了 7 月份的案例，增加了两个被认为处于债务困境的案例。2018 年 8 月，我们的团队分析了 17 个按国际货币基金组织的标准面临或已经陷入债务危机的国家（Eom，Brautigam and Benabdallah，2018）。第一组包括布隆迪、佛得角、中非共和国、乍得、冈比亚、毛里塔尼亚、圣多美和普林西比以及南苏丹 8 个国家，中国的贷款在其债务中所占比例相对较小。在大多数情况下，债务危机背后的主要因素是与冲突有关的经济崩溃、商品价格崩溃或国家内部的其他经济管理因素。第二组包括喀麦隆、埃塞俄比亚、加纳、莫桑比克、苏丹和津巴布韦，对于这组的国家来说，中国是一个更重要的债权国，但这组中的每个国家也从其他来源大量借款。中国的贷款（与债务不同，因为一些国家已经偿还了这些贷款）占总债务的比例从四分之一到将近一半不等。最后，当时中国的贷款在三个国家（第三组）是主要因素，它们是赞比亚、刚果共和国和吉布提。

尽管历史告诉我们，在非洲，债务与经济增长一起经历了几个高低周期，但中国因素既不应被夸大，也不应被忽视。鉴于 2018 年中非合作论坛的贷款承诺较低，中国政策性银行显然也有类似的分析。目前尚不清楚的是，其他商业银行和出口企业是否也会实行同样的限制。

参考文献

Bartke，W.（1989）*The Economic Aid of the PR China to Developing and Socialist Countries*. 2nd edition. London：K. G. Saur.

Brautigam，D.（1998）*Chinese Aid and African Development：Exporting Green Revolution*. London：MacMillan Press.

Brautigam，D.（2008）"China's African Aid：Transatlantic Challenges"，German Marshall Fund of the United States，Washington，DC.

Brautigam，D.（2009）*The Dragon's Gift：The Real Story of China in Africa*. Oxford：Oxford University Press.

Brautigam，D.（2015）*Will Africa Feed China?*. New York：Oxford University Press.

Brautigam，D.，and J. Hwang（2016）*China – Africa Loan Database Research Guidebook*. Washington，DC：China Africa Research Initiative，Johns Hopkins University.

Brautigam，D.，J. Hwang，and N. Wang（2015）"Chinese Engagement in Hydropower Infrastructure in Africa"，Working Paper 2015/1，School of Advanced International Studies，China Africa Research Initiative，Johns Hopkins University School of Advanced International Studies，Washington，DC.

Brautigam，D.，and X. Tang（2011）"African Shenzhen：China's Special Economic Zones in Africa"，*Journal of Modern African Studies*，49（1）：27–54.

Dai，T.（2017）*China Daily*，20 April，http：//www. chinadaily. com. cn/business/2017-04/20/content_29010547. htm.

Downs，E.（2011）*Inside China，Inc：China Development Bank's Cross-Border Energy Deals*. Washington，DC：Brookings Institute.

Eom，J.，D. Brautigam，and L. Benabdallah（2018）"The Path Ahead：The 7th Forum on China-Africa Cooperation"，SAIS-CARI. org，http：//www. sais-cari. org/s/ Briefing-Paper-1-August-2018-Final. pdf.

Eom，J.，J. Hwang，Y. Xia，and D. Brautigam（2016）"Looking back and Moving forward：An Analysis of China-Africa Economic Trends and the Outcomes of the 2015 Forum on China Africa Cooperation", Policy Brief No. 9, School of Advanced International Studies, China Africa Research Initiative, Johns Hopkins University, Washington, DC.

Sinosure (2008) *Annual Report 2008*. Beijing: Sinosure.

State Council of China Information Office (2014) "China's Foreign Aid (2014)", English Chinese Government Document Archive. http://english. gov. cn/archive/white _paper/2014/08/23/content_281474982986592. htm.

第 6 章　中国开发性金融与非洲基础设施建设

(Jing Gu，Richard Carey)

6.1　新模式，新对手，新合作?

在过去 20 年，中国谱写了全球开发性金融的新篇章，它以为中国自身发展而融资的国内机构为基础，随后又为"走出去"政策提供资金。中国两大政策性银行——中国国家开发银行和中国进出口银行，目前是世界上两个主要的开发性金融机构 (Dollar，2018)，它们向发展中国家提供的未偿还贷款总额与所有已成立的多边开发银行的贷款总额相同。此外，中国最近以"一带一路"倡议所体现的地缘经济愿景为基础，成为一系列新多边开发性金融机构的设计师 (NDRC，2015)。中国向非洲提供开发性融资，反映了这种机制和政策的演变。

2018 年的中非合作论坛明确将非洲纳入"一带一路"倡议的全球框架，同时为中非合作搭建了多个新平台，包括中非基础设施合作规划、中非开发性金融论坛和中非金融合作银行联合体（Ministry of Foreign Affairs PRC，2018）。

在本章中，我们认为，中国在开发性金融领域的创业精神已经刺激了现有的开发性金融体系，在新的合作学习过程中产生了建设性的新竞争，需要进一步推进（Dollar，2018；Xu and Carey，2015）。中国开发性金融的历史在中国前所未有的成功发展和持续的创新中发挥了重要作用。截至 2017 年年底，中国国家开发银行的资产总额超过 2.4 万亿美元，中国进出口银行的资产总额为 5 600 亿美元，其中国际贷款总额分别为 2 620 亿美元和 1 690 亿美元（与此相比，现有多边开发银行的贷款总额为 5 000 亿美元）。中国五大商业银行跻身于世界最大企业之列，这反映了中国在发展过程中投入的资金规模。正是这种努力使中国达到了目前的发展水平。尽管中国蓬勃发展的金融部门如今已成为一系列以可持续性、效率和信用为焦点的重大改革的对象，但无论是着眼现在还是展望未来，中国开发性金融的历史对国际开发性金融都有重要的借鉴意义（Xu and Carey，2016）。

在本章中，我们将着眼于中国在非洲基础设施建设中"市场份额"大幅增长背后的因素，以及这为中非基础设施领域更广泛的合作带来的问题和机遇。

我们利用全球政治经济学（global political economy，GPE）方法把这个问题放到更广泛的全球背景下。中国的崛起对全球经济的增长模式和分配特征产生了巨大的影响。中国对其经济的组织管理范式在国家-市场范畴上与西方的范式有所不同。我们提出了一系列研究问题：（1）为什么中国在过去的 20 年里在这个领域如此具有竞争力？（2）中国的理念、制度和政策与现有的开发性金融来源有何不同？（3）这对 G20（二十国集团）和多边开发银行层面的发展概念、术语和实践有何影响？（4）这对非洲基础设施建设合作和金融格局有何影响？在这一领域中，行动主体众多，协调倡议众多。2018 年 9 月中非合作论坛北京峰会形成了中非合作的一些重要新平台和新倡议，试图与国际多边开发性金融机构合作（Ministry of Foreign Affairs PRC，2018）。

然后，我们考察中国如何通过在电气化和数字化这两个基础设施领域发挥作用，来推动经济转型。本章最后通过借鉴中国在本国经济中绿色基础设施的新政策和计划，讨论了中非合作论坛关于建立非洲互联互通基础设施规划和投资共享平台的建议，以及这些建议将如何推进非洲在这些前沿领域的治理（Okonjo-Iweala，2018）。

6.2　中国的国际开发性金融：全球政治经济学视角

本节运用全球政治经济学方法研究了中国在非洲基础设施发展中的作用。因此，它主要关注经济因素和政治因素的相互影响，考察政策和实践的相互作用，以及适应国际舞台上的"谁能得到什么、何时得到、如何得到"，这是 Harold Lasswell 对政治过程的经典定义（Lasswell，1936）。

中国的出现从根本上改变了非洲在全球经济中的经济政治格局以及包括大宗商品价格在内的宏观经济传导机制。在基础设施建设领域，由于中国的崛起，"谁能得到什么、何时得到、如何得到"的答案与 20 年前截然不同。我们接下来将解释中国基础设施融资和建筑业的供给侧。

全球政治经济学方法有许多可能的途径。本文所选取的具体框架运用了已故的 Susan Strange 的成果，尤其是她在著作《国家与市场》中所提出的框架（Strange，1994）。Strange 的政治经济学视角关注世界经济的结构、过程和权力机构，以及内在复杂的动态变化。其框架由四种相互关联的结构组成：安全、生产、金融和知识。正如她的书名所暗示的那样，这一视角考察政治权威（包括国家）与市场的相互影响，从而关注市场的政治层面以及市场力量对国家的影响。

这一框架对于分析中非关系背景下国家和市场的历时性关系尤为关键，对分析"传统"捐助体系与中国捐助体系之间在结构、过程、制度、公共和民营企业等方面更广泛的变化关系也尤为重要。例如，Strange 提出的矩阵的四个元素——安全、生产、金融和知识——都成为 2018 年 9 月中非合作论坛北京峰会的重要议题。

我们认为，中国特殊的国家-市场关系结构创造了一个"公共创业"体系，将愿景、行动和学习结合起来。中国的治理结构是纵横结合的：国家叙事与问责构成纵向管理结构；通过省市级的权力下放，并与国有企业和民营企业组成的动态企业部门相结合，构成横向管理结构（Xiao et al.，2015）。这一系统体现在中国规划和实施自己的发展计划的方式上。如今，这一理念已被纳入"一带一路"倡议之中，形成了以共建"一带一路"倡议为核心的经济新格局。这也解释了两家政策性银行与工程和建筑行业中的众多中央及地方国有企业的合作。这些企业在项目实施层面是作为一个具备财务、公司管理和人力资源，以及明确目标和激励措施的创业体系，来参与完成重大基础设施投资项目的。而大多数其他国际投资机构认为这些投资项目的决策过程过于困难或政治复杂性过高。①

中国认识到其经济严重失衡，现在正努力遏制与之相关的金融体系的脆弱性，这一事实证明，中国是通过"引导创变"（directed improvisation）和企业机构而不是列宁主义式的"国家资本主义"取得进步的。这种特征导致许多评论家忽视了中国的发展进程及作为活跃的、

---

① 有关活跃在非洲的中国主要建筑企业及其在单个贷款项目中的作用，请参见 CARI 数据库（China Africa Research Centre，2018）。

参与全球事务的经济大国崛起的动因（Ang，2016；Xu and Carey，2016）。如本章所述，中国在参与非洲基础设施发展以及相关政策与合作安排中的作用和方法是这种公共企业家精神的体现（Gu et al.，2016a，2016b），并且通过四个主要媒介（政策性银行、"一带一路"倡议、中非合作论坛和金砖国家）的相互作用，塑造了非洲基础设施投资格局。这些因素的相互作用解释了为什么中国在非洲基础设施投资和建设的市场上所占份额不断增加——这种竞争优势表现在范围、规模和速度上。

6.2.1　中国的政策性银行

主要的标志是 1994 年中国两大政策性银行——中国进出口银行和中国国家开发银行——的成立，它们直属国务院领导。这将"政策性银行"与"商业银行"分离，从而使中国金融体系合理化（Xu，2016）。中国为非洲基础设施发展带来了这样一种方式：中国的政策性银行是第一贷款人，中国的建筑业提供综合投资方案，缩短了项目周期，并提供了稀缺的管理能力。

中国进出口银行旨在通过标准的短期出口信贷融资和大型项目融资，为中国经济战略中的贸易导向提供贷款，但其工具还包括为对外直接投资提供融资，以及为中国企业向其客户提供信贷（买方信贷）。此外，它是中国唯一一家被授权提供优惠开发性贷款的银行，这些贷款是由商务部批准和补贴的。[①]

同时，中国进出口银行在实施中国国家发展战略方面也扮演着重要的角色，通过巨额国内贷款投资组合，促进中国的产业升级和高科

---

① 最近的一项估计显示，中国进出口银行 2015 年发放的优惠贷款为 26 亿美元，高于中国的赠款和无息贷款（22 亿美元），也高于多边赠款（6 亿美元），使中国的 ODA 总额达到 61 亿美元。中国进出口银行的 73 亿美元特惠买方信贷被一些伙伴国视为 ODA，因此超过了按 DAC 条款可视为类似 ODA 的金额（Kitano，2017）。

技领域的发展，并通过向中国的中小企业贷款提高其国际竞争力。它还作为中介协调其他国家和多边开发银行向中国各省市提供开发性贷款，并在中国推出了绿色增长融资项目（China Exim Bank，2016）。

中国国家开发银行在 1994 年分税制改革和禁止地方政府借贷的财政改革背景下，通过创造资产负债表外的地方政府融资平台，填补了中国自身融资需求的巨大缺口，本质上为中国快速的城市化进程、基础设施建设和经济特区提供了资金（Sanderson and Forsythe，2013；Xu，2016）。此后，国家开发银行被纳入中国的财政政策，在 2008 年席卷欧美银行的金融危机中，成为中国抗击衰退影响的一个工具。在国家开发银行的牵头下，大规模的贷款流向了地方政府及国有企业，为中国的增长带来了新的动力，并产生了全球性影响（尤其是通过全球大宗商品市场），缓冲了 2008 年"大衰退"对发展中国家的影响。虽然中央政府正在努力实现中国经济从投资向消费的再平衡，以及通过改革地方政府财政等方式来实现金融体系的去杠杆化，国家开发银行为地方政府基础设施投资提供的贷款，仍继续充当着中国财政政策的一项工具。①

中国在 2000 年宣布的"走出去"政策为两家政策性银行继续开展国际重大投资项目和计划提供了出发点。相关统计数字令人印象深刻。两家政策性银行的资本在 2015 年有所增加，中国国家开发银行被国务院明确定位为开发性金融机构（DFI），实质上等同于德国复兴信贷银行（KfW），后者同样承担着这些混合职能。（如上所述，中国进出口银行也承担着混合职能，既提供国内贷款，也提供国际贷款。）随后，国家开发银行成立了国家开发银行开发性金融学院，并设有研究和推广计划。它试图推动开发性金融的发展，使其成为金融业的一个特殊分支。

---

① 有人认为，像德国复兴信贷银行（KfW）和欧洲投资银行（EIB）这样的开发银行应该成为改革后的国际货币体系中财政政策的主要推动者。

两家政策性银行的资金来自中国政府预算的资本注入，以及目前规模非常大的人民币债券市场（两家政策性银行在其中发挥了先锋作用）。换句话说，两家政策性银行与传统的多边开发银行一样，在债券市场与其借款人（包括发展中国家）之间发挥着中介作用。两家政策性银行在中国债券市场上以一级主权利率借入资金，还能获得中国人民银行提供的"抵押补充贷款便利"，这实际上为其开发性贷款提供了补贴。两家政策性银行（以及中国新兴的国际开发性银行和基金体系）的杠杆率远远高于已建立的多边开发银行体系中相应的规定限额，这有助于解释其融资能力（UNCTAD，2018）。然而，中国银行业监督管理委员会*现在已经将政策性银行纳入其管辖范围，发布了相关规定来明确其业务地位，并通过外部监事会加强对其风险控制的监督（Wu and Jia，2017）。这对政策性银行的贷款能力和商业模式的影响程度还有待观察。

6.2.2　"一带一路"倡议

习近平主席于 2013 年发起了"一带一路"倡议，旨在加强政策性银行在创建、发展及其随后的全球扩张中所必要的能力建设。"一带一路"倡议的基本内容由国务院在 2015 年"愿景与行动"（《推动共建丝绸之路经济带和 21 世纪海上丝绸之路的愿景与行动》）（NDRC，2015）中确定，并在 2017 年首届"一带一路"国际合作高峰论坛上进一步制定（Xi，2017）。"一带一路"倡议依托当代中国这一强大经济动力。它寻求利用一个经济体累积的融资、工程和项目管理能力（以购买力平价衡量，这个经济体的规模比美国还要大）。如上所述，中国利用两家政策性银行的能力，以此为平台将这种力量注入"一带一路"倡议当中，使其成为中国的旗舰国际项目。专项资金、制度模式、方案协议

---

　*　2018 年与中国保险业监督管理委员会合并为中国银行保险监督管理委员会。——编者注

和项目执行都迅速跟进，推动"一带一路"倡议成为历史上规模最大的开发性金融倡议，并产生广泛的地缘经济和地缘政治影响。[①]

6.2.3　中非合作论坛

自 2000 年成立以来，中非合作论坛已在首脑会议基础上演进成基于制度的多轨道进程的"全面战略合作伙伴关系"（Li and Carey，2016）。2018 年中非合作论坛北京峰会将这一发展推向了新的高度。基础设施及其融资在 Susan Strange 提出的覆盖国家-市场矩阵的多种新项目中发挥着不可或缺的作用，该矩阵包括四个相互作用的要素——安全、生产、金融和知识。

传统上，中非合作论坛峰会重点关注非洲的基础设施需求。2014年，在非洲联盟（以下简称"非盟"）上，李克强总理提出通过区域公路、航空和高铁网络"连接"非洲的建议（State Council，2014）。在这番讲话之后，中国为在非洲开发银行成立的"共同成长基金"（Growing Together Fund）提供了资金，将在 10 年内提供 20 亿美元，并邀请其他合作伙伴加入，为非洲互联互通建设"三边合作平台"。

作为中非合作论坛基础设施互联互通倡议的核心内容，2018 年中非合作论坛北京峰会将与非盟共同制定新的中非基础设施合作计划，重点加强能源、交通、电信、跨境水资源等领域的合作。下文第 6.3.2 节中明确提到了投资、建设、运营一体化的中国"公共创业"模式，但也明确提出了其他模式，并将纳入一些"重点的互联互通项目"（Ministry of Foreign Affairs PRC，2018）。

除了这一新的基础设施互联互通计划，《中非合作论坛——北京行动计划（2019—2021 年）》还设立了新的中非开发性金融论坛和中非金融合作银行联合体，来提供"更加多元化的融资方案"，加强政策性银

---

① 关于"一带一路"倡议及其地缘经济和地缘政治层面影响的全面评估，参见 OECD
(2018b)。

行和其他资金来源方之间的合作，包括多边开发银行（"在遵循多边规则和程序的基础上"）和机构投资者。

这些新的针对基础设施和融资的中非合作论坛平台，以及对调整中国模式的开放态度，都是迈向"三边合作平台"的重大举措，是中国政府愿景中不可分割的一部分。我们将在本章的结论部分再次回到这一话题。

6.2.4　金砖国家

金砖国家新开发银行（NDB）于 2016 年成立，总部设在上海，在约翰内斯堡设有地区办事处。它最初专注于绿色能源项目，并在非洲发放了第一笔贷款。毫无疑问，新开发银行的"非洲窗口"将进一步发展。金砖国家的银行间合作机制鲜为人知，该机制将金砖五国主要开发性金融机构的负责人和新开发银行的行长聚集在一起。尽管金砖国家的发展合作官员举行了会议，但公共政策领域迄今尚未成为金砖国家进程的重要组成部分，金砖国家发展合作政策和规划的驱动因素也存在很大差异（Gu et al.，2016b）。

专栏 6.1

中国在非洲基础设施的融资和建设方面有多重要？

根据非洲基础设施联合会（ICA）的统计，2011 年至 2017 年，中国平均每年向非洲基础设施项目提供 130 亿美元的融资承诺，这段时期涵盖了中非合作论坛第五届部长级会议；2013 年至 2015 年，中国进出口银行向非洲提供了 200 亿美元的优惠金融信贷（ICA，2018）。此外，中国国家开发银行和中国工商银行等中国商业银行也承诺向非洲国家提供额外贷款，截至 2017 年年中，中国国家开发银行已向非洲国家发放 500 亿美元贷款，其中未偿还贷款 370 亿美元（CDB News，

2017）。

为了全面认识中国贷款，2012 年至 2017 年间，各种来源对非洲基础设施投资的平均承诺资金总额为每年 770 亿美元。最大的贡献来自非洲国家本身，每年超过 300 亿美元（部分资金来自一些非洲国家在此期间发行的大量欧元债券）。大约 200 亿美元来自非洲基础设施联合会的其他成员国（主要是 OECD 国家）。中国平均每年贡献 130 亿美元，不足总额的 20％，但中国显然是最大的单一融资来源，无论是双边融资还是多边融资（ICA，2018）。2015 年《中非合作论坛——约翰内斯堡行动计划（2016—2018 年）》中宣布的 350 亿美元优惠金融信贷（主要来自中国进出口银行），显然大幅提升了自 2016 年以来中国提供的基础设施融资。事实上，CARI 数据库中关于中国对非洲贷款承诺的数据显示，2016 年中国对非洲的贷款额突然达到 300 亿美元，2017 年又恢复到 100 亿美元的正常水平（China Africa Research Centre，2018）。中国的这两家政策性银行是非洲大型项目最重要的投资者，其中中国进出口银行已做好准备为多个项目提供融资，诸如连接亚的斯亚贝巴和吉布提、蒙巴萨和内罗毕的标准轨距铁路（连接乌干达、卢旺达和南苏丹），亚的斯亚贝巴和阿布贾（Abuja）的城市轻轨系统，以及阿布贾–卡杜纳（Kaduna）快速列车服务等。中国的融资还资助了最近在达累斯萨拉姆和马普托（Maputo）建成的大型桥梁，这些桥梁的连通性都很大，还有超过 20 个水电项目和 2 万公里的输配电线路，以及更多的在建项目。

作为其他项目发起人的承包商，中国建筑业充分利用自身在中国基础设施建设中积累的规模和能力，正显著地参与更大比例的非洲基础设施建设。根据最近的估计，2013 年至 2016 年，中国建筑公司在非洲完成项目的收益平均每年超过 500 亿美元（Pairault，2018）。这个数字显示了中国作为建设服务提供商参与非洲基础设施投资活动的规模。

6.3　中国对全球和非洲基础设施投资框架的影响

6.3.1　关于基础设施作为发展优先事项的讨论演化

虽然自 1978 年以来，作为经济改革计划的一部分，中国在基础设施上进行了巨额投资，但作为正统的发展政策和融资，OECD 捐赠者和多边开发银行的基础设施支出在开发性金融中所占份额却大幅下降。例如，在 20 世纪 50 年代和 60 年代，基础设施占世界银行拨款的 70%，但到了 20 世纪 80 年代和 90 年代，这一比例下降到了 30%。除了少数例外，发达国家的国内预算及其援助方案中也发生了类似的转变（Dollar，2008）。基础设施现在已重新进入 G20 和多边开发银行层面的经济思考和公共政策范畴，是公认的公共品的多层面互动网络，对各国经济和社会的运作具有重要的地理空间贡献。在 G20 的框架下，出现了一系列广泛的政策规定和框架。

世界银行在其半年刊的《非洲脉搏》中发布了近期关于非洲基础设施供应和问题的报告（World Bank Group，2017，2018）。非洲基础设施联合会每年都会对融资趋势进行审查。世界银行最新的报告评估了非洲的"基础设施缺口"，但仍然是基于 2010 年世界银行的估计值。ICA 报告呼吁根据新情况，特别是数字经济的到来，对核算方法和成本进行全面反思（ICA，2017）。

随着人们对非洲基础设施的重新关注，2005 年在格伦伊格尔斯（Gleneagles）举行的 G8（八国集团）峰会见证了将对非洲的援助增加一倍的重大承诺和非洲基础设施联合会的成立，该联合会将设在非洲开发银行（G8 Summit，1985）。然而，捐赠界却未能达成对非洲双倍援助承诺所包含的政治目标和具体目标；在目标、设计和交付手段方面陷入了僵局。但在停滞之下潜藏着强烈的流变。在这一点上，中国仍被排除在围绕 G8 建立的全球政策论坛之外。该领域的文献为新的观点和新的交付方法提供了新的见解。进一步的实证研究挑战了当时普遍认为的中国在非洲投资仅仅是大型国有企业寻找自然资源的看法，证明了中国民营企业在非洲日益增长的重要性以及向制造业和服务业的转移（Gu，2011）。

早期机构参与了这些新兴主题。例如，2010 年，中国-发展援助委员会研究小组在北京举行了一次特别会议，讨论了基础设施是中国发展和扶贫的基础，强调了中国经验的重要性，并为中国和发展援助委员会（DAC）发展决策者提供了借鉴（China-DAC Study Group，2011）。2010 年，G20 首尔发展议程将基础设施问题的主要工作方案列为第一项，并设立了一个基础设施问题高级别小组（G20 Summit，2010）。

高级别小组的建议之一是要求进行债务可持续性分析，以考虑基础设施与增长之间的联系，特别是区域基础设施的变革性影响。在一份"示范性区域基础设施项目"清单中，有 5 个项目在非洲。转型和互联互通（以及民营部门基础设施融资）已成为 G20 债务可持续性和增长工作的一部分。

尽管 G20 的工作方向是试图就这些问题达成共识，但无论是在概念层面还是在实践层面，分歧依然存在。南南的"互利"（或中国的"双赢"）和不干涉原则，以及 OECD/DAC 的发展贡献原则（不受直接贸易和政治利益的影响，但需要良好的治理），都尚未结合起来。2011 年在釜山举办的援助效率高层论坛旨在将这两种方式纳入自愿和互补的框架，但后续进程迄今未能让中国参与。而在非洲层面，对话是支离破碎的，中国、日本、美国、欧盟有各自的非洲对话和规划论坛，非洲加入 G20 的问题仍未解决。此外，中国尚未加入 G7（七国集团）的非洲基础设施联盟（ICA）或非洲联盟/非洲发展新伙伴计划（AU/NEPAD）的"非洲基础设施发展计划"（PIDA）以促进区域基础设施项目（African Development Bank，2018），尽管中国确实与这些机构进行了互动。

6.3.2　地区差异

因此，中国的方法、能力和实践在许多关键方面仍与目前主流的政策和框架有所不同。这种差异是基于中国自己的半殖民地化、革命和建设的历史。早在 20 世纪 50 年代中期，中国政府就在《万隆宣言》中确立了和平共处、互利互惠的原则、价值观和实践。就国际制度架构而言，这种独特方法的核心是避免被基于既定的西方政治、经济、文化和国家利益的固有发展方法所制约。中国专注于切实可行的项目，将经济利益和政治利益分离开来。这在许多关键方面是显而易见的。

6.3.2.1　基础设施和结构转型

中国提前建设基础设施，以作为结构转型的先导部门，以经济特区、国家和地区互联互通的形式创造新的经济格局（Lin and Wang，2015，2017）。相关外部性被认为是巨大的，并且在很大程度上在本质上是不可预见的，而早期建设的成本大大低于以需求为导向的投资决策方法的成本。这意味着一些重大基础设施项目的产能过剩或产能不足，都可以通过项目的整体投资回报来得到补偿。在《超越发展援助：在一个多极世界中重构发展合作新理念》一书中，林毅夫和王燕认为传统的援助框架对于刺激结构转型是无效的。成本收益分析工具不能处理结构转型的增长动态。因此，非洲缺少成功的实践结果，需要超越目前的援助概念和做法来为基础设施提供资金，这些基础设施可以推动整个非洲大陆的结构转型。非洲可以借鉴中国的经验，注重与中国正在进行的转型的互动。在中国，实际工资正迫使劳动密集型产业向低收入国家转移。

6.3.2.2　合同和采购

中国的基础设施项目采取设计、采购、施工一揽子计划的形式。资金从中国政策性银行直接转移到中国承包商，而不是通过母国公共财政系统进行交易。这种方法对东道国而言具有优势，即可以在加快项目完成速度的同时，规避项目制定和财务管理方面的严重能力缺口。与这种方法相关的透明度和治理问题由发展中国家自行解决。经济、社会和治理标准采用的是发展中国家自身的标准（Dollar，2018）。在这种情况下，非洲国家的地方公共项目能力建设和财务管理能力建设并没有成为一个重大问题，尽管现在人们正在采取措施弥补这一差距，特别是在北京成立了由中国央行资助的中国-国际货币基金组织联合能力建设中心，该中心以宏观政策问题为重点（IMF，2017），结合中国在 2018 年中非合作论坛上提出的倡议，在哈拉雷建立了非洲能力建设基金（ACBF），这反映出中国正在评估如何通过广泛的政策和培养提供公共品的实践能力来克服非洲在治理方面的缺陷。

6.3.2.3　公共投资与私人投资的对比

第三个差异化因素是中国的基础设施投资方式以公共投资为主导，而世界银行和 G20 的政策指导方针倾向于民营部门的解决方案和融资方式。世界银行集团采用了"串联"的概念，即首先研究民营部门的解决方案，只有当民营部门的解决方案无法找到或实施时，世界银行才会提供融资。然而，这个概念现在被重新表述为"最大限度地为发展融资"的方法（World Bank Group，2017）。国际金融公司（IFC）目前正致力于以前瞻性为基础甄别项目，从回顾性评分系统转向前瞻性预期影响测量和监测（AIMM）系统，力求通过对脆弱国家的民营部门投资的高杠杆作用来大幅增加投资。这种关于转型潜力和影响的进展报告应使计划和项目经理关注转型方式而非增量方式（OECD，

2018b；Xu and Carey，2015）。

　　G20/OECD 长期投资特别工作组和 OECD/DAC 混合金融项目的目标是通过基础设施资产市场开发和风险降低程序，从养老基金和投资公司中提取商业融资，同时寻求能力提升和避免被民营部门挤出，这些方法本质上更加复杂且耗时。根据中国的经验，民营部门的发展是由上游公共部门在提供关于未来连通性和能力的信息的广阔视野中的行动所推动的。这就是"一带一路"倡议和中非合作论坛的理念，我们要像中国等新兴经济体一样，依靠强劲的外国直接投资和不断增加的公共收入，推动可持续的转型进程。

　　与此同时，中国正在采取从公共部门向民营部门再平衡的新举措，推进公私伙伴关系，包括在"一带一路"倡议和中非合作论坛等资金需求大而多样化的领域，因此，存在一些方法融合的空间。目前各方面措辞和手段的变化表明，方法融合可能正在进行。

6.3.2.4　关于出口信贷和限制性援助的国际准则

　　第四个差异化因素是，中国不参与 20 世纪 80 年代末在 OECD 成员国之间建立的出口信贷和捆绑援助规则，该规则旨在避免捆绑援助导致的援助和贸易扭曲，防止利用出口信贷补贴和援助来赢得合同而不是促进发展的贸易竞争。因此，无论是中国进出口银行还是中国国家开发银行，都不受这些规则的限制，也不受其适用的透明度和竞争过程的限制。中国的政策性银行虽然具有隐性的主权地位，但在商业交易的保密方面遵循国际商业准则。

　　根据习近平主席和奥巴马总统在 2012 年达成的协议，中国、OECD 和其他国家成立了出口信贷国际工作组（IWG），以便在 2014 年之前建立一套国际准则（Ministry of Foreign Affairs PRC，2013）。IWG 定期举行会议（由美国、中国、欧盟和巴西轮流主持），现有一位秘书长。它为信息共享提供了一个论坛，OECD 秘书处为此作出了贡献，但要达成协议，以取代有关官方支持出口信贷的安排或 DAC 的附加援助措施的规定和透明度保障，还有很长的路要走（OECD，2018b）。

6.3.2.5 管理官方债务问题案例

迄今为止，中国还没有加入债权国巴黎俱乐部，该俱乐部是致力于对陷入支付困难的官方债务进行集体重组的论坛。尽管如此，中国已经重组或免除了大量低收入国家债务，其中部分与重债穷国计划同时进行（Dollar，2018）。随着当前中国债务在双边官方债权总额中占比的提高，并且债务支付困难的迹象开始出现，有关中国是否可能加入巴黎俱乐部的讨论正在进行中。随着中国对"一带一路"倡议融资的增加，情形正在发生变化。国际货币基金组织对"一带一路"倡议沿线国家实施的救助方案可能会引发中美之间的冲突。

6.3.2.6 人力和企业能力与竞争力

第六个差异化因素是，在过去 40 年中，在世界银行和 OECD 伙伴的帮助下，中国在基础设施建设方面培养了很好的人力资源和企业能力（Bottelier，2007）。目前，这些能力可用于发展中国家的建设。确实，如本章前文所述，中国大型工程和建筑公司主要是中央、省或市级的国有企业，为中国在非洲建立电力、交通和信息通信技术基础设施提供了可能性，它们产生了广泛的影响，同时也为设想和推进"一带一路"倡议提供了可能性，这是一项越来越大的全球性项目。事实上，如果不是中国在过去的三四十年里大规模建设基础设施，并在此过程中培养了这些人力资源和企业能力，很难想象这些为非洲巨大的基础设施需求做出贡献的能力会从何而来。从这个意义上讲，中国的发展一直是满足非洲空前的基础设施需求的先决条件。中国对工程教育体系的投资造就了一批技术熟练的毕业生，但他们的薪酬水平仍远低于发达国家具有同等专业知识者的水平。因此，中国的工程、建筑和电信行业赢得了包括多边开发银行在内的大量国际合同。主要竞争对手是其他新兴国家的公司和 OECD 的大型工程公司，如美国的柏克德公司（Bechtel），该公司目前正处于就内罗毕和蒙巴萨之间的高速公路建设项目进行谈判的最后阶段。美国已通过法律成立美国国际开发金融公司来支持美国企业在发展中国家拓展业务（US Congress，2018）。

6.3.2.7　标准

最后，中国还没有签署开发银行的环境、社会和治理（ESG）标准，这些标准是通过开发银行治理论坛（也包括国内和国际民间社会组织）的深入讨论逐步确定的。这仍然是与国际公民社会组织的一个冲突点，其中一些组织（如全球见证组织）在这方面密切关注中国的项目。其他机构（如世界自然基金会）与中国的政策性银行密切合作，协助中国制定自己的贷款标准。多年来，一系列针对中国企业的法规和指导性文件应运而生。2017 年 12 月中国颁布的一系列最新对外投资和商业活动条例要求企业尊重当地法律、文化和规范，积极努力提高企业在五个方面的表现，包括企业社会责任、资源保护、环境保护，以及避免非法活动和资金转移。中国的两家政策性银行有自己的标准、合规和风险管理职能，与现行法规保持一致，并参与了 OECD 语境下负责任的国际商业合作（OECD，2018a）。中国国家开发银行是国际开发性金融俱乐部的成员，该俱乐部将 23 家多边和双边开发银行聚集在一个学习网络中，目前由法国开发署（AfD）担任主席，其工作方案侧重于绿色金融（AfD，2018）。

在评估中国是否正在改变开发性金融领域的国际秩序时，Dollar 认为在已建立的多边开发银行中，目前用于项目准备的广泛而详细的标准应用程序已经超出了功能性的范围，传统多边开发银行体系存在严重的功能失调问题,其在基础设施融资中的作用已降至基础设施融资总量的很小比例。在该观点看来,亚洲基础设施投资银行所采用的标准更加明智(Dollar,2018)。

然而,把诸如重新安置等敏感领域的标准和方案拟订工作交给伙伴政府面临着重大的声誉风险和项目中断风险,在水电项目中尤其麻烦,而中国建筑公司在这些项目中拥有广泛的业务,因此,中国政府和企业有强烈的动机帮助当地发展这一领域的能力。2018 年《中非合作论坛——北京行动计划(2019—2021 年)》表明,中方愿与多边开发银行在非洲开展合作,遵循多边规则和程序,这一点意义重大。

6.3.3 中国在国际开发性金融体系架构和理念上的新行动主义

上述问题使得中国和其他合作伙伴难以在项目层面开展合作。2007 年世界银行和中国进出口银行签署的合作备忘录由于项目周期和标准的不同而无法执行。尽管中国和世界银行在中国的改革和能力建设过程上建立了非常密切的关系,但正如世界银行驻北京办事处前主任所描述的那样,这一僵局还是出现了(Bottelier,2007)。

最引人注目的是,中国在 2015 年启动了与"一带一路"倡议相关联的亚洲基础设施投资银行,出人意料地吸收了 G7 和 G20 成员。这对多边开发银行体系是一个冲击,尽管亚洲基础设施投资银行现在实际上是更大的多边开发银行合作体系的一部分,该体系还包括金砖国家的新开发银行。从本质上说,中国的雄心不能再在世界银行内部实现,因为美国国会和美国财政部实际上持有美国的"黄金股"(Xu,2016)。联合国贸易和发展会议最近的一项研究探讨了中国开发性金融的架构,即银行和特别基金的风险偏好和杠杆比率超出了已有标准(UNCTAD,2018)。

最近，中国和世界银行已经能够在知识层面进行合作：

• 对非投资论坛（IAF）由中国国家开发银行于 2015 年发起，世界银行非洲部作为联合召集人加入。2017 年在塞内加尔举行的第三届国际农业论坛上，中国国家开发银行和世界银行联合发布的研究报告《跨越式发展：非洲发展的关键——从制约条件到投资机会》，对基础设施与增长关系进行了全面的历史与未来导向的评估，认定创新和新技术是非洲经济部门和基础设施发展动力的新来源（CBD News，2017）。

• 全球基础设施互联互通联盟（GICA）是作为 2016 年 G20 杭州峰会的一项举措而成立的，总部位于新加坡世界银行办公室，中国为牵头成员，2018 年 1 月在 OECD 举行了第一次全体会议。GICA 提供了包括非洲在内的全球基础设施网络建设的全面地图，目的是整合信息并促进概念和实践层面的互动。

这两项最近的倡议提出了两种思路，这对非洲基础设施的既定框架是一个冲击。

第一，创新和技术将是非洲发展的动力源泉。这一观点现在正在迅速流行，它认为第四次工业革命正在通过大幅降低交易成本、实时创造和传播信息，改变非洲的发展前景，建立一个基于全球金融技术（FinTech）的最新的普惠金融体系，促进非洲的创业活动。正如《跨越式发展：非洲发展的关键》报告所阐明的那样，整个发展议程的影响将是翻天覆地的。虽然在这种情形下，教育和治理方面的进展将更加重要，但即使在这两方面，信息和通信技术革命也有望从根本上改善准入和问责制以及公共管理系统。在布雷顿森林体系、联合国和OECD 中，信息和通信技术革命对发展前景和进程的讨论的影响已经很明显。全球经济与气候委员会正在撰写一系列关于中非技术和基础设施合作将如何创造清洁增长路径并对创造就业产生重大影响的论文（Commission on the Economy and Climate，2018）。中国在新信息和通信技术软硬件方面的领导作用将在下文讲述。

第二，人们认识到，国际论坛中关于基础设施发展的讨论，除了少数例外，确实忽略了基本的连通性/地理空间维度。尽管克鲁格曼在20世纪90年代初就建立了"新经济地理理论"，但这仍然是一个冲击（Krugman，2011）。到目前为止，事实证明，经济地理对所有国家当前国内政治、地缘政治以及全球经济的发展进程都至关重要。GICA是围绕新经济地理、作为公共产品的互联互通网络的经济和表现，以及数字经济对这些问题的影响而构建的唯一全球经济架构。针对非洲的情形，1884年柏林会议造成的非洲大陆政治和经济分裂的严峻事实，意味着在网络经济跨越边界的时代，需要在非洲大陆达成自由贸易协定时对非洲经济进行重新构想。在这种背景下，如何分摊成本和应对外部性，以及如何将整个系统的基础设施相互依赖因素纳入这一背景下，在很大程度上仍不属于非洲开发性金融体系的范畴，也不属于债务可持续性分析的范畴。

中国的这两项举措可能有助于破解人们对非洲发展标准的僵化思维，否则，针对非洲的发展就会出现悲观情绪。当前，G7和G20的进程与中非合作论坛的思路和进程之间存在着体制和思维上的差异。与G7和G20的政策密集型文件相比，中非合作论坛三年行动计划更全面、更注重投资、更注重实际操作。与此同时，ICA和PIDA的工作以详细的互联互通计划为基础，ICA的讨论进程现在开始关注新数字经济革命带来的根本性变化。

借鉴GICA的"愿景、计划和项目对接工具箱"（GICA，n.d），目前似乎有机会为ICA/PIDA和中非合作论坛搭建一个共同的保护伞框架。这一展望将在下面的结论中阐述。

在此背景下，"一带一路"倡议也发挥着重要作用。在重塑全球经济格局的构想中，非洲等地区的参与增加了地缘政治层面的内容。在此背景下，日本决定加入"一带一路"倡议具有特别重要的意义，因为日本在非洲互联互通项目中也发挥着关键作用。长期以来，日本一直通过三年一次的东京非洲发展国际会议（TICAD）关注非洲的经济走廊和非洲发展的更多途径。作为 2019 年 G20 峰会的主席国，日本提出了一个关于"高质量基础设施"的倡议，同时在考虑一个关于非洲基础设施开发的"开放的印度洋-太平洋倡议"，目标是使日本成为工业和外交战线上的积极参与者（Sano，2018）。

"一带一路"倡议提出了上述的环境、社会治理和保障方面的关键问题。世界银行、OECD、欧盟等国际组织以及民间社会组织认为，"一带一路"倡议涉及的大型基础设施项目存在严重的潜在环境、社会和腐败风险。这些风险包括生物多样性丧失、环境退化和精英俘获。一位观察者认为，这种风险"在'一带一路'倡议沿线国家可能尤其严重，因为这些国家往往治理相对薄弱。需要识别这些风险，并采取措施将其潜在的负面影响降至最低"（Ruta，2018）。

6.4　电气化和数字化作为中非关系发展的变革性因素

6.4.1　转型、电气化和人口统计学

非洲的经济转型将具有足够的规模和特色，以吸收非洲在未来几十年中大量增加的劳动力，这也许是 21 世纪最引人注目的问题。它与气候变化并驾齐驱，并将与气候变化相互作用。到 2050 年，西非的人口将超过欧洲的人口。与安全和身份相关的风险已经在欧洲政治中显现出来。

国际货币基金组织最近的一份工作报告（Fox et al.，2017）探讨了非洲的经济转型可能会如何进行。该研究发现，非洲人口结构的不利因素使得很大一部分劳动力将继续受雇于低生产率的农业，从农业转移到制造业和服务业所需的能力将是异质的，一些人会从事高生产

率的工作，但许多人将从事低生产率的工作。这种悲观情绪与最近关于基础设施投资对增长的影响的一项研究相吻合，该研究揭示了公共管理不善导致的质量问题（Barhoumi et al.，2018）。反过来，这些发现让人们对许多非洲国家的债务可持续性感到悲观，并担心中国在非洲债务存量中所占比例不断上升（IMF，2018）。

有没有一种方法可以控制这些趋势呢？非洲农村人口中仍有相当高的比例从事农业，生育率极高，而电气化率极低，这表明这是一个关键的干预点。考虑到太阳能光伏发电系统成本的大幅下降，以及金融科技系统的普及，家庭用电已触手可及。来自印度尼西亚的人口统计结果表明，农村电气化对生育率有显著影响。其最大的影响是电视的普及。研究人员得出结论，他们的发现可能在撒哈拉以南非洲地区具有重要的应用价值（Grimm，Sparrow and Tasciotti，2015）。在中非合作论坛第六届部长级会议上，为非洲一万个村庄提供电视的计划，一定就是考虑到这种发展的影响而制定的。

综合这些因素，农村电气化以降低生育率应该成为非洲国家一个更具战略意义的优先事项。它与数字经济扩张的关联也会带来多方面的影响，例如，扩大农业-商业供应链，提高农业生产率，改善教育机会和学习成果。

以家庭太阳能系统和微型电网为基础的农村电气化已经在非洲各地加快推进，需要解决不断发展的系统集成问题，但可以设计解决方案。快速跟踪这一进程将以应有的紧迫性解决人口问题。在这个情境下，世界银行发起了一项重大倡议，以促进电池存储技术的根本进步。

就债务可持续性前景而言，储蓄率和税收与 GDP 之比的上升可能是关键性指标。这两项指标在非洲都很低，但未来有望使它们得到提高，因为农村电气化将促进农业生产率的提高，农业-商业供应链也将创造就业机会。除此之外，注重在城市基础设施投资和增加土地价值之间建立良性循环，将创造一个公共收入基础，而这一基础是经济转型过程的核心。以互联互通基础设施投资作为中非合作论坛行动计划的核心内容，促进非洲城市和地区之间的互动，将成为非洲强劲转型进程的一部分。国内财政和金融体系将是资金的基本来源。国际货币基金组织／世界银行采用的债务可持续性框架需要与此类战略发展更加紧密地联系在一起，正如国际货币基金组织在最近一份关于经济增长原因的研究报告当中所主张的那样（Cherif et al.，2018）。

6.4.2　转型、数字经济以及跨越式发展

中国的大型民营信息通信技术企业正在国内和国际上推动本国的数字革命，其中包括对非洲的越来越多的承诺，以及在非洲的实际行动。1998 年，华为在肯尼亚和中兴通讯一起，与非洲政府和私人电信运营商密切合作，建立了非洲的很大一部分中坚数字基础设施（Institute of Developing Economies，2009），并在非洲运营了许多研发中心。此外，它们还为工程人员提供了广泛的培训课程（Tsui，2016）。

2017 年，麦肯锡全球研究所一份有洞见的分析指出：

> 越来越多的中国数字公司正在通过并购、扩展业务模式以及为合作公司提供技术来扩大全球影响力。这些发展可能意味着，中国将在未来几年确立在数字领域的世界前沿地位。中国在世界数字舞台上的地位越来越重要，这也意味着中国可以在全球治理问题上做出贡献，甚至领导更广泛的辩论，这些问题包括针对外国竞争的障碍、互惠和数字主权。（Woetzel et al.，2017）

那么，这对非洲意味着什么呢？最近的一项研究详细描述了非洲经济体的数字之旅，强调了该研究所称的非洲数字经济的"国王"，即肯尼亚、科特迪瓦、尼日利亚、加纳和南非所发挥的主导作用（Osiakwan，2017）。除了与非洲国家开展广泛的双边信息和通信技术合作，中非合作论坛、金砖国家和"一带一路"倡议这三个主要多边论坛累积的声明性政策协议和行动计划，展示了帮助和促进非洲数字经济的

共识。例如，2017年①5月《"一带一路"国际合作高峰论坛领导人圆桌峰会联合公报》就承诺，共建"一带一路"将促进智慧经济增长：

> 加强创新合作，支持电子商务、数字经济、智慧城市、科技园区等领域的创新行动计划，鼓励在尊重知识产权的同时，加强互联网时代创新创业模式交流。
>
> （Ministry of Foreign Affairs PRC，2017）

尽管外界普遍认为这是中非合作的又一个"双赢"，但也有人质疑中国深化其参与程度的意义。Gagliardone（2018）最近的评估探讨了中国是否将其信息社会模式强加于非洲大陆的问题。Gagliardone的评价是，中国的参与本质上取决于东道国制定的框架，无论它们是威权国家还是民主国家，这种参与都直接或间接地帮助了它们。然而，尽管有这一重要告诫，这个问题的核心仍然是非洲的需要和潜力。

6.5　结论：为非洲互联互通基础设施搭建共享平台

在一个普遍存在脆弱性的大陆上，在基础设施发展的前沿大规模地开展工作具有挑战性，但至关重要。中国利用自身的发展经验和在此过程中培养出的能力参与非洲的发展，有望帮助非洲走上通过农村发展和城镇化动态以及区域和全球一体化来利用人口红利的转型道路。在一个合作的全球治理体系中，中国重塑世界经济的愿景是在全球合作治理体系下，基于新的连接性、科技和公众网络的，这在地缘政治竞争加剧、身份政治和危机易发的地缘经济断层带的背景下，为非洲注入了新的抱负和希望。夜间卫星照片揭示出中国的援助项目如何通过在非洲和其他地方发展道路、能源、数字化能力和网络，来帮助连接孤立社区，这也显示了中国发展合作的优先事项和方法对减少贫困

---

① 原书为2016年，疑误。——译者注

和不平等所产生的影响为非洲发展及时注入了信心。与此同时，非洲机构在国家、区域和整个非洲大陆层面塑造自己的发展进程，对于确保中国的开发性金融带来包容性和可持续发展，并帮助其提升公共管理能力和诚信水平至关重要。

未来 30 年，非洲人口将增加十多亿，要应对这一挑战，非洲需要一个"刘易斯式"的转型和发展过程，其规模只有中国和印度可以作为比较对象。与中国和印度一样，转型所需的资源将来自转型过程本身，表现为非洲国内储蓄率和公共收入的提高，以及人力资本随着城市化、电气化和数字化呈指数级增长（Glaeser and Lu，2018）。中国在技术和商业模式的跨越式变革、互联互通基础设施投资以及以"亚洲"方式将援助、贸易和投资联系起来等方面对非洲增长驱动的贡献，带来了一种超越监管改革和标准良治议程的结构性方法。

在范围、规模和速度上，中国有其他国家难以达到的优势。与此同时，中国的不干涉原则需要继续调整，因为伙伴国家的成功对于整个"一带一路"倡议的可行性和声誉，乃至中国自身的全球视野至关重要。一些非洲代理人利用了不干涉原则，破坏了他们国家的诚信和信誉，尤其是在基础设施融资方面（Corkin，2016）。政策性银行的风险评估体系（包括声誉风险），及其确保社会和环境标准的体系，都正在一起得到加强（CDB，2018；China Exim Bank，2017）。

随着"一带一路"倡议的实施，中国在全球范围内（包括非洲）的开发性金融市场中的份额不断增加，中国承担的官方债务敞口和信誉风险在绩效、标准和诚信方面的比重也在不断上升。但是，中国的"一带一路"倡议离不开各国的大力配合和联动，因此有必要在政策和操作层面上建立联合的方式和系统的流程。关于 WTO 改革的新建议已涉及了"中国模式"的重要内容，包括国有企业的作用和治理（European Commission，2018）。与此同时，有迹象表明，美国政府可能会抵制中国在非洲联盟中正在崛起的领导角色。美国立法成立了新的美国国际发展金融公司（US Congress，2018）。中非合作论坛新平台如何促进非洲在这些方面的合作、协同和融通，是近期面临的主要挑战。

由 G7 创立的非洲基础设施联盟撰写的专家报告呼吁，对非洲基础设施需求重新进行全面评估（ICA，2017）。这可能是建立在非盟框架下、由非洲开发银行和联合国非洲经济委员会支持的三边共享平台的机会。与此同时，由中国充当主要角色的非洲能力建设基金会（ACBF）组建的新能力发展研究所（Institute for Capacity Development）将帮助巩固非洲的公共管理能力，以应对关键的转型过程，以及未来 30 年 10 亿以上非洲人的生存问题。

(•)) 参考文献

AfD（2018）IFDC Website，https://www.idfc.org/.

African Development Bank（2018）"Programme for Infrastructure Development in Africa（PIDA）"，African Development Bank，https://www.afdb.org/en/topics-and-sectors/initiatives-partnerships/programme-for-infrastructure-development-in-africa-pida/.

Ang，Y. Y.（2016）*How China Escaped the Poverty Trap*. Cornell Studies in Political Economy. Ithaca，NY：Cornell University Press.

Barhoumi et al.（2018）"Public Investment Efficiency in Sub-Saharan African Countries"，https://www.imf.org/en/Publications/Departmental-Papers-Policy-Papers/Issues/2018/07/06/Public-Investment-Efficiency-in-Sub-Saharan-African-Countries-45953.

Bottelier，P.（2007）"China and the World Bank：How a Partnership Was Built"，*Journal of Contemporary China*，16(51)：239–258.

CDB（2018）"China Development Bank Annual Report 2017"，http://www.cdb.com.cn/English/bgxz/ndbg/ndbg2017/.

CDB News（2017）*The 3rd Investing in Africa Forum Wrapping up in Dakar—CDB Investing and Financing More than USD 50 billion in Africa*，27 September 2017，China Development Bank，http://www.cdb.com.cn/English/xwzx_715/khdt/201803/t20180309_4998.html.

Cherif et al. （2018）"Sharp Instrument：A Stab at Identifying the Causes of Economic Growth"，https：//www. imf. org/en/Publications/WP/Issues/2018/05/21/Sharp-Instrument-A-Stab-at-Identifying-the-Causes-of-Economic-Growth-45879.

China Africa Research Centre （2018） *Chinese Loans and Aid to Africa：Data*，China Africa Research Initiative，http：//www. sais-cari. org/data-chinese-loans-and-aid-to-africa/.

China-DAC Study Group （2011） *Economic Transformation and Poverty Reduction*. Vol. 1 & 2.，China-DAC Study Group.

China Exim Bank （2016）"White Pater On Green Finance"，http：//english. eximbank. gov. cn/News/WhitePOGF/201807/P020180718416279996548. pdf #：～：text＝The％20White％20Paper％20on％20Green％20Finance％20of％20the，constructive％20efforts％20in％20the％20field％20of％20green％20finance.

China Exim Bank （2017）"The Export-Import Bank of China Annual Report for 2016"，http：//english. eximbank. gov. cn/News/AnnualR/2016/201807/P020180718670634794046. pdf.

Commission on the Economy and Climate （2018）"New Climate Economy"，https：//newclimateeconomy. net/.

Corkin，L. （2016） *Uncovering African Agency：Angola's Management of China's Credit Lines*. London：Routledge.

Dollar，D. （2008）"Supply Meets Demand：Chinese Infrastructure Financing in Africa"，*East Asia & Pacific on the Rise*，http：//blogs. worldbank. org/eastasiapacific/supply-meets-demand-chinese-infrastructure-financing-in-africa.

Dollar，D. （2018）"Is China's Development Finance a Challenge to the International Order?" *Asian Economic Policy Review*，13（2）：283–298.

European Commission （2018）"European Commission Proposals for the Modernisation of the World Trade Organisation"，http：//europa. eu/rapid/press-release _ IP-18-5786 _ en. htm.

Fox et al. （2017）"Structural Transformation in Employment and Productivity：What Can Africa Hope for?"，https：//www. imf. org/en/Publications/Departmental-Papers-Policy-Papers/Issues/2017/04/07/Structural-Transformation-in-Employment-and- Productivity-What-Can-Africa-Hope-For-44710.

G8 Summit （1985）"2005 G8 Gleneagles Documents"，http：//www. g8. utoronto. ca/sum mit/2005gleneagles/index. html.

G20 Summit（2010）"G20 Seoul Summit"，http：//www. g20. utoronto. ca/summits/2010seoul. html.

Gagliardone，I. （2018）"Is China Changing Information Societies in Africa?"，*Bridges Africa*，7（5），https：//www. ictsd. org/bridges-news/bridges-africa/news/is-china-changing- information-societies-in-africa.

GICA（n. d. ）"Vision to Program to Projects（V2P2P）"，https：//www. gica. global/activity/vision-program-projects-v2p2p.

Glaeser，E. and M. Lu（2018）"Human Capital Externalities in China"，https：//voxeu. org/taxonomy/term/137.

Grimm，M. ，R. Sparrow，and L. Tasciotti（2015）"Does Electrification Spur the Fertility Transition? Evidence from Indonesia"，*Demography*，52（5）：1773–1796.

Gu，J. （2011）"The Last Golden Land? Chinese Private Companies Go to Africa"，http：//www. ids. ac. uk/go/idspublication/the-last-golden-land-chinese-private-companies-go-to-africa-wp.

Gu，J. ，A. Shankland，and A. Chenoy（eds）（2016a）*The BRICS in International Development*，International Political Economy Series. Basing-stoke：Palgrave Macmillan.

Gu，J. ，C. Zhang，A. Vaz，and L. Mukwereza（2016b）"Chinese State Capitalism? Rethinking the Role of the State and Business in Chinese Development Cooperation in Africa"，*World Development*，81：24–34.

ICA（2017）"Toward Smart and Integrated Infrastructure for Africa：An Agenda for Digitilisation，Decarbonisation and Mobility"，https：//www. icafrica. org/fileadmin/documents/Annual _ Meeting/2017/2017 _ Annual _ Meeting _-_ background_paper_FULL. pdf.

ICA（2018）"Infrastructure Financing Trends in Africa—2017"，https：//www. icafrica. org/fileadmin/documents/IFT _ 2016/Infrastructure _ Financing _ Trends _ 2017. pdf.

IMF（2017）"IMF and the People's Bank of China Establish a New Center for Modernizing Economic Policies and Institutions"，14 May 2017，https：//www. imf. org/en/ News/Articles/2017/05/14/pr17167-imf-and-china-establish-a-new-center-for-modernizing-economic-policies-and-institutions.

IMF（2018）"Macroeconomic Developments and Prospects in Low-Income Developing Countries"，https：//www. imf. org/en/Publications/Policy-Papers/Issues/2018/03/22/pp021518macroeconomic-developments-and-prospects-in-lidcs.

Institute of Developing Economies（2009）"China's Telecommunications Footprint in Africa"，Chapter 9，http://www. ide. go. jp/English/Data/Africa ＿ file/Manualreport/cia ＿ 09. html.

Kitano，N.（2017）"A Note on Estimating China's Foreign Aid Using New Data：2015 Preliminary Figures"，https://www. jica. go. jp/jica-ri/publication/other/20170526 ＿ 01. html.

Krugman，P.（2011）"The New Economic Geography，Now Middle-Aged"，*Regional Studies*，45(1)：1–7.

Lasswell，H. D.（1936）*Politics：Who Gets What，When，How*. New York；London：Whittlesey House；McGraw-Hill.

Li，X. and R. Carey（2016）"China's Comprehensive Strategic and Cooperative Partnership with Africa"，http://www. ids. ac. uk/publication/china-s-comprehensive-strategic-and-cooperative-partnership-with-africa.

Lin，J. Y. and Y. Wang（2015）"China-Africa Cooperation in Structural Transformation"，in C. Monga and J. Y. Lin（eds）*The Oxford Handbook of Africa and Economics*，Vol. 2：Policies and Practices. Oxford：Oxford University Press，pp. 792–812.

Lin，J. Y. and Y. Wang（2017）*Going Beyond Aid：Development Cooperation for Structural Transformation*. Cambridge：Cambridge University Press.

Ministry of Foreign Affairs PRC（2013）"Exploring the path of major-country diplomacy with Chinese characteristics"，https：//www. fmprc. gov. cn/mfa_eng/wjb_663304/wjbz_663308/2461_663310/201306/t20130627_468425. html.

Ministry of Foreign Affairs PRC（2017）"Joint Communiqué of the Leaders Roundtable of the Belt and Road Forum for International Cooperation"，http://www. beltandroadforum. org/english/n100/2017/0516/c22-423. html.

Ministry of Foreign Affairs PRC（2018）"Forum on China-Africa Cooperation：Beijing Action Plan（2019—2021）"，http://focacsummit. mfa. gov. cn/eng/hyqk ＿ 1/201809/t20180912 ＿ 5858585. htm.

NDRC（2015）"Vision and Actions on Jointly Building Silk Road Economic Belt and 21st-Century Maritime Silk Road"，http：//en. ndrc. gov. cn/newsrelease/201503/t20150330 ＿ 669367. html.

OECD（2018a）"Export Credits Work at the OECD：Co-operating on Smart Rules for Fair Trade"，https：//www. oecd. org/tad/policynotes/export-credits-

OECD. pdf.

OECD （2018b） "OECD Business and Finance Outlook", http://www. oecd. org/daf/oecd-business-and-finance-outlook-26172577. htm.

Okonjo-Iweala, N. (2018) "Africa Needs China's Help to Embrace a Low-Carbon Future", *Financial Times*, 21 September, https://www. ft. com/content/5854f9b6-bdc3-11e8-8274-55b72926558f.

Osiakwan, E. M. K. (2017) "The KINGS of Africa's Digital Economy", in Bitange Ndemo and Tim Weiss (eds) *Digital Kenya: An Entrepreneurial Revolution in the Making*, Palgrave Studies of Entrepreneurship in Africa. London: Palgrave Macmillan, pp. 55-92.

Pairault, T. (2018) "China in Africa: Goods Supplier, Service Provider rather than Investor", International Centre for Trade and Sustainable Development, https://www. ictsd. org/bridges-news/bridges-africa/news/china-in-africa-goods-supplier-service-provider-rather-than.

Ruta, M. (2018) "Three Opportunities and Three Risks of the Belt and Road Initiative", *The Trade Post*, http://blogs. worldbank. org/trade/three-opportunities-and-three-risks-belt-and-road-initiative.

Sanderson, H. and M. Forsythe (2013) *China's Superbank: Debt, Oil and Influence—How China Development Bank Is Rewriting the Rules of Finance*. 1st edition. Singapore: John Wiley & Sons.

Sano, S. (2018) "Japan's Potential Engagement in China's Belt and Road Initiative—AIIA", 23 February, Australian Institute of International Affairs, https://www. internationalaffairs. org. au/australianoutlook/japan-one-belt-one-road/.

State Council (2014) "Bring About a Better Future for China-Africa Cooperation", text of Li Keqiang's speech at Africa Union, The State Council—The People's Republic of China, 5 May, http://english. gov. cn/premier/speeches/2014/08/23/content _ 281474983012932. htm.

Strange, S. (1994) *States and Markets*. 2nd edition. London; New York: Pinter Publishers; St. Martin's Press.

Tsui, B. (2016) "Do Huawei's Training Programs and Centers Transfer Skills to Africa?", Policy Brief 14/2016, China Africa Research Initiative.

UNCTAD (2018) "Keep an Eye on China's Innovations in Development Finance", 26 February, http://unctad. org/en/pages/newsdetails. aspx? OriginalVersionID=1671.

US Congress（2018）"BUILD Act of 2018 115th Congress（2017—2018）"，https://www. congress. gov/bill/115th-congress/senate-bill/2463.

Woetzel，J. et al.（2017）"China's Digital Economy：A Leading Global Force"，https://www. mckinsey. com/featured-insights/china/chinas-digital-economy-a-leading- global-force.

World Bank Group（2017）"Africa's Pulse 15"，https://openknowledge. worldbank. org/handle/10986/26485.

World Bank Group（2018）"Africa's Pulse 17"，https://openknowledge. worldbank. org/handle/10986/29667.

Wu，X. and D. Jia（2017）"New Rules Released on Policy Banks to Enhance Risk Control"，*Caixin Global*，15 November，https://www. caixinglobal. com/2017-11-16/new-rules-released-on-policy-banks-to-enhance-risk-control-101171390. html.

Xi，J.（2017）"Work Together to Build the Silk Road Economic Belt and the Twenty- First-Century Martime Silk Road"，*CIDCA. gov. cn*，16 May，http://en. cidca. gov. cn/2017-05/16/c_260434. htm.

Xiao，G. ，Y. Zhang，C. Law，and D. Meagher（2015）"China's Evolving Growth Model：The Foshan Story"，Fung Global Institute，http://www. asiaglobalinstitute. hku. hk/en/chinas-evolving-growth-model-foshan-story/.

Xu，J. and R. Carey（2015）"Post-2015 Global Governance of Official Development Finance：Harnessing the Renaissance of Public Entrepreneurship"，*Journal of International Development*，27(6)：856–880.

Xu，J. and R. Carey（2016）"China's International Development Finance：Past，Present and Future"，https://www. wider. unu. edu/publication/china%E2%80%99s-international-development-finance.

Xu，Q.（2016）"CDB：Born Bankrupt，Born Shaper"，Institute of World Economics and Politics，CASS，http://policydialogue. org/files/events/Future_of_National_Development_Banks-_Presentation_-_CDB. pdf.

第 7 章 中非经济关系中的协议和争端解决

(Won L. Kidane)

7.1 引　言

当代中非经济关系没有固有等级关系的历史羁绊[1]，显示出平衡的优势：政治平等[2]、经济互惠[3]和系统交易平衡[4]。现在有大量可靠的证

---

[1]　参见 P. Snow (1988)，*The Star Raft：China's Encounter with Africa*，pp. xiii-xiv。非洲与现在发达的北方世界的历史关系要么是殖民关系，要么是殖民后的援助依赖关系。历史关系的性质从来没有允许纯粹的互惠互利的商业互动蓬勃发展。

[2]　参见 I. Taylor (2006)，*China and Africa*，*Engagement and Compromise*，pp. 30-31。

[3]　参见 D. Brautigam (2009)，*The Dragon's Gift：The Real Story of China in Africa*，p. 308（"中国不要求知道非洲必须要做些什么以求发展"）。

[4]　尽管绝大多数西方媒体报道继续追求"剥削"和"新殖民主义"的叙事风格，类似于非洲过去与西方的关系，但十多年的数据已显示出中非关系给非洲经济带来的显著（转下页）

据表明，过去几十年的经济联系在贸易①、投资②和其他类型的商业关系③

———————

（接上页）优势。具有讽刺意味的是，经常可以看到一些报道刻意以消极的方式来说明取得的进展。参考 David Pilling 在 *Financial Times* 上的题为 "Chinese Investment in Africa：Beijing's Testing Ground"（2017.7.13）的文章。文章称："一些数据说明了这种转变。2000 年，中非贸易额仅为 100 亿美元。约翰·霍普金斯大学高级国际研究学院中非研究项目的数据显示，到 2014 年，这一数字已增长逾 20 倍，至 2 200 亿美元，尽管由于大宗商品价格下跌，这一数字有所回落。在此期间，中国的外国直接投资从只占美国的 2％ 升至 55％，每年新增投资达数十亿美元。布鲁金斯学会约翰·L. 桑顿中国中心的一项研究显示，中国贡献了非洲贷款总额的六分之一左右。"文章接着援引哥伦比亚大学地球研究所所长 Jeffrey Sachs 的话说，中国对非洲的投资是"对非洲当代人来说最重要的一项进展"。但这篇文章的总体信息是，中国正在把非洲当作一个试验场。文章的相关部分写道："中国对非洲的参与程度比人们通常认为的更加多层次。Jing 表示，中国几乎把非洲当作其日益增长的国际雄心的试验场，无论是通过维和任务，还是通过利用一条新丝绸之路修建公路、港口和铁路，将许多发展中国家与中国联系起来。"文章可见于 https://www.ft.com/content/0f534aa4-4549-11e7-85199f94ee97d996（访问日期：2018 年 2 月 13 日）。

①　约翰·霍普金斯大学高级国际研究学院中非研究项目（CARI）保存了有用的数据汇编。它显示了自 2002 年以来中非贸易的快速增长几乎没有出现过放缓。数据显示，自从 2015 年前后，中非贸易额轻松保持在 2 000 亿美元左右。中非贸易数据参见 http://www.sais-cari.org/data-china-africa-trade/。

②　尽管对中国在非洲投资的估计往往会滞后，但几乎所有消息来源都承认，这是一笔可观的投资。例如，布鲁金斯学会的 David Dollar 指出，2014 年中国在非洲的对外直接投资（320 亿美元）与中国在美国的对外直接投资（380 亿美元）大约相当，参见 D. Dollar（2016），*China's Engagement with Africa：From Natural Resources to Human Resources*，p. 34。CARI 估计中国在 2003 年至 2014 年间的投资约为 1 240 亿美元。参见 CARI，在 http://www.sais-cari.org/data-chinese-and-american-fdi-to-africa（访问日期：2016 年 10 月 7 日）的 Excel 电子表格。美国企业研究所和美国传统基金会的中国全球投资追踪系统（China Global Investment Tracker）估计，中国在撒哈拉以南非洲地区的总投资为 2 417.5 亿美元（Scissors，2018）。关于中国全球投资的追踪数据参见 https://www.aei.org/china-global-investment-tracker/。CARI 还估计，中国在同一时期（2001 年至 2014 年）向非洲国家提供了大约 860 亿美元的贷款用于各种项目，参见 http://www.sais-cari.org/data-chinese-loans-and-aid-to-africa。中国援助的项目包括铁路（参见 *The Guardian*，"Next Stop the Red Sea：Ethiopia Opens Chinese-Built Railway to Djibouti"，https://www.theguardian.com/world/2016/oct/06/next-stop-the-red-sea-ethiopia-openschinese-built-railway-to-djibouti，5 October 2016），电厂传输（参见如 Modern Power Systems，"The Chinese in Africa：An Electrifying Story：A New International Energy Agency Report Shows that Chinese Companies Are Leading the Way in the Electrification of Sub-Saharan Africa"，http://www.modernpowersystems.com/features/featurethe-chinese-in-africa-an-electrifyingstory-4991516/，6 August 2016），港口［参见 D. Smith（2015），"China Denies Building Empire in Africa"，https://www.theguardian.com/global-development/2015/jan/12/china-denies-building-empire-africa colonialism］。另外中国公司正在进行耗资 6.53 亿美元（4.3 亿英镑）扩建肯尼亚首都内罗毕主机场的项目以及其他各种项目。

③　中国企业承建合同已超过 500 亿美元。参见 CARI 在 http://www.sais-cari.org/data-chinese-contracts-in-africa 上公布的数据。此外，CARI 的数据显示，2000 年至 2015 年，中国对非洲发放附息贷款 944 亿美元。参见 http://www.sais-cari.org/data-chinese-loans-and-aid-to-africa。

上都取得了显著的成功。经济发展轨迹看起来也比较乐观。①

从古代开始，尽管有政治上的界限，但商业关系一直是由法律来规定的，尽管非洲是惯例法②，中国是"礼"和"法"③，伊斯兰世界是伊斯兰教法（Sharia）④，欧洲是商事法（*lex mercatoria*）⑤、普通法（Common Law）或民法（Civil Law）⑥。然而，现存的后殖民时代中的现代世界秩序非常呆板且协调性有限，需要建立正式的规则和制度来处理经济事务中当代中非关系所代表的规模和复杂性。

本章介绍并批判性地评价了中国通过协议来安排与非洲伙伴的经济关系，以及这些协议中所设计的争端解决机制。"协议"一词从最广泛意义上理解，不仅包括国家间的国际条约，还包括中国国有企业与非洲政府或其他非洲利益集团之间签订的跨国商业和基础设施合同。

本章分为四节：7.2 节根据中非各自以自身经历理解的西方概念，提供了关于对法律和法律制度（law and legal institutions）的认知的文化注解。然后，我们阐述了中非贸易、投资和商业协议中所包含的当代实质性规则，并对各类型协议中所包含的争端解决条款进行了描述和评价（为便于说明，附有最近一些案件的简要介绍）。最后一节简要回顾了前几节的讨论，并提出了一些改进建议。

---

① 2015 年的一份由 Baker & McKenzie 律师事务所发布的报告预测，中国在未来十年左右将在非洲投资 1 万亿美元。参见 H. Warren（2015），"Spanning Africa's Infrastructure Gap：How Is Development Capital-Transforming Africa's Project Build-Out"。

② 对这个问题的全面讨论参见 T. Olawale Elias（1956），*The Nature of African Customary Law*。

③ J. W. Head and Y. Wang（2005），*Law Codes in Dynastic China：A Synopsis of Chinese Legal History in the Thirty Centuries from Zhou to Qing*，pp. 35-50.

④ 对这个问题的全面讨论参见 R. Bhala（2016），*Understanding Islamic Law（Sharia）*。

⑤ 定义参见 Bloomberg Law，https://definations.uslegal.com/l/lex-mercatoria/（*Lex mercatoria* 指的是中世纪欧洲发展起来的一种口头惯例法，由商人法官在整个欧洲统一执行，以裁决商人之间的纠纷）。

⑥ 对这个问题的全面讨论参见 R. David and J. E. C. Brierley（1985），*Major Legal Traditions of the World Today*。

7.2　中非经济合作协议：文化注解

无论采取何种形式，法律强制协议在本质上都是承诺的交换。不同的社会赋予它们的意义可能不同。在西方社会，诸如"天塌下来承诺也必须遵守"这样的文化谚语，通过诸如"口头证据规则"这样的法律原则被强制执行。"口头证据规则"作为一个基本的法律概念，认为书面合同是双方当事人理解的完整部分，排除了所有证明有关合同性质和内容的外来证据。① 有些学者有充分的机会研究东西方利益协议中所涉及的文化细微差别，他们注意到，双方对带有一定娱乐程度的协议或合同有着不同的理解。例如，Philip McConnaughay 曾在东京一家大型美国律所担任过 10 年主管，也曾经担任过几年北京大学国际法学院院长，他写道："在商业交易中的亚洲和西方可能都清楚地了解协议的条款，但对合同的意义和效力仍有（完全）不同的理解。"② 他进一步指出，亚洲人认为合同中的"有关联的"（relational）和西方合同中的"合法的"（legal）含义一样。③ 并且在亚洲文化中，情境和环境因素优先于合同条款和期望，避免冲突和谈判或和解优先于全有或全无的裁决，风俗和习惯（以及其他价值观）优先于成文法。④

前国际法院院长 T. O. Elias 关于非洲和欧洲对法律规则和争端的理解也有类似的观察。他特别强调，"在一个社会中，无论是非洲还是

---

① Wex 法律词典/百科全书是这样描述的："口头证据规则规定了案件当事人能够多大程度上将先前或同时期协议引入法庭作为当前案件的证据，来修改、解释或补充有争议的合同。"该规则排除了对口头证据的接纳。这意味着，当合同各方已经制定并签署了一份完整的书面合同时，先前谈判的证据（称为"口头证据"）将不会被采纳以改变或反驳写进书面合同的内容。可参见：https：//www. law. cornell. edu/wex/parol＿evidence＿rule。

② P. J. Mc Connaughay（2001），"Rethinking the Role of Law and Contracts in East-West Commercial Relations"，*Virginia Journal of International Law*，41：427，440［部分引自 Arthur T. von Mehre（1984），"Some Reflections on Japanese Law"，*Harvard Law Review*，71：1486，1494，n. 25］。

③ Ibid. , p. 443.

④ Ibid.

欧洲，法律的最终目的是确保人类行为的秩序和规律性以及政治体的稳定。在方法上有分歧的地方在于非洲法律在诉讼时有意识地努力调解诉讼中的争议者，而英国法律往往限于解决冲突，仅仅是在争议者之间进行责任分摊"①。因此，根本的区别在于，"非洲的判决是依据协议来进行的，目的是诉诸手段维护社会均衡；欧洲法院的判决在原则上有重大区别，是一种法令判决，目的是强制维护一方的合法权利而完全永久地排斥另一方，无论会对社会均衡造成什么样的影响"②。

在非洲和中国，现有的协议、法律和法律制度的概念可能根植于其传统，但不是纯粹的传统概念。它们在与西方世界的互动中经历了几个世纪的转变，无论是自愿的还是非自愿的，但它们绝不是完全西化的。例如法国著名的比较学家 René David 认为，殖民法在非洲的叠加导致了惯例法的"完全变形"。③ 虽然中国没有完全相同的经历，但随着中国法律的现代化，"法律的儒家化"仍然是其中的一部分。④ 正如 James Nafziger 教授写道，"今天，中国人继续关注礼仪和态度的转变，就像他们致力于快速发展正式法律一样"⑤。

在这种复杂的历史和文化背景下，中国和非洲正试图通过正式协议、法律和法律制度来安排它们的经济关系。以下部分详细介绍了管理中非贸易、投资和其他类型商业互动的现有实质性规范的来源和内容。

---

① T. Olawale Elias (1956)，*The Nature of African Customary Law*，pp. 268-269.

② 同上，引自 A. Philip (1945)，*Report on Native Tribunals*，Ch. IV，pp. 188-192。Elias 进一步指出，"当地的方法倾向于调整社会平衡的干扰，以恢复和平与善意，并以一种互让的互惠方式将两个争论的群体捆绑或重新绑定在一起。欧洲的方法倾向于扩大两个集团之间的差距，即给予其中一个集团所有权利而不给予另一个集团，因为它一般只关心行为和法律原则，而不考虑社会影响。"（同上，引自 Arthur Philip, *Reports on Native Tribunals in Kenya*, p. 176）。

③ R. David and J. E. C. Brierley (1985)，*Major Legal Traditions of the World Today*，p. 561.

④ 这一概念代表了 J. Zimmerman (2010) 在 *China Law Deskbook：A Legal Guide for Foreign-Invested Enterprises*（pp. 36-38）中所描述的孔子学说（"对儒家来说，法律制度是次于道德人的判断的。"）

⑤ J. A. R. Nafziger and R. Jiafang (1987)，"Chinese Methods of Resolving International Trade, Investment, and Maritime Disputes"，pp. 619，624.

7.3　中非经济协议及实质性内容和规范

从法律上分析，中非协议可大致分为贸易协定、投资协定、商业协定和其他类型的协议。2000 年以来，中非经济关系一直在中非合作论坛框架下协调发展。[①] 尽管中非合作论坛成立近二十年了，但似乎没有人努力把它变成正式经济伙伴关系协议。因此，这里讨论的所有类型的协议都必然是独特的和部门化的。

7.3.1　贸易协定

在最普遍的层面上，中国和 47 个非洲成员方在 WTO 的法律框架下进行贸易。[②] 当今世界贸易的多数都是在 WTO 的法律框架内实现的。虽然 WTO 本身是世界秩序中一个相对较新的构成（1995），但"它并不年轻"[③]，因为它是基于关税及贸易总协定从第二次世界大战结束后提出并已经发展了几十年的原则。[④] WTO 由具有约束力的多边条约[⑤]搭建，目的是为商品、服务和知识产权方面的贸易关系处理[⑥]提供"共同的制度框架"，[⑦] 并规定了一些基本的实质性原则，其中最突出的

---

　　① 有关中非经济关系的全面信息，请登录论坛网站 http://www.focac.org/eng/。

　　② WTO 成员列表和地图参见 https://www.wto.org/english/thewto_e/whatis_e/tif_e/org6_e.htm。

　　③ K. C. Kennedy (2008)，*International Trade Regulation*，*Readings*，*Cases*，*Notes*，*and Problems*，p.5.

　　④ 关税及贸易总协定，55 UNTS 194（1947 年 10 月 30 日）。有关关税及贸易总协定和 WTO 的全面资料，可参阅 WTO 官方网站 https://www.wto.org/。学术性评论参见 J. H. Jackson (2000)，*The Jurisprudence of GATT and the WTO：Insights on Treaty Law and Economic Relations*。

　　⑤ 参见 WTO 网站的 "Agreement Establishing the World Trade Organization"，http://www.wto.org/，其中包括约 60 项有关的协定和决定，共 550 页。WTO 的法律文本参见 www.wto.org/english/docs_e/legal_e/legal_e.htm。

　　⑥ WTO 协定，第二条。

　　⑦ 所有这些协定的文本均可在 WTO 的官方网站上查阅。

是：（1）最惠国待遇（MFN）；（2）国民待遇；（3）降低进口关税；
（4）取消配额；（5）与贸易有关的国内法律的透明度。[①]

从技术上讲，中国和非洲的 WTO 成员方正是在这些原则下发展
贸易关系。然而，在现实中，这些原则中许多都被中国与四十多个非
洲国家的单边贸易优惠以及双边贸易协定所取代。[②] 据中国商务部称，
这些贸易优惠和双边贸易协定[③]很可能与 WTO 兼容[④]，为符合条件的
非洲国家提供优惠待遇，包括对几乎所有从非洲进口到中国的产品给
予免税优惠。[⑤] 到目前为止，中国还没有采取通过与非洲的自由贸易协
定来正式确立贸易关系的关键步骤。在撰写本文时，毛里求斯正在第
一次进行这样的尝试。[⑥] 如果这成为现实，中国-毛里求斯自由贸易协
定将标志着中国与非洲国家正式贸易关系的重要一步，如果做得好，
甚至可以为未来提供一种可能的模式。

---

① 参见 K. C. Kennedy（2008）*International Trade Regulation：Readings，Cases，Notes and Problems*，p. 4。

② 资料来源：中国商务部，http://english. mofcom. gov. cn/article/zt _ minister/lanmua/201102/20110207420927. shtml。

③ 虽然区域贸易协定与 WTO 的相容性原则上不是可选的，但是由于对例外情况的广泛解读和缺乏切实的执行，相容性的问题很少被提出。事实上，一些人认为，区域和双边贸易协定中所包含的大量优惠待遇已经将 WTO 的 MFN 原则转变为 LSN（最不惠国待遇）原则。参见咨询委员会向 WTO 总干事提交的报告 S. Panitchpaki（2004），"The Future of the World Trade Organization：Addressing Institutional Challenges in the New Millennium"，p. 60，转载于 K. C. Kennedy（2008）pp. 435-436。

④ 其中一个例子就是 1996 年签订的 Sino-Ethiopian Agreement for Trade，Economic and Technological Cooperation（本协定文本不对外公开，可联系作者获取）。有关中国其他双边贸易协定（不包括任何非洲国家）的资料，请访问 http://www. china. org. cn/business/node _ 7233287. htm # a5，但没有文本。

⑤ 资料来源：中国商务部，http://english. mofcom. gov. cn/article/zt _ minister/lanmua/201102/20110207420927. shtml。

⑥ 参见中国与毛里求斯的自由贸易协定，http://fta. mofcom. gov. cn/enarticle/chinamauritiusen/enmauritius/201712/36683 _ 1. html。（2016 年 11 月，中国和毛里求斯宣布启动自贸协定联合可行性研究，这是中国首次与非洲国家启动联合可行性研究。研究表明，签署自贸协定既符合中毛两国的利益，也将有助于进一步深化中毛双边经贸关系。作为中国与非洲国家的第一个自由贸易区，中毛完成自由贸易不仅有助于进一步扩大中国和毛里求斯双边贸易和投资往来，而且将为转换和升级中非关系注入新的动力，促进"一带一路"倡议在非洲实施。）

7.3.2　投资协定

与国际贸易不同，国际投资不能从多边条约体制中获益。[1] 因此，各国通过双边投资协定来安排投资关系，这些协定通常被称为双边投资条约（BIT）。它本质上是缔约国为了本国国民自然的或者法律上的利益而缔结的互惠承诺。它们为彼此领土内的外国投资者的待遇制定国际规则或引进外部标准。截至撰写本文时，中国已与 35 个非洲国家达成双边投资协定。[2] 在 35 个已达成的协定中，有 16 个已产生效力。[3]

20 世纪 80 年代初，中国随着对外开放，开始缔结双边投资协定，其主要着眼点是吸引北方发达国家的投资。因此，中国在 20 世纪 80 年代签订的 30 份协定中，大部分是与欧洲国家签订的，只有一份是与非洲国家（加纳）签订的。[4] 与大多数发展中国家不同，中国使用了自己的 BIT 模式来推行 BIT 程序，这种模式随着时间的推移发生了很大变化。中国在 20 世纪 80 年代总结的第一代 BIT[5] 模式是不完善的，但包含了一些基本原则，如非歧视原则、最惠国待遇原则、公平公正待遇原则、征用补偿原则，但没有包含国民待遇原则。[6]

中国在 20 世纪 90 年代推出第二代 BIT 模式，增加了一种修正的

---

① 没有多边投资条约的原因是复杂的，这里不打算详细说明；然而，值得注意的是，在权力关系中有一个因素，即经济强国宁愿单独同较不发达国家谈判，而不愿同可能包括发达国家在内的集团谈判。例如，可参见 J. W. Salacuse（2010），"The Emerging Global Regime for Investment"，pp. 427，464。

② UNCTAD 官方网站（http://investmentpolicyhub. unctad. org）上提供了几乎所有 145 个中国 BIT（其中包括 34 个非洲 BIT）的清单和文本。

③ 同上。

④ 列表和协定参见 http://investmentpolicyhub. unctad. org。

⑤ 参见 N. Gallagher and W. Shan（2009），*Chinese Investment Treaties*，p. 35（描述了中国的三代 BIT，以及正在兴起的第四代 BIT）。

⑥ 参见 China-Ghana BIT（12 October 1989）；China-Sweden BIT（29 March 1983）。这里必须指出的是，尽管中国使用了自己的 BIT 文本范本，但范本内部存在显著的差异。最后，对这些 BIT 的一项更仔细的研究得出结论，这些差异并没有显示出某种"南北"或"南南"偏差。参见 W. L. Kidane（2016），"China's Bilateral Investment Treaties with African States in Comparative Context"，pp. 141，175–176。

国民待遇形式。阐释修正的国民待遇条款的一个很好的例子是："缔约一方对缔约另一方投资者的投资，应尽可能按照其法律、法规的规定给予与本国投资者相同的待遇。"① 尽管这一规定包含在一些第二代BIT 中，但它的宽泛规定和有限的使用使它成为一个不显著的区别特征。两代 BIT 之间的主要区别在于争端解决机制（见 7.4 节）。

自 2000 年以来，中国签订的双边投资协定具有现代意义，不仅包括非歧视、最惠国待遇、公平公正待遇等基本原则，而且还包括国民待遇原则。② 这些协定还奉行关于征用③的所谓的赫尔原则（Hull Rule）。④

因此，在法律上，在一些非洲国家的中国投资者，以及在中国的一些非洲投资者，不仅受益于双方国内的投资法，而且受益于 BIT 中所包含的外部或国际待遇标准。

除了源自这些国家间投资协定的保护，在非洲做生意的中国投资者或在中国做生意的非洲人或其他实体，几乎总是通过商业或其他类型的私人协定安排他们的事务，无论缔约另一方是国家机关、机构、国有企业还是纯粹的个人或实体。7.3.3 节简要介绍了这些商业协定。

7.3.3 商业协定（基础设施）

根据 CARI 编制的数据，仅 2016 年，中国企业就签订了价值 500

---

① China-Iceland（31 March 1994），Article 3（3）.

② China-Uganda BIT（27 May 2004）.

③ China-Uganda BIT（27 May 2004），Article 4. 征收：（1）缔约任何一方对缔约另一方的投资者在其领土内的投资不得直接或者间接采取任何征收、国有化或其他产生剥夺效果的措施，除非为了公共利益、是非歧视性的并给予补偿。（2）任何可能采取的剥夺措施应给予迅速的补偿，其数额应等于采取征收或将征收为公众所知的前一刻被征收投资的真实价值，以在先者为准。（3）前述的补偿应不迟于剥夺之日。补偿应包括自征收之日起到付款之日按正常商业利率计算的利息。补偿不应迟延，并可有效兑换和自由转移。

④ 赫尔原则要求"迅速、有效和充分的赔偿"。关于该原则的讨论可参见 F. G. Dawson and B. H. Weston（1962），"'Prompt，Adequate，and Effective'：A Universal Standard of Compensation?"，pp. 727，733-734.

亿美元①的建筑合同。亚巴-吉布提②和内罗毕-蒙巴萨铁路项目都是中国大型铁路项目。③ 从融资到建设、管理和运营，这些项目都需要一系列合同和分包合同。每一份合同都阐明了协议的基本条款、法律选择、裁决法庭选择、仲裁等争端解决的替代机制。

因为这些合同的文本是不公开的，所以不能在这里对其内容进行分析；但有几个基本要点值得强调。首先，虽然这些协定在原则上是公平交易的，但鉴于提供金融资源和专有技术所固有的壁垒，合理预期是，它们在合同的实质性内容和争端解决方面都有体现。其次，主要的国际项目合同通常采用制式合同，例如国际咨询工程师联合会（Fédération Internationale des Ingénieurs-Conseils，FIDIC）发布的样本合同。这些合同规范了合作关系的细节，包括风险分配、索赔程序、重要事件、监督、履约保证金、纠纷解决等等。中国的国际基础设施协定可能会遵循这种或与之类似形式的合同并进行必要的修改。再次，由于大多数项目都是由中国公司提供资金和执行的，可以假定它们在合同条款方面会有一定程度的一致。最后，一些非官方证据表明，至少在部分合同中，中国法律被选为适用法律，争端的解决被提交到位于北京的中国国际经济贸易仲裁委员会（CIETAC）或其他中国仲裁机构。

协定条款是对缔约国之间固有的权力平衡的认知和现实表现，也是两国关系可持续性的极好指标。这是因为它们为精确的权力平衡提供了明确和强有力的证据。

7.3.4　其他类型的协议

中国还与非洲国家签署了其他类型的双边协议，包括司法援助条

---

① 参见 CARI 数据，http://www.sais-cari.org/data-chinese-contracts-in-africa。

② 参见 A. Jacobs（2017），"Joyous Africans Take to the Road, with China's Help"（该项目的报告成本为 40 亿美元）。

③ C. Gaffey（2017），"Kenya Just Opened a ＄4 billion Chinese-Built Railway, Its Largest Infrastructure Project in Fifty Years"（该项目的报告成本为 40 亿美元）。

约、税收和货币条约。中国已与至少 5 个非洲国家缔结了至少 36 项司法协助条约。[1] 这些条约涵盖了以下领域：法院判决执行（36 项中的 33 项）、取证（36 项中的 36 项）、送达程序（36 项中的 28 项）、仲裁（36 项中的 28 项）、信息交换（36 项中的 36 项）、刑事（36 项中的 19 项）和司法记录（36 项中的 1 项）。[2] 中国和埃塞俄比亚于 2018 年 5 月 4 日签署的非司法援助协定[3]就是一个很好的例子。该条约涉及法院判决的相互强制执行（第 21—27 条）、仲裁裁决（第 28—31 条）、送达司法文书（第 9—12 条）和取证（第 13—19 条）等领域。这些规定看起来是标准的，没有明显的特别之处。

截至 2016 年，中国已签署了至少 104 项双边税收协定，其中 14 项是和非洲国家签订的。[4] 这些国家包括博茨瓦纳、埃及、赞比亚、津巴布韦[5]和南非[6]。这些协定致力于税法协调和避免双重征税。[7]

据报道，中国的税收协定是基于 OECD 税收协定范本和联合国税收

---

[1] 条约的批准情况参见 http://www.fmprc.gov.cn/web/ziliao _ 674904/tytj _ 674911/wgdwdjdsfhzty _ 674917/t1215630.shtml。

[2] 有关这些条约的讨论及更多参考资料参见 K. F. Tsang（2017），"Chinese Bilateral Judgment Enforcement Treaties"，pp.1，5-7。

[3] 来自作者存档文件。

[4] 参见中国政府公布的数据，http://www.chinatax.gov.cn/eng/n2367726/c2370422/content.html。

[5] 参见 http://www.internationaltaxreview.com/Article/3120687/New-landscape-ofChinese-tax-treaties.html。

[6] 中国—南非税收条约全文可参阅 http://www.chinatax.gov.cn/n810341/n810770/c1153605/part/1153607.pdf。它的基本任务是消除重复征税的可能性。一项核心条款（第 23 条）规定：

取消双重征税的办法如下：（a）在中国，中国居民从南非的所得，按照本协定规定已缴纳的南非税款，可以在对该居民征收的中国税款中抵扣，但抵扣额不得超过该所得按照中国税收法律、法规计算的中国纳税数额；（b）在南非，根据本协定的规定，南非居民对在中国可转让的财产所支付的中国人的工资，应当从南非法律规定的应缴税款中抵扣，但抵扣额不得超过南非纳税人应负担的总额，抵扣比例应与有关收入与收入总额的比例相同。

[7] 同上。

协定范本。① 虽然这些条约是典范和原则基础，但还是有很大的变化空间。其中一些条约已经引起了对公平性的担忧。②

中国的货币协议看起来也在发展。③ 据报道，安哥拉、加纳、尼日利亚、南非、非洲、津巴布韦和赞比亚等国都使用人民币作为储备货币和结算货币。④ 人民币的使用想必是由协议来规范的，而协议的文本似乎并没有公开。

7.4 中非经济协议中的争端解决

旨在规范两个或两个以上缔约方行为的经济协议，并不总是以双方或所有缔约方所期望和预期的方式来实现其目标。其中有一定比例的协议不可避免地导致分歧，较小比例的协议升级为需要正式解决的法律纠纷。在现代，正式争端的数量往往是经济关系规模和复杂性的一个指标。例如，在开放之前，中国与外国经济实体之间基本没有太多贸易、投资或商业纠纷，因为中国经济处于停滞状态，外国实体在中国做生意的利益有限或根本没有。随着经济的增长，各类经济纠纷呈指数级增长。CIETAC 的待处理案件量的统计数据提供了一个很好的证明。数据显示，在 1985 年，CIETAC 共处理了 37 起案件；到

---

① http://www.internationaltaxreview.com/Article/3120687/New-landscape-of-Chinese-tax-treaties.html

② 例如，可参见 "KRA Says Kenya Risks Losing Billions in China Tax Treaty"，*Daily Nation* (3 December 2017)，https://www.nation.co.ke/business/996-4212418-52miiaz/index.html.（肯尼亚税务官员表示，如果 9 月 21 日在内罗毕签署但尚未执行的协议不修改，该国将面临失去数十亿先令的免税优惠的风险。）

③ 参见 http://www.un.org/africarenewal/magazine/august-2014/chinese-yuan-penetratesafri-can-markets。

④ 同上。

2016 年，这一数字增加到 2 183 起，其中 485 起为涉外案件。[①] 同样，开罗国际商事仲裁区域中心（CRCICA）在过去 10 年中处理的案件数量也有所增加，但幅度较小。例如，2008—2009 年度提交到 CRCICA 的案件总数为 637 件[②]，截止到 2016 年上升到 1 161 件。[③] 随着中非经济关系规模的扩大，争端的数量也会增加。在此提醒，本节重点讨论中非双方在贸易、投资和商业协议中的正式争端解决机制。

7.4.1　贸易

WTO 争端解决机制是当今世界贸易主要的争端解决机制。WTO 有一个详尽的、或许相对成功的争端解决机制。这一体系是 GATT 争端解决机制的产物。[④] WTO 有一个独立的争端解决条约，每个成员都必须加入该条约，这是获得成员资格的条件。它被称为《关于争端解决规则与程序的谅解》（DSU）。[⑤] DSU 的 27 项条款规定了争端解决机制的细节。在不涉及细节的情况下，一个案件首先被提交给争端解决机构（DSB），即联合国大会本身。DSB 还设立了一个专门小组来解决特定争端。除非所有成员一致反对，否则专门小组的决议将被 DSB 采纳。败诉方将有机会向由七人组成的上诉机构上诉。[⑥]

---

① 参见 CIETAC 数据，http://www.cietac.org/index.php? m＝Page&a＝index&id＝40&l＝en。

② CRCICA Annual Report for 2008/9，p. 9，http://crcica.org/FilesEnglish/Annual% 20Report ＿ 2016-10-31 ＿ 08-59-10 ＿ 0.pdf

③ CRCICA Annual Report 2016，p. 4，http://crcica.org/FilesEnglish/Annual% 20Report ＿ 2017-05-31 ＿ 11-51-17 ＿ 0.pdf

④ 对于 GATT 争端解决机制自 1948 年成立至最终纳入 WTO 制度的演变的说明，参见 A. Lowenfeld (2008)，*International Economic Law*，pp. 145-160。对于 GATT 的案例和分析，参见 William J. Davey and Andreas F. Lowenfeld (1991)，*Handbook of WTO/GATT Dispute Settlement*。

⑤ 体现乌拉圭回合多边贸易谈判结果的最后文件（1994 年 4 月 15 日开放供签署），参见 Marrakesh, Morocco, 33 I. L. M 1140-1272 (1994)，"Annex 2, Understanding on Rules and Procedures Governing the Settlement of Disputes（DSU）"。

⑥ 有关上诉机构及其工作情况的信息可在 https://www.wto.org/english/tratop ＿ e/dispu ＿ e/ab ＿ members ＿ descrp ＿ e.htm 获得。

中国自加入 WTO 以来一直是积极的参与者。① 截至撰写本文时，中国已发生 15 起作为原告的案件、39 起作为被告的案件、142 起作为第三方的案件，② 仅次于美国和欧盟。③ 非洲的参与有限，南非是其中案件最多的国家，有 5 起案件是作为被告，7 起是作为第三方。④ 对中国提起贸易诉讼的原告包括加拿大、欧盟、危地马拉、日本、墨西哥和美国。⑤

到目前为止，还没有非洲国家对中国提起贸易诉讼。同样，截至本文撰写时，中国尚未在 WTO 体系内对任何非洲国家提起贸易诉讼。⑥ 鉴于中国给予非洲国家的贸易额和单方优惠，这并不令人惊讶。随着贸易关系规模和复杂性的增长，争端很可能会出现，而一旦出现争端，WTO 机制仍对所有成员开放。

7.4.2　投资

中国与非洲国家的所有 BIT 都提供了投资者-国家仲裁和国家间仲裁。自 1989 年第一次中非 BIT（即中国-加纳 BIT）以来，这些条款已经发生了重大变化。作为中国第一代 BIT 的一部分，该 BIT 仅对国际仲裁的赔偿额进行了限制。⑦ 该 BIT 不允许对征用合法性进行仲裁，也不允许对任何违反限制进入国内法律程序的实质性条约保护进行指控。⑧

---

① 自 1995 年以来的所有案件的摘要可在 https://www.wto.org/english/res_e/publications_e/dispu_settlement_e.htm 获得。

② 参见 WTO 案例数据库，https://www.wto.org/english/tratop_e/dispu_e/dispu_by_country_e.htm。

③ 参见 WTO 案例数据库，https://www.wto.org/english/tratop_e/dispu_e/dispu_by_country_e.htm（美国有 115 起是原告，135 起是被告，142 起是第三方；欧盟有 97 起是原告，84 起是被告，169 起是第三方）。

④ 参见 WTO 案例数据库，https://www.wto.org/english/tratop_e/dispu_e/dispu_by_country_e.htm。

⑤ 同上。

⑥ 同上。

⑦ China-Ghana BIT (1989)，art. 10，http://investmentpolicyhub.unctad.org/Download/TreatyFile/737.

⑧ Ibid.

中国的第二代 BIT（包括 1994 年与非洲国家例如埃及达成的 BIT）对争端解决方案做了微小的修改，对可仲裁性做出了数量上的限制，但（当各方在法庭主席人选上存在分歧时）允许国际投资争端解决中心（ICSID）秘书长行使默认任命权。①

最现代的中国与非洲国家的 BIT 对可仲裁性没有限制。2006 年中国-突尼斯的 BIT 就是一个很好的例子。② 它在相关部分做了以下说明：

第九条 投资者与缔约一方之间争议的解决

（1）缔约一方与缔约另一方投资者之间有关投资的任何争议，应尽可能通过友好协商解决。

（2）如果争议在任何一方提出争议之日起 6 个月内不能通过谈判友好解决，应提交到提出争议之缔约方的主管法院；或根据 1965 年 3 月 18 日在华盛顿缔结的《关于解决国家与其他国家国民之间投资争端公约》提交到国际投资争端解决中心；一旦投资者将争议提交到相关缔约方管辖或国际投资争端解决中心，该程序将是最终选择。③

这个 BIT 是中国最近的争端解决方案。虽然中国在 1991 年成为 ICSID 的成员，但直到最近才成为积极的参与者。事实上，自 ICSID 成立以来，在所有 ICSID 案件中，约有 20％涉及非洲国家，④ 而中国仅在 3 起案件中作为被告出现。自 ICSID 成立以来，中国发起了两起诉讼。⑤

---

① China-Egypt BIT（1994），art. 9，http://investmentpolicyhub. unctad. org/Download/Treaty-File/730.

② China-Tunisia BIT（2006），http://investmentpolicyhub. unctad. org/Download/Treaty-File/788.

③ China-Tunisia BIT（2006），art. 9，http://investmentpolicyhub. unctad. org/Download/TreatyFile/788.

④ ICSID Caseload Statistics Special Focus Africa（May 2017），https://icsid. world-bank. org/en/Documents/resources/ICSID％ 20Web％ 20Stats％ 20Africa％ 20（English）％ 20June％202017. pdf.

⑤ UNCTAD Database，http://investmentpolicyhub. unctad. org/ISDS/CountryCases/42? partyRole＝2.

这表明，尽管投资活动活跃，但中国二十多年来一直能够避免投资诉讼。与中国不同，许多非洲国家尽管投资额更低，但未能避免针对它们的投资诉讼。最近的中非投资关系到目前为止还没有出现正式的投资者和国家之间的争端，但是一些基础设施项目已经产生了争端，7.4.3 节讨论了这些类型的商业纠纷解决方式。

7.4.3　商业（基础设施、贷款协议等）

所有类型的跨国商业协定都有关于争端解决方式的规定。在现代，解决争端的首选方式是国际仲裁。在发展中国家（如中国和大多数非洲国家）的司法程序产生的合同关系中尤其如此。如前所述，国际仲裁作为解决商业争端的一种手段，在中国和非洲呈指数级增长。这在很大程度上是因为通过《纽约公约》，来自不同国家的当事人可以避免司法问题和地方狭隘主义，并有可能获得可以在多个国家执行的裁决。[1]但是，要成为一种可靠的解决争端的方法，国际仲裁的结构必须公平。

过去，非洲与北方发达国家在国际仲裁方面的地位是不平等的，案件由非非洲仲裁员在非洲以外进行仲裁，[2] 这主要是由于非洲在经济和政治上的从属地位，甚至在后殖民时期也是如此。由于中非之间的合同（基础设施、贷款等）大多是不公开的，仲裁地的选择、法律的选择、仲裁员的任命方式等方面的公平性和平等性难以评估。人们都希望这些选择基于公平和公正的原则，包括决策者和管理这些程序的机构的公正和独立，而不是基于经济等级制度。

7.5　其 他 协 议

一个显著的归属于其他协议的例子是中国与非洲国家的税收协定。

---

[1]　《承认及执行外国仲裁裁决公约》（也称为《纽约公约》）（1958）目前有 157 个缔约国。文本和全面的信息可见于 http://www. newyorkconvention. org/。

[2]　W. L. Kidane（2017），*The Culture of International Arbitration*.

中国-南非税收协定就是一个例子。该条约有自己的争端解决条款，但它所设想的只是国内的行政程序和可能的司法程序。该条约的有关规定如下：

第二十五条　双方协议程序

1. 在缔约国的居民认为，缔约国一方或双方的行为结果可能会使他在税收方面不符合本协议的规定，无论那些国家的国内法律所提供的补救措施为何，他可以将他的案件提交到他作为居民的缔约国主管当局，或者如果其案件符合第 24 条第 1 款的规定，可以提交到他作为公民的缔约国主管当局。其案件必须在不符合本协定规定的应税行为的第一次通知之日起 3 年内提出。

2. 当异议看起来合理时，如果不能够得到一个满意的解决方案，为了避免产生不符合本协议规定的税收，主管当局应努力与缔约国另一方主管当局相互协商解决。

3. 缔约国双方主管当局应努力通过协议解决在解释或实施本协定时所发生的困难或疑问。在本协定未作规定的情况下，它们还可以就消除双重征税进行协商。

4. 缔约国双方主管当局为达成第 2 款和第 3 款的协议，可以相互直接联系。在需要达成协议时，缔约国主管当局的代表可开会口头交换意见。①

中国似乎已经对非洲以外的其他经济伙伴使用了完全相同的模式。② 这些条约不为个体纳税人提供国际仲裁。与 BIT 不同的是，它们也不预设国与国之间就违反协议条款的行为进行仲裁。因此，据推测，如果发生争端，受害国在取得同意的条件下，其选择似乎仅限于向国

---

① Double Taxation Agreement between China and South Africa，art. 25，http：//www. dezshira. com/library/treaties/double-taxation-agreement-between-china-and-south-africa-3652. html.

② Double Taxation Agreement between China and Malaysia，http：//www. chinatax. gov. cn/n810341/n810770/c1153105/part/1153106. pdf.

际法庭寻求司法解决。[①]

"一带一路"倡议

The Economist 杂志 2017 年 8 月 3 日纸质版的一篇文章很好地描述了"一带一路"倡议的经济规模和地理范围：

> 中国于 2013 年推出的"一带一路"倡议，简称 OBOR，分为两部分。"一带"从中国到欧洲，是古老的丝绸之路贸易路线，"一路"指的是古代的海上路线。"一带一路"将覆盖 65 个国家，迄今为止，从巴基斯坦的公路到泰国的铁路，中国已在项目上投资了逾 9 000 亿美元。西方跨国公司发现了一个大机会，正在沿着这个项目向中国企业出售数十亿美元的设备、技术和服务。[②]

同一篇文章引用了可信的资料，指出大约 87% 的项目是由中国公司执行的。[③]"一带一路"倡议直接涉及了一些非洲国家，主要是埃及、埃塞俄比亚、摩洛哥、南非等。[④]

根据中国政府公布的数据，截至 2017 年 5 月举行的"一带一路"国际合作高峰论坛，中国和 67 个国家签署了 270 项"一带一路"倡议相关协议。这些协议的细节并不公开。[⑤] 可以确定的是，中方已经制定

---

①　国际法庭的管辖权是基于同意的，但是，在有些情况下，国际法庭可以基于事先存在的许可而具有强制管辖权。关于管辖权的基础参见国际法庭官方网站 http://www.icj-cij.org/en/basis-of-jurisdiction。

②　*The Economist*（2017），"Western Firms Are Coining It along China's One Belt，One Road"，电子版参见 https://www.economist.com/news/business/21725810-general-electricgot-23bn-orders-infrastructure-project-last-year-western-firms。

③　同上。（由战略与国际研究中心运营的"重新连接亚洲项目"整理的一个开放源代码信息数据库显示，86% 的一带一路项目有中国承包商，27% 有本地承包商，只有 18% 有外国承包商。）

④　参见香港贸易发展局（HKTDC）调查，http://china-trade-research.hktdc.com/business-news/article/The-Belt-and-Road-Initiative/The-Belt-and-Road-Initiative-CountryProfiles/obor/en/1/1X000000/1X0A36I0.htm。

⑤　参见 W. Gang（2017），"China Touts More Than 270 Belt and Road Agreements"，https://www.caixinglobal.com/2017-05-15/101090756.html。

了具体的实施计划，并已开始签署合作协议。① 由于"一带一路"倡议是一个相当新的倡议，迄今为止，它产生的法律文书主要是行动计划、宣言和类似的所谓"软性法律"② 工具。③ "一带一路"沿线标准协调行动计划（2015—2017）就是一个例子。④ 该行动计划设想签署标准化合作协议。⑤ 例如，中埃"一带一路"合作五年规划设想在错综复杂的合作协议、条约、合同等框架下，实现更广泛、持久的经济合作。"在进一步的行动中，两国将寻求扩大在产能方面的合作，同时加强双边投资，发展中埃苏伊士经贸合作区，以及培养各自金融机构和企业之间的金融合作。"⑥ 这展示了法律关系的复杂性。

随着项目的成型和成熟，以及行动计划进入执行阶段，越来越多

---

① 参见 HKTDC 网站 http://china-trade-research. hktdc. com/business-news/article/The-Belt-andRoad-Initiative/The-Belt-and-Road-Initiative-Implementation-Plans-and-Cooperation-A-greements/obor/en/1/1X3CGF6L/1X0A3857. htm。

② *Black's Law Dictionary*（2004）将"软性法律"定义为"既不具有严格约束力也不完全缺乏法律意义"的集体规则。关于软性法律与硬性法律的学术讨论，参见 G. C. Shaffer and M. A. Pollack（2010），"Hard Law vs. Soft Law: Alternatives, Complements, and Antagonists in International Governance"。

③ 参见 HKTDC, The Belt and Road Initiative: Implementation Plans and Cooperation A-greements（10 January 2018），http://china-trade-research. hktdc. com/business-news/article/The-Belt-and-Road-Initiative/The-Belt-and-Road-Initiative-Implementation-Plans-and-Coopera-tion-Agreements/obor/en/3/1X3CGF6L/1X0A3857. htm。

④ http://china-trade-research. hktdc. com/business-news/article/One-Belt-One-Road/Ac-tionPlan-for-Harmonisation-of-Standards-Along-the-Belt-and-Road-2015-2017/obor/en/1/1X3CGF6L/1X0A443L. htm。

⑤ 同上。报告中特别提道："作为行动计划的一部分，中国希望就该标准深化互利合作，并与'一带一路'沿线许多重要国家达成共识。这将包括与蒙古、俄罗斯、哈萨克斯坦、越南、柬埔寨、泰国、马来西亚、新加坡、印度尼西亚、印度、埃及和苏丹等国家标准机构以及海湾合作委员会成员（如沙特阿拉伯）签署合作协议。在许多基础设施行业，如电力、铁路、船舶、航空和航天工业，以及新兴产业的节能环保、新一代信息技术、智能交通、高端装备制造、生物技术、新能源和新材料，中国将邀请'一带一路'沿线主要国家研究所需的国际标准。目标是共同制定国际标准，并提高这些标准的国际化水平。"

⑥ HKTDC, "China and Egypt Announce Five-Year Plan for Strengthening their Compre-hensive Strategic Partnership"（21 January 2016），http://china-trade-research. hktdc. com/busi-nessnews/article/One-Belt-One-Road/China-and-Egypt-Announce-Five-Year-Plan-for-Strengthen-ingtheir-Comprehensive-Strategic-Partnership/obor/en/1/1X3CGF6L/1X0A52O6. htmv。

的各种协议有望在未来几年公开，允许学术查阅。

7.6　结　　论

中国利用现代的和正式的法律协议来安排与非洲国家的经济关系，这其中既有现代的一面，也有历史文化的一面。在所有达成整体理解和交换暂时性承诺的文书（如宣言、行动计划和谅解备忘录）中，正式的、具有法律约束力的协议似乎起着次要作用。为了说明这一点，我们可以看到，中非经济论坛这一经济合作的主要平台与 18 年前的平台没有任何变化，也没有形成任何正式经济伙伴关系协议的迹象。在西方主导的经济活动中，作为一种文化实践，正式的规则和制度先于主要的活动和项目。虽然正式规则和非正式方法的成功率需要更深入的科学研究，但缺乏正式性和透明度似乎影响了公众对公平和可预测性的看法。

无论如何，本章从贸易、投资和商业这三个广泛分类的领域讨论了中国的协议和争端解决。在贸易往来中，中国和大部分非洲贸易伙伴是在 GATT/WTO 法律框架下的多边贸易体系中运作的。它们不仅共享基本的实体规则和原则，而且共享 DSU 下的争议解决机制。然而，更重要的是，中国与四十多个非洲国家有双边贸易协定。可以认为四十多项双边条约提供了比 WTO 互惠条件下更为有利的贸易条件和让步。此外，中国似乎经常在双边条约之外向许多非洲国家提供单边贸易优惠。

投资法律框架更加系统化，主要是因为 BIT 和国内的投资法使它们发挥作用，或者在没有它们的情况下对投资进行监管。投资法的持久性和对私人利益的参与，使决策者能够确保投资法框架的相对稳定性、持久性和透明度。与其他任何地方一样，以 BIT 为主导的中非投资机制似乎也具有上述一些特点，尽管许多双边投资协定需要作出重大修改，以实现实质性规则和争端解决领域的现代发展。

在商业领域，法律方面的情况更为分散。实体法规则来自当事方在每一个案中所选择的国内合同法。然而，在争端解决方面，许多中非协议和大多数其他跨国协议一样，选择国际仲裁作为解决争端的首选方式。《纽约公约》的可行性使得国际仲裁成为解决争端的首选手段，因为它避免了管辖权障碍，并在没有同等的条约来执行法院判决的情况下提高了执行法院判决的可能性。然而，如上所述，除非有公平的结构来确保决策者以及被选择来进行管理的机构的公正和独立，国际仲裁可能成为不公正甚至滥用权力的根源。

最后，当中国和非洲试图增加它们的贸易、投资和商业互动时，它们需要在"一带一路"倡议或其他方面确保避免权力关系中经常出现的不平等，不仅因为这些不平等不符合道德标准，还因为这是维持两方关系持久性的唯一途径。

))) 参考文献

Bhala，R.（2016）*Understanding Islamic Law*. Durham，NC：Carolina Academic Press.

Black's Law Dictionary（2004）"Soft Law". Eagan，MN：Thomson Reuters.

Brautigam，D.（2009）*The Dragon's Gift：The Real Story of China in Africa*. New York：Oxford University Press.

Cairo Regional Centre for International Commercial Arbitration（CRCICA）（2016）"CRCICA Annual Report 2008—2009"，http://crcica. org/FilesEnglish/Annual%20Report_2016-10-31_08-59-10_0. pdf.

Cairo Regional Centre for International Commercial Arbitration（CRCICA）（2017）"CRCICA Annual Report 2016"，https://crcica. org/FilesEnglish/Annual%20Report_2017-05-31_11-51-17_0. pdf.

China-Africa Research Initiative（2017）"China-Africa Annual Trade Data"， http：//www. sais-cari. org/data-china-africa-trade/.

China-Africa Research Initiative （2017） "China-Africa FDI Data"，May，http：//www. sais-cari. org/chinese-investment-in-africa.

China-Africa Research Initiative （2018） "Chinese Contracts in Africa"，January，http：//www. sais-cari. org/data-chinese-contracts-in-africa.

China-Africa Research Initiative （2018） "Chinese Loans to African Governments"，August，http：//www. sais-cari. org/data-chinese-loans-and-aid-to-africa.

China and International Economic and Trade Arbitration Commission （CIETAC） （2015） "CIETAC Annual Caseload"，http：//www. cietac. org/index. php？ m＝Page&a＝ index&id＝40&1＝en.

China. org （2018） "China's Free Trade Agreements"，http：//www. china. org. cn/business/node ＿ 7233287. htm＃a5.

Davey，W. J. and A. F. Lowenfeld （1991） *Handbook of WTO/GATT Dispute Settlement*. Ardlsey，NY：Transnational Publishers.

David，R. and J. E. C. Brierley （1985） *Major Legal Systems in the World Today*. London：Stevens and Sons.

Dawson，F. G. and B. H. Weston （1962） "Prompt，Adequate and Effective：A Universal Standard of Compensation?" *Fordham Law Review*，40（4），https：//ir. lawnet. fordham. edu/flr/vol30/iss4/4/.

Dollar，D. （2016） *China's Engagement with Africa：From Natural Resources to Human Resources*. Washington，DC：The Brookings Institution.

Gaffey，C. （2017） "Kenya Just Opened a ＄4 Billion Chinese-Built Railway，its Largest Infrastructure Project in 50 Years" *Newsweek*，［online］31 May，https：//www. newsweek. com/kenya-railway-china-madaraka-express-618357.

Gallagher，N. and W. Shan （2009） *Chinese Investment Treaties*. Oxford International Arbitration Series. New York：Oxford University Press.

Gang，W. （2017） "China Touts More Than 270 Belt and Road Agreements"，*Caixin*，https：//www. caixinglobal. com/2017-05-15/101090756. html.

Head，J. W. and Y. Wang （2005） *Law Codes in Dynastic China：A Synopsis of Chinese Legal History in the Thirty Centuries from Zhou to Qing*. Durham，NC：Carolina Academic Press.

HKTDC Research （n. d. ） "The Belt and Road Initiative：China Country Profile "，http：//china-trade-research. hktdc. com/business-news/article/The-Belt-and-Road-Initiative/The-Belt-and-Road-Initiative-Country-Profiles/obor/en/1/1X000000/

1X0A36I0. htm.

HKDTC Research (n. d.) "China and Egypt Announce Five-Year Plan for Strengthening their Comprehensive Strategic Partnership", http://china-trade-research. hktdc. com/business-news/article/The-Belt-and-Road-Initiative/China-and-Egypt-Announce-Five-Year-Plan-for-Strengthening-their-Comprehensive-Strategic-Partnership/obor/en/1/1X000000/1X0A52O6. htm.

HKDTC Research (2015) "Action Plan for Harmonisation of Standards along the Belt and Road (2015—2017)", http://china-trade-research. hktdc. com/business-news/article/One-Belt-One-Road/Action-Plan-for-Harmonisation-of-Standards-Along-the-Be-lt-and-Road-2015-2017/obor/en/1/1X3CGF6L/1X0A443L. htm.

HKDTC Research (2018) "The Belt and Road Initiative: Implementation Plans and Co-operation Agreements", http://china-trade-research. hktdc. com/business-news/article/The-Belt-and-Road-Initiative/The-Belt-and-Road-Initiative-Implementation- Plans-and-Cooperation-Agreements/obor/en/1/1X3CGF6L/1X0A3857. htm.

International Centre for Settlement of Investment Disputes (2017) "The ICSID Caseload Statistics: Special Focus Africa (May 2017)", https://icsid. worldbank. org/en/Documents/resources/ICSID％20Web％20Stats％20Africa％20 (English)％20June％202017. pdf.

International Court of Justice (n. d.) "Basis of the Court's Jurisdiction", http://www. icj-cij. org/en/basis-of-jurisdiction.

Jackson, J. H. (2000) *The Jurisprudence of GATT and the WTO: Insights on Treaty Law and Economic Relations*. Cambridge: Cambridge University Press.

Jacobs, A. (2017) "Joyous Africans Take to the Rails, with China's Help", *The New York Times*, 7 February, https://www. nytimes. com/2017/02/07/world/africa/africa-china-train. html.

Kennedy, K. C. (2008) *International Trade Regulation: Readings, Cases, Notes, and Problems*. New York: Aspen Publishers.

Kidane, W. L. (2016) "China's Bilateral Investment Treaties with African States in Comparative Context", *Cornell International Law Journal*, 49(1), https://scholarship. law. cornell. edu/cilj/vol49/iss1/5/.

Kidane, W. L. (2017) *The Culture of International Arbitration*, New York, NY: Oxford University Press.

Legal Information Institute (n. d.) "Parol Evidence Rule", https://

www. law. cornell. edu/wex/parol _ evidence _ rule.

Lowenfeld，A.（2008）*International Economic Law*，2nd edn. New York：Oxford University Press.

McConnaughay，P. J.（2001）"Rethinking the Role of Law and Contracts in East-West Commercial Relations"，*Virginia Journal of International Law*，41（427），https://heinonline. org/HOL/LandingPage？ handle ＝ hein. journals/va-jint41&div＝21&id＝&page＝.

Mehre，A. T. von（1984）"Some Reflections on Japanese Law"，*Harvard Law Review*，71(25)：1486-1494.

Ministry of Commerce of the People's Republic of China（2011）"China-Africa Economic and Trade Cooperation"，http://english. mofcom. gov. cn/article/zt _ minister/lanmua/201102/20110207420927. shtml.

Ministry of Commerce of the People's Republic of China（2017）"China's Free Trade Agreements"，http://fta. mofcom. gov. cn/enarticle/chinamauritiusen/en-mauritius/201712/36683 _ 1. html.

Ministry of Foreign Affairs of the People's Republic of China（n. d. ）"China's Foreign Judicial Assistance and Extradition Treaty"，https://www. fmprc. gov. cn/web/ziliao _ 674904/tytj _ 674911/wgdwdjdsfhzty _ 674917/t1215630. shtml.

Modern Power Systems（2016）"The Chinese in Africa：An Electrifying Story"，http://www. modernpowersystems. com/features/featurethe-chinese-in-afri-ca-an-electrifying-story-4991516/.

Mukeredzi，T.（2014）"Chinese Yuan Penetrates African Markets"，*Africa Renewal*，August，https://www. un. org/africarenewal/magazine/august-2014/chinese-yuan-penetrates- african-markets.

Nafziger，J. and R. Jiafang（1987）"Chinese Methods of Resolving International Trade，Investment，and Maritime Disputes"，*Willamette Law Review*，23(69)：619-624.

Olawale Elias，T.（1956）*The Nature of African Customary Law*. Manchester：Manchester University Press.

Panitchpakdi，S.（2004）"The Future of the WTO：Addressing Institutional Challenges in the New Millennium"，World Trade Organization，Geneva.

Phillips，A.（1945）*Report on Native Tribunals*. London：Gerald Duckworth.

Pilling，D. （2017） "Chinese Investment in Africa：Beijing's Testing

Ground", *Financial Times*, 13 July, https://www.ft.com/content/0f534aa4-4549-11e7-8519-9f94ee97d996.

Salacluse, J. W. (2010) "The Emerging Global Regime for Investment", *Harvard International Law Journal*, 51(2): 427-473.

Schaffer, G. C. and M. A. Pollack (2010) "Hard vs. Soft Law: Alternatives, Complements and Antagonists in International Governance", *Minnesota Law Review*, 94: 706-799.

Scissors, D. (2018) "China Global Investment Tracker", American Enterprise Institute, http://www.aei.org/china-global-investment-tracker/.

Smith, D. (2015) "China Denies Building Empire in Africa", *The Guardian*, 12 January, https://www.theguardian.com/global-development/2015/jan/12/china-denies-building- empire-africa-colonialism.

Snow, P. (1988) *The Star Raft: China's Encounter with Africa*. New York: Grove Press.

The Economist (2017) "Western Firms Are Coining It along China's One Belt, One Road", 3 August, https://www.economist.com/business/2017/08/03/western-firms-are-coining-it-along-chinas-one-belt-one-road.

The Guardian "Next Stop the Red Sea: Ethiopia Opens Chinese-Built Railway to Djibouti", [online] 5 October 2016, Available at: https://www.theguardian.com/world/2016/oct/06/next-stop-the-red-sea-ethiopia-opens-chinese-built-railway-to-djibouti.

Taylor, I. (2006) *China and Africa: Engagement and Compromise*. London: Routledge.

Tsang, K. F. (2017) "Chinese Bilateral Judgment Enforcement Treaties", *Loyola of Los Angeles International and Comparative Law Review*, 40(1): https://digitalcommons.lmu.edu/cgi/viewcontent.cgi? referer = https://www.google.com/&httpsredir=1&article=1744&context=ilr.

United Nations Conference on Trade and Development (UNCTAD) (1989) "China-Ghana BIT", http://investmentpolicyhub.unctad.org/IIA/country/42/treaty/906.

United Nations Conference on Trade and Development (UNCTAD) (1994) "China-Egypt BIT", http://investmentpolicyhub.unctad.org/IIA/country/42/treaty/894.

United Nations Conference on Trade and Development (UNCTAD) (2004) "China-Tunisia BIT", http://investmentpolicyhub.unctad.org/IIA/country/42/

treaty/983.

USLegal. com（n. d. ）"Lex Mercatoria"，https：//definitions. uslegal. com/l/lex-mercatoria/.

Warren，H.（2015）"Spanning Africa's Infrastructure Gap：How Development Capital Is Transforming Africa's Project Build-Out"，The Economist Corporate Network Report，Baker & Mackenzie，http：//ftp01. economist. com. hk/ECN_papers/Infrastructure- Africa.

World Trade Organization（n. d. ）"Members and Observers of the WTO"，https：//www. wto. org/english/thewto_e/whatis_e/tif_e/org6_e. htm.

World Trade Organization（n. d. ）"Appellate Body Members. " Available at：https：//www. wto. org/english/tratop_e/dispu_e/ab_members_descrp_e. htm.

World Trade Organization（n. d. ）"Dispute Settlement：Disputes by Member. " Available at：https：//www. wto. org/english/tratop_e/dispu_e/dispu_by_country_e. htm.

World Trade Organization（2017）"WTO Dispute Settlement：One-Page Case Summaries（1995—2016）"，https：//www. wto. org/english/res_e/publications_e/dispu_settlement_e. htm.

Zimmerman，J.（2010）*China Law Deskbook：A Legal Guide for Foreign-invested Enterprises.* 3rd edn. Chicago，IL：American Bar Association.

协议

Agreement between the Government of the People's Republic of China and the Government of Malaysia for the Avoidance of Double Taxation and the Prevention of Fiscal Evasion with Respect to Taxes on Income，opened for signature 23 November 1985，entered into force 1 January 1987.

Agreement between the Government of the People's Republic of China and the Government of The Republic of South Africa for the Avoidance of Double Taxation and the Prevention of Fiscal Evasion with Respect to Taxes on Income，opened for signature 25 April 2000，entered into force 1 January 2001.

China and Zimbabwe Signed Tax Treaty，opened for signature 4 December 2015，entered into force 29 September 2016.

The Convention on the Recognition and Enforcement of Foreign Arbitral Awards（New York Convention），opened for signature 10 June 1958，entered into force 7 June 1959.

Final Act Embodying the Results of the Uruguay Round of Multilateral Trade Negotiations, opened for signature 15 April 1994, entered into force 1 January 1995.

General Agreement on Tariffs and Trade 1947, 55 UNTS 194, opened for signature 30 October 1947, entered into force 1 January 1948.

Marrakesh Agreement Establishing the World Trade Organization, opened for signature 15 April 1994, entered into force 1 January 1995.

Sino-Ethiopian Agreement for Economic and Technological Cooperation, 1996.［协议文本尚未公开。］

第 8 章　中非之间的劳工制度和工作场所冲突

(Carlos Oya)

8.1　概述：工作场所冲突和经济转型

在烈日下，一名中国工头戴着一顶大草帽，指导一个由五名安哥拉工人组成的小组对安哥拉的一条新人行道做最后的修饰。另一群工人围着一名身穿蓝色制服的中国雇员，他正在分发工资单，工人们将工资单拿到建筑工地尽头的一个锡棚里签字。附近，一名安哥拉工人正在操作一台大型平地机，旁边坐着的一名中国工人神情紧张地看着他的每一个动作。在更远的埃塞俄比亚，一名中国工厂经理在几条生产线周围走来走去，向一名埃塞俄比亚生产线主管下达指令，与此同时，数十名年轻女性正忙着将零布料缝制成裤子。其中一条生产线落后了，并干扰了其他生产线的工作流。另一位中国主管让一群工人迅速到餐厅吃午饭，他边做手势边用阿姆哈拉语说了几个基本的单词。

在许多非洲国家，这种工作场所的接触正变得越来越普遍。中非工人在建筑工地和工厂里共同工作的景象已成为许多有关中非关系报道的一个重要方向。这些景象的共同之处在于，在非洲结构转型是否势在必行的辩论如火如荼之际，非初级产业出现了新的就业机会。中国和许多其他亚洲企业在非洲许多地区投资制造业和建筑业所带来的机会非常明显，尽管官方统计数据描绘的非洲经济图景仍以农业为基础。

自 21 世纪初以来，中国对撒哈拉以南非洲地区的对外直接投资大幅增长（见第 2 章）。其中很大一部分投资来自制造业和服务业的中型企业，这些企业往往面向国内市场（McKinsey，2017；Shen，2015；见第 9 章）。与此同时，中国建筑公司在非洲的业务蓬勃发展，速度甚至更惊人。非洲在住宅和基础设施投资方面的结构性繁荣吸引了大量中国企业，其中大多数是国有企业。因此，撒哈拉以南非洲地区是中国建筑企业的第二大海外市场，规模达 406 亿美元（Wolf and Cheng，2018）。截至 2017 年，在非洲建筑市场排名前 250 名的国际承包商中，中国承包商占了近 60%。事实上，中国建设项目的价值和合同收入远远超过了中国对非洲大陆的对外直接投资流量（甚至存量），达到接近 450 亿美元；相比之下，截止到 2015 年，中国对非洲大陆的对外直接投资存量仅为 300 亿美元（Wolf and Cheng，2018）。

虽然不同的子部门和建筑类型有不同的劳动强度，但毫无疑问，工业投资和建筑项目的扩大在整个非洲经济中创造了大量的非农业就业机会。因此，越来越多的中国企业，以及来自其他国家，特别是中东和亚洲的企业，正在逐步为非洲产业劳动力队伍的建设作出贡献（Oya，2019）。然而，许多新闻报道关注的是中国工人在非洲大陆的出现。还有很多关于不符合标准的工作条件以及中国是否输出了糟糕的劳工实践的讨论（Baah and Jauch，2009；Shelton and Kabemba，2012）。

　　本章的目标如下：第一，批判性地讨论关于中国企业在非洲创造就业、工作条件和技能发展等方面的流行说法，以及提出对这些现实的另一种经验上更细致入微的观点。第二，提出一个劳动制度分析框架和不同的研究问题，了解影响劳工结果（labour outcomes）的全球、国家和地方力量的交互作用，质疑在劳动关系方面所通常假定的"中国例外论"，更好地了解中国企业在非洲所处行业的工作关系。第三，通过新出现的个案研究，说明不同国家和部门是如何产生不同的劳工行为的，强调部门和背景的特殊性、管理做法和当地（非洲）机构在决定劳工结果方面的重要性。

8.2　中非劳工冲突：主导与新兴 问题和相关争论

　　关于中国企业在非洲的就业影响的研究和新闻报道越来越多。虽然中国由于对非洲基础设施建设的贡献而被视为一个受欢迎的合作伙伴，[①] 但来自中国的雇主却没有这么受欢迎（Sun，2017）。尽管关于中国企业在非洲的劳工影响的研究仍处于起步阶段，但在媒体报道、一些学术出版物以及在商业和政府环境中采访不同类型的受访者时，通常会发现有三种常见的看法。第一种是，大部分中国企业经常雇用大量中国工人，而这些岗位本应属于非洲工人。第二种是，在非洲的中国企业工作条件不符合标准。第三种是，中国企业进行的是有限的本地化，发展当地工人技能的努力非常有限。我们将依次讨论这些看法，并与现有的最佳证据进行比较。

---

　　① https://edition.cnn.com/2016/11/03/africa/what-africans-really-think-of-china/index.html

8.2.1 劳动力本地化：中国企业依赖中国劳动力吗？

在就业创造和本地化的问题上，普遍的看法是中国企业更多地依赖中国劳动力，雇用当地劳动力的数量有限（French，2014）。其中一个极端的版本是一些流传已久的关于中国在非洲建筑工地使用中国囚犯的荒诞故事。① 然而，与此类似的故事仍在被记者甚至研究人员不断重复（一些例子参见 Sautman and Yan，2016）。幸运的是，虽然这样的说法在不知情的评论家、公司经理、记者甚至一些非洲政府官员中持续存在（正如我们 2016—2017 年在安哥拉和埃塞俄比亚调研中所遇到的那样），但由于相反的证据越来越多，这种看法现在受到了更广泛的质疑。②

由 SAIS-CARI 汇编的更可靠的在非洲的中国工人数据显示，中国在非洲的工人数量显著增加，从 2001 年的近 47 000 人增长到 2016 年的 227 000 人，2015 年达到了超过 263 000 人的峰值。其中，中国工人在撒哈拉以南非洲地区的比例一直在稳步下降，从 2011 年 78％的峰值降至 2016 年的仅 58％；相比之下，北非的中国工人比例较高，本地化程度较低。从绝对数量来看，在经历了多年的增长之后，撒哈拉以南非洲地区的中国工人数量下降了近 20％，这一迹象表明，无论是从绝对数量还是从相对数量来看，劳动力本地化程度都在提高。③

已有的一些调查和大量的具体案例研究表明，劳动力本地化的水平（非洲工人在驻非中国企业中的比例）很高，并且在过去 10 年中在几个国家不断攀升。关于劳动力本地化程度的最新和最全面的证据来

---

① 这个奇怪的说法可以追溯到 1991 年《纽约时报》的一个专栏（https://www.nytimes.com/1991/05/11/opinion/l-china-has-used-prison-labor-in-africa-540291.html），也可参见 Brautigam 的博客（http://www.chinaafricarealstory.com/2010/08/is-chinasending-prisoners-to-work.html）。

② https://www.reporting-focac.com/5-china-africa-myths.html

③ 所有这些计算都是基于 SAIS-CARI 提供的数据分析，参见 http://www.saiscari.org/data-chinese-workers-in-africa。

源是 McKinsey（2017）对 8 个国家的一千多家中国企业的调查。该报
告显示，这些企业主要依赖当地劳动力，尽管不同项目和行业存在显
著差异，平均本地化率为 89％。不同行业的差别较大，在制造业，这
一比例达到 95％（McKinsey，2017：41）。这与另一项对四百多家公
司/项目的大规模汇编的结论一致，该汇编来自数百次采访和数千份文
件（Sautman and Yan，2015），其得出的结论是，中国企业的平均本地
化率为 85％，大多数企业的本地化率集中在 80％ 至 95％ 的范围内，不
同行业有差别。在我们自己的项目中，我们汇编了近六十项研究/案
例，广泛涵盖了本地化水平从非常低到非常高的项目，加权平均值为
85％（关于这些来源的选择说明见附录表 A8.1）。[①] 在这些研究/案例
中，约有三分之二的本地化率超过 80％。此外，不同国家的企业之间
的比较很少，但 Rounds 和 Huang（2017）提供了罕见的证据，表明中
国企业和美国企业在肯尼亚的本地化率大致相当（分别为 78％ 和
82％）。更多的比较明确显示，在其他外国企业中，"外派"劳动力的
比例是不容忽视的，但这样的可比较的证据通常是缺失的。[②]

普遍使用中国工人的说法与劳动力本地化率的显著差异形成鲜明
对比，安哥拉或赤道几内亚等国家接收的中国劳动力的绝对数量和相对
数量都更高，而其他国家的中国外派劳动力数量较少（见附录表
A8.1）。此外，SAIS-CARI 的数据库显示，在非洲的中国工人数量在
2009 年至 2016 年出现了稳定的模式，在此期间记录的中国工人数量仅
略高于 20 万人。考虑到中国对外直接投资和建筑项目的快速增长
（Wolf and Cheng，2018），假定就业岗位以同样的速度增长，则表明
这一时期的大部分新增就业岗位肯定都流向了非洲工人。Cheru 和

---

① 简单的算术平均数是 75％。
② 例如，根据我们自己的采访，三家信誉良好的安哥拉公路承包商在 2016 年分别雇用了
5％、20％ 和 30％ 的外籍劳工，差异的部分原因在于该时期项目的相对稀缺程度。

Oqubay（见第 10 章）的研究表明，中国对外直接投资比其他外国企业多创造了成千上万个（2000—2016 年间约为近四万个）工作岗位。创造的就业岗位在绝对数量上具有优势与一些中国劳动力被用于具有战略重要性的岗位的情况并存。尤其是在建筑项目和对外直接投资扩张的早期阶段，中国企业发现在管理、工程和技术岗位使用中国工人更有优势，因为他们更熟悉公司的组织和流程，能更快地安装从中国进口的新设备，并能确保第一批具有政治意义的项目在与竞争对手相比较短的时间内完成（Tang，2016：110）。

　　劳动力本地化率和创造就业机会的差异与几个因素有关。第一，不同国家之间的差异可能是由于东道国对可以输入该国的外派劳动力的类型要求不同，以及技术/熟练劳动力的结构性缺陷（Sautman and Yan，2015）。安哥拉和赤道几内亚等国家受技术型劳动力短缺的影响比南非、加纳或肯尼亚等其他国家更严重。有些国家（例如埃塞俄比亚）有严格的签证政策，只允许非常有限类别的工人获得工作签证，这表明签证政策是一项重要的政策工具，可以通过强制措施决定本地化率。第二，所有权性质（民营或国有）似乎有混合的影响。我们对几个建筑项目案例和研究的分析表明，国有企业的劳动力本地化率往往较高，部分原因是它们更符合东道国制定的法律要求，部分原因是国有企业聘用中国劳动力的成本更高。然而，McKinsey（2017）使用不同行业的企业样本得出的结论恰恰相反，民营企业（本地化率为92%）往往比国有企业（本地化率为 81%）更依赖当地劳动力。造成这种情况的主要原因是，在他们的样本中，民营企业在制造业和服务业占主导地位，这些企业的本地化率较高，因为对技能的需求可能低于许多受到项目及时完成要求影响的基础设施项目。换句话说，行业因素和企业所使用的专业技术也决定了外国公司对外派劳动力的需求。第三，项目类型也很重要。我们在安哥拉观察到，在具有苛刻技术标准的旗舰基础设施项目中，企业别无选择，只能引进专业的、有经验的工人，以满足客户（即安哥拉当局）对在短时间内完成任务的要求和对质量的期望。第四，中国企业在一个国家运营的时间越长，企业在当地的定居程度越高，就越依赖于当地员工（Corkin，2011；Lam，2014；Sautman and Yan，2015；Tang，2016）。在这种情况下有不同的力量在起作用。一方面，随着中国企业在新市场落户，并逐渐建立起核心的本地劳动力队伍，它们的招聘流程适应了新环境，在经历了最初的过渡期后，本地员工的竞争力有所提高。另一方面，自 21 世纪初以来，中国劳动力成本的快速增长对于在海外运营的企业（甚至是大型国有企业）来说越来越难以承受。经济危机和外汇短缺也可能迫使企业减少外籍劳动力，因为用外币支付很困难。① 在任何情况下，这里考察的证据表明，中国企业在为非洲工人创造大规模非熟练和半熟练工作岗位方面的贡献是毋庸置疑的，这对非洲结构转型进程的影响是重大的，因为其中许多工作岗位有助于逐步建立非洲的工业劳动力队伍。

8.2.2　工作条件

关于工作条件的证据也不完整，而且大多是道听途说。大多数可得的实证研究结果表明，中国企业遵守国家最低工资法规，但在某些情况下，它们提供的工资低于同行业的竞争对手。这并不意味着工资低于国家或行业的平均水平，只是工资可能低于这些行业的其他企业。然而，所有的证据都不是结论性的，并且缺乏可比的定量严谨性（Oya et al.，2018）。

Tang（2016）提供了多个例子，说明报告的中国企业工资相对于"全国平均水平"或其他外国企业来说是"低"的。② Baah 和 Jauch

① 这一证据来对安哥拉和埃塞俄比亚几位国有企业经理的采访。
② 对于其中一些比较，一个重要限制在于，关于大多数非洲国家工资的数据很少，而且这些数据通常只代表最先进的正规企业，即不包括提供大多数工作机会的非正式活动。因此，所得到的"全国平均水平"与这个国家的大多数工人的平均情况相比，可能是非常高的。

（2009）还得出结论，在安哥拉、加纳、纳米比亚、南非和赞比亚的中国企业与当地企业和其他外国企业相比倾向于支付最低工资。2011 年一份备受争议的关于赞比亚的矿山的观察报告强调，尽管中国铜矿企业所支付的工资高于国家最低工资，但低于其他由 OECD 所有的矿山企业，但这些比较因缺乏实证上的严谨性而受到批评（Lee，2017；Sautman and Yan，2016）。还有一些例子表明中国企业支付的工资并不像预期的那么低。最近在埃塞俄比亚东部工业区的一项调查显示，工人认为该工业区的中国工厂的平均工资"低"，但远高于正规部门的全国平均水平（Fei，2018）。根据 2012 年世界银行对在埃塞俄比亚的企业的调查，中国企业的平均工资比本地企业高出 60％（Bashir，2015；8）。在 GUMCO（一家在加纳的中国陶瓷制造企业），加纳工人的工资（介于每天 2.2 美元和 10 美元之间）既高于全国最低工资每天 1.9 美元（2008 年的标准），也高于印度同类工厂的每天 1.9 美元（Akorsu and Cooke，2011）。

除了工资，与其他外国企业相比，有关恶劣工作条件的证据更为丰富，如工作时间长、缺乏书面合同、成立工会的阻力以及违反劳动法规的行为更为频繁（McKinsey，2017；Rounds and Huang，2017）。在中国企业中劳资冲突似乎更为频繁，但这可能反映出，与其他国家的企业尤其是本国企业相比，这些企业受到了更大的关注（Rounds and Huang，2017；Sautman and Yan，2016）。更多的冲突关系也被归咎于中国雇主对工会的抵制和沟通上的障碍（Sautman and Yan，2016；Tang，2016）。然而，各种研究表明，中国民营企业可能在相对不利的非工资条件下开始经营，但可以逐渐、有时迅速地适应和满足工人集体组织或东道国的要求（Lee，2017；Tang，2016）。我们在埃塞俄比亚和安哥拉进行的研究发现，受部门、企业规模、市场结构和管理行为影响，中国企业的工资存在差异。一些企业支付的工资低于比较国，对此存在不同的原因，例如在进行重要的资本投资（赞比亚的矿山）

后初始盈利能力低下，中小企业在激烈的全球竞争中利润率较低，或者依赖于更为劳动密集的技术（Tang，2016）。相比之下，其他企业选择支付额外的、比该部门中的其他企业更有竞争力的工资，以吸引更高质量的工人，正如在埃塞俄比亚的工业区所观察到的那样。劳动机构，特别是工会的相对实力，也有助于促进同一行业的外国企业的工资平等，就像在南非所观察到的那样（Huang and Ren，2013）。

这些发现应该放在结构调整改革后劳动力市场放松管制和私有化的更大背景下加以理解。经过几十年的结构调整和自由化、私有化浪潮，所有非洲国家都经历了劳动力制度的系统性弱化以及劳动力的大规模信息化和临时化（Lee，2017；Meagher，2016）。大多数中国企业都是在非洲大陆新自由主义霸权的顶峰时期进入非洲市场的。例如，在赞比亚矿山观察到的情况与 20 世纪 90 年代的危机和该行业的改革更为密切相关，而不是与外国企业的国籍有关（Lee，2017）。

8.2.3 技能发展

有时，工业化早期阶段的低工资会被获得新技能和更稳定工作的前景所补偿（Fei，2018）。因此，技能发展被视为来自中国的新投资者（尤其是在制造业）的潜在贡献之一。虽然建筑项目提供了某种形式的短期可迁移技能，但工厂具有促进长期能力发展的优势。然而，一些人认为中国企业对技能发展的贡献非常有限（Baah and Jauch，2009）。最近的调查表明，虽然企业提供了培训，但是员工们带着更高的期望来到企业，发现培训是不够的，尽管那些在全球一体化企业中工作的员工确实接受了实质性的和更频繁的培训。与流行的观点相反，文献几乎一致证实，中国企业确实进行了劳动培训（Bashir，2015；Corkin，2011；Lam，2014；Rounds and Huang，2017；Shen，2015；Tang，2016）。McKinsey（2017）证实，在对超过一千个中国企业的调查中有近三分之二参与对当地雇员的培训（学徒形式的培训占

43%），而在对非洲工人来说技能尤为重要的建筑业和制造业，73%的公司提供了培训。

中国企业之间的差异非常重要，我们可以从这些差异中吸取有益的政策教训。第一，一些部门/行业更接近技术密集型，必须进行更多的培训，而在轻工制造业中基本组装工作带来的技能转移的范围更有限（Chen et al.，2016）。第二，更大的、更全球化的企业拥有相当复杂的培训体系，包括当地培训中心、在中国的集中培训和技能开发（特别是对管理人员、熟练人员和半熟练工人），以及与职业发展相关的持续在职培训（Sun，2017；Tang，2016）。① 第三，认真培养当地劳动力的技能和能力也是满足东道国期望的一种方式，这对许多中国国有企业的发展非常重要（Lee，2017）。第四，在一些国家，政府（通过投资机构和劳工机构）和全球生产网络中的领先企业可以对供应商施加压力来促进其在东道国的技能培养，并可能有助于逐步建立与优先部门相关的技能发展体系。

企业被迫培训新工人的一个重要原因是对东道国现有的技术和职业培训制度的不满，使管理者更愿意从"大街"雇用"一张白纸"和直接投资于与企业最相关的技能培训（McKinsey，2017：40）。这对其他外国投资者，特别是出口型工厂来说是普遍的。事实上，在工业化发展的长期过程中，工作经验是最有效的培训（Amsden，2001）。Gerschenkron（1962）很久以前就认为，后发国家的廉价劳动力并不能保证快速实现工业化，因为在大多数以农业为基础的经济体中，适合工业化生产需求（时间管理、纪律、努力程度、可靠性等）的劳动力实际上非常稀缺（另见 Oya，2019）。因此，除了正式的培训计划，这些工

---

① 同样重要的是，中国政府通过奖学金、专业课程、基础设施投资和各种形式的合作伙伴关系，为非洲的教育和培训做出了贡献（Bashir，2015）。但是，对这些方案的影响的讨论超出了本章的范围。

作经验表明，数十万的非洲工人（往往是正在寻找初级非农业工作的移民）正在学习未来几十年可能增长的那些职业的基本技能，从而为进一步结构转型的前景作出贡献。

8.2.4　总结

本节盘点了关于在非洲的中国企业劳工结果的已公布证据。在广泛的"中国在非洲"领域，关于劳工问题和结果的研究仍处于早期阶段，需要更多基于经验的分析。在媒体文章和一些学术研究的交叉地带，许多占据头条的争论和主张缺乏分析基础和实证基础。虽然一个新兴的民族志研究和定性研究帮助消除了一些迷思，但仍然缺乏严格的定量证据。事实上，在我们对文献的调查中，我们没有发现任何从劳工角度（即来自对工人的调查而不是来自企业管理层的自我报告数据）对工作条件的大规模定量调查。[①]　更令人担忧的是缺乏克服那些强化"中国例外论"偏见所必需的比较性证据。事实上，在"中国在非洲"领域中，劳动力问题（以及许多其他方面）的分析方式中存在的一个重要问题是"方法论民族主义"，它假定在非洲的所有类型的中国企业都固有某些特征。因此，我们迫切需要更多关于不同类型的中国企业和其他企业的定量和定性的比较证据。

克服"中国例外论"需要回答一系列不同的问题。存在一种中国式的"劳动制度"吗？它与发达国家或其他发展中国家的劳动制度有什么差异吗？如果存在差异的话，当企业迁移到海外时，它们会带着它们的劳动惯例一起吗？如果不存在差异，是什么决定了非洲国家不同企业的劳工结果差异？

无论在非洲的中国企业的工作条件是否比参照国差，或者是否因

---

①　伦敦大学亚非学院（SOAS）的一项研究项目目前正在进行中，目的是通过对埃塞俄比亚和安哥拉八十家企业的一千五百多名员工进行调查来填补这一空白，但目前还没有统计结果。参见 https://www.soas.ac.uk/idcea/。

部门或企业类型而异，一个更重要的问题是造成现状的原因是什么。正如我们将要看到的，有一些新兴的研究试图解决这些问题。在从这些研究中提取关键的见解之前，我们接下来考察影响中国在非洲的投资和项目的劳工状况的复杂因素，并考察中国不同的劳工制度以及过去 30 年中国劳动力市场的一些变化对中国企业的做法的影响。

8.3 了解中国的劳动制度

8.3.1 劳工制度和资本主义

为了了解劳工结果（如工作条件和标准），必须考虑几个相关因素。从抽象到具体，从全球到本地，不同层次的分析是有必要的，以弄清影响工人在特定工作场所所面临的多方面因素。"劳工制度"是一个有用的概念工具，以探索多种因素之间的相互联系和不同部门和工作场所的做法之间的差异。Bernstein（2010：125）将劳工制度定义为"招募劳动力的不同方法及其与在生产（劳动过程）中如何组织劳动力、如何保证其存续的联系"。劳动过程理论有助于理解工作场所的动态和资本与劳动的对立利益，前者是由资本积累的逻辑驱动的，以控制和尽可能多地从工人身上榨取劳动，后者则是抵抗这种压力。然而，Bernstein 的定义意味着对分析的延伸，以理解劳动力是如何被动员起来，使之在工作场所之外变得可用，以及它是如何在资本主义劳动力市场中被复制的。Burawoy 的"工厂制度"概念（Burawoy，1985）为这种分析扩展提供了例证，通过将微观工作场所与国家或全球背景下的资本-劳动关系的宏观政治联系起来，将生产中的劳动关系与生产关系更广泛地结合在一起。[1] Lerche 等（2017）在劳工制度的概念中增加了生产领域和再生产领域之间的关系。[2] 就像 Sel-

---

[1] Lee（1999）使用"工厂制度"的概念来包括规范工作场所（宏观层面）的政治制度和政治机构，以及微观工厂层面的劳动过程和生产的社会组织。

[2] 用通俗的话说，雇主采用不同的劳工控制机制，影响着工人在工厂之外的生活。

wyn（2016）所指出的，劳工制度分析"必须是多维的"，包括全球、国家、区域和本地层面。对劳工制度分析的扩展还包括生产关系（和资本-劳动冲突）与市场（即商品化，特别是劳动力、土地和货币）的关系（Burawoy，2013）。资本主义的这两种关系过程既反映了马克思主义意义上的阶级斗争，也反映了波兰尼意义上的运动和反运动，或者如 Selwyn（2014：1020）所说的"马克思式和波兰尼式的斗争（进攻和防御斗争）"。

　　从这一分析框架出发，可以在三个不同且相互关联的分析层次上来解释特定背景下劳工结果的多重决定因素（见图 8.1）。首先，从底层开始，是微观的工作场所动态，以及雇主和工人之间关于工资、生产命令、安全、努力和劳动时间的"原始"冲突。其次是某个特定部门或全球生产网络的特征和动态，它们跨越了国家边界，制定具体的劳工管制和标准，通过市场结构、竞争、全球连锁规则和技术，与技能要求、劳动过程的空间维度，甚至盛行的工作文化和管理理念相联系。最后是国家政治经济，特别是影响经济转型和结构变化的宏观经济动态，以及关于生产关系和国家-社会关系的宏观政治。国家政治经济会影响劳动力供应动态并构成不同斗争的舞台，无论是关于商品化的

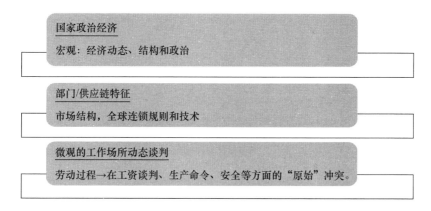

图 8.1　劳工制度层次的分析框架

资料来源：作者的阐述。

程度、对劳动力再生产的限制，还是对工会代表权的要求。在这种情况下，国家、资本和劳动力，以及支撑这些关系的制度之间的关系，对于理解劳工结果至关重要。通过这种分析视角，可以探讨在确定某一特定企业和部门的劳工标准方面的各种各样因素的结合。

8.3.2　中国的劳工制度：多样性和转变

如果我们考虑到中国劳工制度的潜在多样性，这个框架有助于我们避开"方法论民族主义"和"中国例外论"的陷阱。关于中国劳动关系的实证研究起源于从经济学、工业社会学到经济地理学和政治经济学的一系列学科（Lee，1999；Lerche et al.，2017；Lüthje et al.，2013）。然而，尽管许多文献都记载了劳工制度在多大程度上促进了中国的积累和转型，但对于某一特定劳工制度的主导地位，人们并没有达成共识。大多数研究阐明了根据劳工标准及其演化而不同的相互竞争的劳动/生产制度的分类法，以及它们的不同结果。Lüthje 等（2013）仅在制造业部门就考察了多达五种生产制度及其对劳工标准的不同影响：从就业较稳定、技能要求较高和工资较高的行业（例如政府部门和石化、汽车、钢铁等行业的跨国公司合资企业），到就业灵活、技术含量低、工资低的轻工业（或多或少涉及全球一体化生产、强大的劳动力分割、对外来务工人员的依赖和恶劣的工作条件）。建筑业劳动制度受到该行业工作项目性质的推动，具有劳动力细分程度很高和就业灵活不稳定的特点。在建筑业，一个重要的模式是自由流动的外来务工人员广泛存在，他们通过复杂的分包链被雇用，这使他们成为劳工经纪人/工头的自由裁量权和劳动关系的广泛非正规化的受害者（Swider，2015）。在比较稳定可靠的劳动关系和灵活、不安全、非正式化的劳动关系之间的二元制跨越了国家-私人所有制的划分和部门界限，虽然某些制度在某些部门更占主导地位（Lüthje et al.，2013）。这种细分和灵活化可以说加强了雇主相对于工人的权力，特别是在具有就业灵活和依赖外来务工人员特点的部门。在这方面，中国劳工制度的一个特殊性是户籍制度的作用，它维持了进城务工人员和农村家庭之间的联系，从而促进了低工资制度（Lee，1999；Lerche et al.，2017）。

　　然而，这些对中国当前流行的工作条件的简要描述掩盖了各部门劳工制度中另外两种类型的差异。首先是基于市场结构（以及部门/内部竞争程度）的跨部门差异（企业是出口导向型还是国内导向型），以及所有权类型差异，特别是中国的三个主要类别：国有企业、中外合资企业和国内民营企业。其次是 20 世纪 80 年代以来快速的经济转型和一系列改革所导致的纵向差异，这种经济转型和改革逐渐重塑了关于生产关系和劳动关系的政治经济学。尤其值得注意的是，20 世纪 90 年代以来国有企业的公司化和随之而来的民营部门的增长，普遍加强了管理者的权威，削弱了工人的谈判能力，导致出现了一种"无组织专制"的劳动制度，这种制度不同于改革前国有企业或垄断性国有企业的"有组织依赖"的新传统制度（Lee，1999）。特别是在与灵活的大规模生产和"低薪典范"制度有关的部门（如纺织、服装、玩具和其他消费品行业），雇主的利益得到了很好的组织和协调，它们对当地劳工政策的实施的影响是显著的（Lüthje et al.，2013）。特别是在 20 世纪 90 年代和 21 世纪初，工人被分成多个行政和合同规定的类别，加强了资本的赋权（Pringle，2017）。对外直接投资迅速流入中国的"阳光地带"，中国迅速融入全球生产网络，在该网络下企业以灵活的发展逻辑运作，并受到来自世界不同地区的"资本"的激烈竞争，这也给劳动力分割和灵活的准时制（JIT）就业实践带来了压力（Lerche et al.，2017）。"剥削"程度最高的行业（服装业和建筑业）的劳工制度的特点是劳工中介机构的作用日益增强，存在"三重缺失"：（1）缺乏公认的劳资关系和公认的雇主（由于中介机构的作用）；（2）缺乏组织的权利（由于对工会的抵制）；（3）缺乏与劳动关系非直接相关的权利（Lerche et al.，2017）。总而言之，在 20 世纪 80 年代到 90 年代，国家层面的政治经济动态和高度灵活多变的全球生产网络的渗透，为工人谈判能力较弱的劳工制度的出现创造了条件。

在这一点上，有两个基本的事实。第一，如上所述，"剥削"程度最高的劳动制度与劳工结果不同且更好的其他制度并存，反映了"有组织依赖"的新传统制度的遗留问题（Lee，1999）。第二，在中国沿海地区的出口导向型产业或蓬勃发展的建筑业所观察到的劳资关系情况，与在亚洲其他地区所观察到的情况类似，并不一定比后者更糟糕（Lercheet et al.，2017），这证明了"中国例外论"的谬误（Chan，2015）。

从过去30年的动态变化，尤其是过去15年的趋势来看，在劳资关系方面的"中国例外论"也值得质疑。这些变化让我们怀疑中国工人面对"剥削"程度较高的劳工制度无能为力的说法。Silver（2003）对劳动力抵制和动员的历史趋势的研究表明，市场经济下的技术改进，如灵活的采购、自动化和其他创新，可能在某些地方部分地削弱劳动力的谈判能力，但最终会引发新的潜在抵制和谈判能力增强的新实例。这在中国最近也已发生过。从2000年到2016年，包括外来务工人员在内的城市劳动者的实际工资大幅增长，城市劳动者的实际工资增长了5倍，外来务工人员的实际工资增长了4倍，这是中国当代历史上前所未有的变化（Lo，2018）。

如果工资的快速上涨意味着劳动力的"反击"，那么这种"反击"与一系列相互矛盾的解释有关。第一，全球一体化生产网络中的准时制系统和产业升级（以广东为例）增加了资本在供应链关键节点受到工作场所破坏的脆弱性（Pringle，2017；Silver，2003）。这些变化可能会增强特定部门（交通和通信部门）的工人的谈判能力，而其他部门工人（酒店、零售、餐厅和其他季节性服务工人）的谈判能力仍然较低，因此结果是不均衡的。第二，国家干预，特别是通过2008年和2013年颁布的新劳动法及其相对加强的执法力度，强化了一系列新的"法规"，对明确最低工资标准起到重要作用，并朝着减少就业分割和就业不安全性的方向迈进（Chan，2015；Lüthje et al.，2013）。第三，尽管官方工会体系相当薄弱，但劳工冲突似乎在上升，通常是在员工辞退和赔偿问题上（Pringle，2017）。第四，人口结构变化、人口老龄化和农村大量年轻劳动力的逐渐枯竭或许可以解释劳动力短缺和"刘易斯拐点"出现的证据，这增强了产业工人的谈判能力（Yao，2014）。很难确定这些因素中哪一个更重要，尤其是因为它们都是相互关联的，特别是 2008 年以来劳动者保护倾向日益明显的政府干预，以及日益加剧的劳工冲突，两种因素相互促进。

正是在这种背景下，"雁行模式"在中国供应链可能向海外，特别是非洲转移的问题上再度出现（见第 9 章）。20 世纪 80 年代以来，工业全球制造网络的兴起及其相关的外国直接投资变化催生了一种全球模式，在这种模式下，无论资本（汽车、服装、电子业）流向何处，新的劳资冲突都会出现，当这种冲突发生并威胁到利润时，资本家就会求助于技术（自动化）和/或空间定位（Silver，2003：81）。因此，对中国劳工制度特征及其随时间的变化的概述提供了一些重要的经验教训：(a) 向非洲投资的动力——全球生产网络和中国企业将带来什么样的新的"空间定位"？(b) 什么样的劳工制度将与这些在新的东道国的投资有关？关于中国资本流向非洲是否会引发新一轮的"竞相抄底"浪潮的问题，在非洲尚缺乏实证研究，而且鉴于普遍的全球模式，在任何情况下都不会表现出任何类型的"例外主义"。8.4 节说明了中国新劳工制度在撒哈拉以南非洲地区的多样性和背景的重要性。

8.4　非洲的劳资关系：案例研究及启示

要了解在非洲的中国企业的劳资关系，就必须了解哪些资本有流动、在哪些领域流动，以及它们如何适应政治和经济环境。本节使用选定案例研究的证据，说明在非洲的中国企业的劳工制度差异如何带来上一节讨论的一些结果。[①] 关于在非洲的中国企业的证据显示出各种依国家而不同的模式。在大多数国家，我们发现国有企业集中在建筑业，中小企业集中轻工业和建材行业，而采掘业（采矿业和石油业）由国有企业和民营企业混合构成，小企业则集中在服务业（McKinsey，2017；Shen，2015；Wolf and Cheng，2018）。劳工程序和制度在不同行业和不同类型的企业之间差别很大，特别是在建筑业和采矿业之间以及建筑业和制造业之间。我们在安哥拉和埃塞俄比亚的研究也发现了相同行业和相同企业类型内部的重要差异，这是由国家政治经济背景，特别是劳动力市场结构、劳动力供给动态、政府政策和当地劳工制度所决定的。总而言之，本节所阐述的劳工实践的差异证实了将中国企业劳工结果作为我们在劳工制度分析框架（图 8.1）中提出的三个层次之间复杂互动的结果加以分析的必要性。

Lee（2017）对赞比亚采矿业和建筑业的积累制度和劳工结果进行了不寻常的纵向比较民族志研究，在这两个领域，中国企业的存在与其他外国企业相比具有重要意义。Lee 以工人、经理、政策制定者和政治家的直接经历作为她的理论依据，这些经历反映了不能一般化归纳的不固定的冲突，同时提出了一些相关的分析模式。因此，她对各种资本（即不同类型的中国资本）进行区分，以避开"各种资本主义"方法所固有的"方法论民族主义"或"国家制度主义"的陷阱（Lee，2017：9）。系统性力量（资本的内在积累逻辑、竞争的必要性等）和偶发事件（20 世纪 70 年代和 2008 年的危机、技术突破、中国企业的"走出去"）的结合产生的结果不能简单地从某种形式的历史决定论中

---

① 本节选择的证据主要来自对赞比亚的中国矿业和建筑业企业的高质量民族志研究（Lee，2017）、安哥拉劳工实践的纵向定性证据（Tang，2010，2016）以及对最近在安哥拉和埃塞俄比亚的建筑业和制造业正在进行的一项 SOAS 项目所做的比较定性研究（https://www.soas.ac.uk/idcea/）。

推导出来。例如，中国的国有资本，"无论是在国内还是在国外，都具有双重特征，既受中央控制，又有权力分散和地方即兴发挥的因素"（Lee，2017：10）。因此，Lee 表明，要解释在赞比亚的中国矿山和建筑工地的劳工结果，关键是理解与民营资本（无论是中国的、其他外国的，还是当地的民营资本）单一的利润驱动逻辑相比，中国国有资本的双重逻辑（利润的积累，确保资源和政治/外交影响力）。历史和国家背景也很重要，因为所有"资本"都面临着赞比亚经过几十年的结构调整和解除管制后共同的劳工法律的约束。通过这种细致的实证研究，Lee 揭示了在采矿业看似矛盾的劳工结果：中国国有资本工作场所的特点是稳定但低工资的就业，而民营跨国企业的劳工制度可能更为灵活，但对市场波动的即时反应就是裁员，正如 2008 年至 2009 年的金融危机所经历的那样。这项研究还显示了行业特征的重要性，特别是建筑业劳工制度的"剥削性"特征，无论在中国、赞比亚或欧洲，都与铜矿开采业的劳动斗争的传统和重要政治影响形成对比。Lee（2017：29）认为，"建筑业的自由和以项目为基础的性质削弱了建筑工人在与资本（无论是国有资本还是民营资本）斗争时的集体能力"。最后，从国家政治经济学的角度分析，赞比亚的案例表明，"政治——更准确地说，是国家和社会之间的政治协作——而不是官僚或技术官僚……是撬动中国国有资本发展的关键"（Lee，2017：158）。

　　伦敦大学亚非学院（SOAS）正在进行的关于安哥拉和埃塞俄比亚的比较研究也强调在国家政治经济层面上的生产政治。在安哥拉，在 2005 年至 2015 年期间战后基础设施重建的迫切需要，以及中国资助和建设项目的政治权宜之计，都大大降低了对创造就业和劳动力本地化的关注，薄弱和资源匮乏的工会体系在一定程度上加剧了这种状况。民间社会缺乏发言权，执政党安哥拉人民解放运动缺乏自由竞选压力，这使得安哥拉少数政治精英掌握了优先权。相比之下，在埃塞俄比亚，结构转型的必要性与快速创造就业机会有关，因此劳动力本地化在政治上更为重要。事实上，工业化和快速创造就业机会的承诺，也产生了影响该国生产政治的预期，矛盾的是，它导致了更多的围绕发展成果分配的劳动斗争与抗议。埃塞俄比亚国有企业劳动人口本土化程度与安哥拉不同，另外，相比于安哥拉面向本国市场的更加不正式的劳工关系，埃塞俄比亚全球一体化的制造业生产对劳工实践的吸引力也更高，这些都影响了劳工状况。这些差异还导致了实现结构转型和建立工业劳动力的不同途径，埃塞俄比亚的工业劳动力比安哥拉更有活力。

伦敦大学亚非学院在这两个国家的比较研究也提醒了我们行业背景的特殊性，这使得不同国籍企业之间比较的"方法论民族主义"令人质疑。Lee（2017：156）阐述了不同类型的资本，如中国的国有资本和国际私有资本，如何在某些行业采用符合国际趋势和行业趋势的劳动制度。的确，非正式化和临时化是各国建筑业劳工实践的一个主要趋势，但伦敦大学亚非学院研究的初步结果表明，即使对于相同类型的资本，国家背景对于理解劳工结果的差异也是至关重要的。安哥拉和埃塞俄比亚都有中国国有企业，但它们根据自己所处的劳动力市场环境——无论是劳工立法及其执行情况（安哥拉的立法较为宽松，但执行力度较弱），还是这两个国家的技能相对缺乏情况——调整了自己的劳工实践。在这两个国家，建筑业的各种形式的资本（国有或民营）都很难采用中国和其他拥有"密集"建筑业务网络的国家所采用的层级分包做法，而是被迫像制造业那样采取直接雇用以及招聘和留用流程。因此，特别是在安哥拉，由于没有劳工中介机构，雇主和雇佣关系是明确的，尽管鉴于劳工立法和劳工机构的薄弱，这不一定会转化为更好的工作条件（包括工资、安全和福利）。

许多作者还注意到不同行业中不同类型的中国资本管理理念的特殊性（Lee，2017；Sun，2017；Tang，2016）。Lee（2017：13）指出中国国有资本中存在一种特殊的管理风气，其特征是"吃苦"和一种

"集体禁欲主义"，这与全球民营资本中经理人的动态个人职业主义形成了鲜明对比。Tang（2016）还指出，语言障碍、缺乏交流以及与当地社会隔绝的倾向，会产生影响劳工冲突并助长负面看法的感知。也许"中国特色"所导致的中非劳工冲突的主要具体方面是语言障碍和沟通问题，这可能加剧一些工作文化冲突和部门内、部门间各种资本所共有的矛盾预期。[①] 然而，经过长时间的观察和互动，中国的管理者和企业确实适应了当地的情况，因此逐渐克服了最初的障碍。尽管存在上述差异，但将这些差异和"冲突"描述为文化的静态属性是有风险的，因为不同国家之间也有重要的相似之处。可以说管理风气是特定于某些部门或生产制度，而不是某个国家或某种文化；例如，纪律和效率导向的精神存在于劳动密集型的服装工厂，在新进入低薪工厂劳动制度的非洲工人与来自中国、印度、孟加拉国和斯里兰卡（在埃塞俄比亚）的外国工厂经理之间就会发生工作文化冲突。许多关于工人素质和雇主行为的负面看法基本上反映了这样一个事实："在工业化的早期阶段，工厂主总是抱怨他们的工人，在非洲的中国老板也不例外。"（Sun，2017：99）许多作者列举了当今工业巨头（德国、日本和中国）在工业化初期对工人的负面描述（Chang，2008；Oya，2019）。管理理念和相关的劳工实践也取决于一些结构性因素和战略决策，例如劳动密集型生产还是资本密集型生产，面向国际客户（出口到全球市场）还是面向国内市场（Sun，2017：52-55）。

8.5　中国例外主义？非洲机构和背景

本章探讨了中国在非洲的对外直接投资和建筑承包商的崛起对劳

---

① Tang（2016）提供了充分的证据，证明这些障碍影响了一些非洲国家的劳工冲突以及培训和劳工管理的有效性。

动力的影响，以及它们与非洲国家的工人、政府和工会之间的冲突。关于在非洲的中国企业劳工实践的现有文献中的一项抽样调查显示，尽管系统的和可比的证据非常有限，但人们对"剥削性"管理的看法普遍负面。关于本地化率（或这些企业对中国劳动力的依赖程度）、欠佳的工作条件和有限的技能发展，有很多非官方证据，但新兴的学术研究描绘了一幅更为微妙的劳工结果图景，而且差异比通常认为的要大得多。目前迫切需要更系统、更可比和更大规模的混合方法证据，以评估中国企业采用与中国国内类似的劳工制度的程度，以及它们如何根据新的国家政治经济状况和劳动力市场环境进行调整。本章提出了基于劳工制度框架的不同问题，以了解中国和非洲劳工制度的多样性，以及过去 20 年的变化趋势。本章中的分析指出，劳工实践和结果是变动的，而强调劳资关系的"中国特色"时所采用的"方法论民族主义"是错误的。通过对非洲不同国家劳工冲突的更多案例研究，本章强调，为了理解在非洲（和其他地方）的中国企业劳资关系的多样性，理解和记录以下内容至关重要：（a）"中国资本"的多样性；（b）非洲劳动力市场的情况及当前与历史连接的重要性；（c）每个国家的国家-社会和国家-资本关系的动态；（d）中国企业投资经营的不同领域和生产体制的特殊性和结构特征。在这些方面需要有更严格的证据来吸取与政策相关的教训，以便非洲国家及其政府能够采取行动，最大限度地发挥中国企业在非洲崛起过程中的积极就业效应。的确，本章表明，创造就业机会的过程和就业质量可以受到东道国"大棒"和"胡萝卜"政策的重大影响，这些政策可以执行和促成更好的劳工标准。只有更广泛的比较方法和建设性的政策建议才能帮助我们消除阻碍我们理解这一主题的一些谬见。

附录

表 A8.1　源自大多数重要研究的中国在非企业的劳动力本地化率

研究	年份	国家	部门	企业/项目	非洲工人（人）	中国工人（人）	非洲工人占比（%）
Akorsu and Cooke (2011)	2009	加纳	制造业	加纳器皿制造有限公司（GUMCO）	250	3	99
Baah and Jauch (2009)	2008	南非	制造业	FIDA, IINCOOL, KaRITA 服装企业	958	27	97
CARI-SAIS（中国官方调查）	2011	卢旺达	建筑业	中国路桥总公司（道路建设）	2 000	110	95
Lee (2017)	2007	赞比亚	采矿业	谦比希铜矿	2 063	189	92
Chen et al. (2016)	2018	尼日利亚	制造业	16 家中国企业（累计工人数）	5 656	540	91
Warmerdam and Dijk (2013)	2012	乌干达	各类行业	42 家在坎帕拉的企业	9 845	1 004	91
World Bank (2012)	2011	埃塞俄比亚	制造业、服务业和建筑业	对 69 家中国企业的调查	23 723	2 728	90
CARI-SAIS（路透社）	2011	津巴布韦	采矿业	安津（钻石开采合资企业）	1700	210	89
McKinsey (2017)	2016—2017	8 国	各类行业	对 1 000 多家企业的调查	300 000	37 079	89
Brautigam and Tang (2011)	2011	4 国	制造业	4 个经济特区中的企业	13 592	1 979	87

（续表）

研究	年份	国家	部门	企业/项目	非洲工人（人）	中国工人（人）	非洲工人占比（%）
CARI-SAIS（Hans E. Petersen 和 Sanne van der Lugt 的报告）	2011	刚果民主共和国	建筑业	刚果民主共和国卢本巴希（N1）—卡撒帕公路重建	600	100	86
Sautman and Yan (2015)	2007—2013	12国	各类行业	对400多个企业或项目的调查或报告	N/A	N/A	85
CARI-SAIS（中非民间商会）	2013	非洲	各类行业	193家在非洲的中国企业	34 000	6 400	84
Baah and Jauch (2009)	2008	加纳	建筑业	布维水电站（中国大电）	560	110	84
Huang and Ren (2013)	2012	南非	各类行业	16家企业	4 160	779	84
Baah and Jauch (2009)	2008	安哥拉	建筑业	中国水利水电建设集团公司	715	312	70
CARI-SAIS（非洲报告）	2010	莫桑比克	建筑业	莫桑比克体育场	1 000	500	67
Tang (2010)	2007	安哥拉	各类行业	55家企业	5 482	3 353	62
CARI-SAIS（Enrique Martino 报告）	2013	赤道几内亚	建筑业	中国路桥总公司	60	600	10

资料来源：作者基于第一列给出的资料进行总结；CARI-SAIS 的资料来自其数据库，http: //www. sais-cari. org/data-chinese-workers-in-africa。

参考文献

Akorsu，A. D. and F. L. Cooke（2011）"Labour Standards Application among Chinese and Indian Firms in Ghana：Typical or Atypical？"，*The International Journal of Human Resource Management*，22(13)：2730-2748.

Amsden，A. H.（2001）*The Rise of "The Rest"：Challenges to the West from Late-Industrializing Economies*. Oxford：Oxford University Press.

Baah，A. Y. and H. Jauch（eds）（2009）"Chinese Investments in Africa：A Labour Perspective"，African Labour Research Network，Accra and Windhoek.

Bashir，S.（2015）"The Imperative of Skills Development for the Structural Transform- ation of Sub-Saharan Africa"，Investing in Africa Forum，World Bank，Washington，DC，https://openknowledge. worldbank. org/handle/10986/22380.

Bernstein，H.（2010）*Class Dynamics of Agrarian Change*. Sterling，VA：Kumarian Press.

Brautigam，D. and X. Tang（2011）"African Shenzhen：China's Special Economic Zones in Africa"，*Journal of Modern African Studies*，49(1)：27-54.

Burawoy，M.（1985）*The Politics of Production：Factory Regimes under Capitalism and Socialism*. London：Verso Books.

Burawoy，M.（2013）"Ethnographic Fallacies：Reflections on Labour Studies in the Era of Market Fundamentalism"，*Work*，*Employment and Society*，27(3)：526-536.

Chan，A.（2015）"The Fallacy of Chinese Exceptionalism"，in A. Chan（ed. ），*Chinese Workers in Comparative Perspective*. Ithaca，NY：Cornell University Press，pp. 1-20.

Chang，H. J.（2008）*Bad Samaritans：The Guilty Secrets of Rich Nations and the Threat to Global Prosperity*. London：Random House.

Chen，Y. et al.（2016）"Learning from China? Manufacturing，Investment，and Technology Transfer in Nigeria"，Working Paper No. 2016/2，China Africa Research Initiative，School of Advanced International Studies，Johns Hopkins University，Washington，DC.

Corkin，L.（2011）"Chinese Construction Companies in Angola：A Local Linkages Perspective"，MMCP Discussion Paper No. 2，University of Cape Town and Open University.

Fei, D. (2018) "Work, Employment, and Training through Africa-China Cooperation Zones: Evidence from the Eastern Industrial Zone in Ethiopia", Working Paper No. 2018/19, China Africa Research Initiative, School of Advanced International Studies, Johns Hopkins University, Washington, DC.

French, H. (2014) "China's Second Continent: How A Million Migrants Are Building A New Empire in Africa", https://scholar. google. com/scholar? hl= en&as_sdt＝0％2C5&q＝Howard＋french＋2014&btnG＝#d＝gs_qabs&t＝ 1655237384891&u＝％23p％3D2cFYW7xZZPkJ.

Gerschenkron, A. (1962) *Economic Backwardness in Historical Perspective: A Book of Essays.* Cambridge, MA: Harvard University Press.

Huang, M. and P. Q. Ren (2013) "A Study on the Employment Effect of Chinese Investment in South Africa", Discussion Paper No. 4/2013, Centre for Chinese Studies, Stellenbosch.

Lam, K. N. (2014) "The Inevitable 'localization': Chinese State-owned Construction Companies in Ghana", *Politique Africaine*, 2 (134): 21–43.

Lee, C. K. (1999) "From Organized Dependence to Disorganized Despotism: Changing Labour Regimes in Chinese Factories", *China Quarterly*, 157: 44–71.

Lee, C. K. (2017) *The Specter of Global China: Politics, Labor, and Foreign Investment in Africa.* Chicago, IL: University of Chicago Press.

Lerche, J. et al. (2017) "The Triple Absence of Labour Rights: Triangular Labour Relations and Informalization in the Construction and Garment Sectors in Delhi and Shanghai", Working Paper 32/17, Centre for Development Policy and Research, SOAS University of London, https://eprints. soas. ac. uk/23863/ 1/file118684. pdf.

Lo, D. (2018) "Perspectives on China's Systematic Impact on Late Industrialization: A Critical Appraisal", Working Paper No. 03, Industrial Development Construction and Employment in Africa, SOAS, University of London.

Lüthje, B. , S. Luo, and H. Zhang (2013) *Beyond the Iron Rice Bowl: Regimes of Production and Industrial Relations in China.* Frankfurt: Campus Verlag.

McKinsey (2017) "Dance of the Lions and Dragons: How Are Africa and China Engaging, and How Will the Partnership Evolve?", McKinsey & Company, New York.

Meagher, K. (2016) "The Scramble for Africans: Demography, Globalisation and Africa's Informal Labour Markets", *Journal of Development Studies*, 52(4), 483–497.

Oya, C. (2019) "Building an Industrial Workforce in Ethiopia: Historical Lessons and Current Dynamics", in F. Cheru, C. Cramer, and A. Oqubay (eds) *The Oxford Handbook of the Ethiopian Economy*. Oxford: Oxford University Press.

Oya, C., C. Wolf, and S. K. Cheng (2018) "Chinese Firms and Employment Dynamics in Africa: A Literature Review", Working Paper No. 04, Industrial Development Construction and Employment in Africa, SOAS, University of London.

Pringle, T. (2017) "A Class against Capital: Class and Collective Bargaining in Guangdong", *Globalizations*, 14(2): 245–258.

Rounds, Z. and H. Huang (2017) "We Are Not So Different: A Comparative Study of Employment Relations at Chinese and American Firms in Kenya", Working Paper No. 2017/10, China Africa Research Initiative, School of Advanced International Studies, Johns Hopkins University, Washington, DC.

Sautman, B. and H. Yan (2015) "Localizing Chinese Enterprises in Africa: From Myths to Policies", No. 2015–05, HKUST Institute for Emerging Market Studies, Hong Kong.

Sautman, B. and H. Yan (2016) "The Discourse of Racialization of Labour and Chinese Enterprises in Africa", *Ethnic and Racial Studies*, 39(12): 2149–2168.

Selwyn, B. (2014) "Capital-Labour and State Dynamics in Export Horticulture in North-East Brazil", *Development and Change*, 45(5): 1019–1036.

Selwyn, B. (2016) "Global Value Chains and Human Development: A Class-Relational Framework", *Third World Quarterly*, 37(10): 1768–1786.

Silver, B. J. (2003) *Forces of Labor: Workers' Movements and Globalization since 1870*. Cambridge: Cambridge University Press.

Shelton, G. and C. Kabemba (2012) "Win-Win Partnerships: China-Southern Africa and the Extractive Industries", Southern Africa Resource Watch, Johannesburg.

Shen, X. (2015) "Private Chinese Investment in Africa: Myths and Realities", *Development Policy Review*, 33(1): 83–106.

Sun, I. Y. (2017) *The Next Factory of the World: How Chinese Invest-*

ment Is Reshaping Africa. Cambridge, MA: Harvard Business Review Press.

Swider, S. (2015) *Building China: Informal Work and the New Precariat*. Ithaca, NY: Cornell University Press.

Tang, X. (2010) "Bulldozer or Locomotive? The Impact of Chinese Enterprises on Local Employment in Angola and DRC", *Journal of Asian and African Studies*, 45(3): 350-368.

Tang, X. (2016) "Does Chinese Employment Benefit Africans? Investigating Chinese Enterprises and their Operations in Africa", *African Studies Quarterly*, 16(3/4): 107-128.

Warmerdam, W. and M. P. Van Dijk (2013) "What Is your Story? Chinese Private Enterprises in Kampala, Uganda", *Journal of Asian and African Studies*, 52(6): 873-893.

Wolf, C. and S. K. Cheng (2018) "Chinese Overseas Contracted Projects and Economic Diversification in Angola and Ethiopia 2000—2015", Working Paper No. 02, Industrial Development Construction and Employment in Africa, SOAS, University of London.

World Bank (2012) "Chinese FDI in Ethiopia: A World Bank Survey", Addis Ababa.

Yao, Y. (2014) "The Lewis Turning Point: Is There a Labour Shortage in China?", in S. Fan et al. (eds) *The Oxford Companion to the Economics of China*. Oxford: Oxford University Press, pp. 388-392.

第四部分

中国与非洲的经济转型

第 9 章　中国的轻工业与非洲的工业化

(林毅夫，徐佳君)

9.1　引　言

工业化又回到了发展议程的首位。在全球层面上，可持续发展目标高度重视"建设具有弹性的基础设施，促进包容和可持续的工业化，促进创新"[①] 这一目标。在区域层面上，非洲联盟在其《2063 年议程》中阐述了经济转型的战略框架，特别注重以制造业为基础的工业化，以避开依赖大宗商品的陷阱。[②]

[①] United Nations，Sustainable Development Goals，https://www.un.org/sustainabledevelopment/sustainable-development-goals/（访问日期：2017 年 5 月 15 日）。

[②] African Union，Agenda 2063，https://au.int/en/agenda2063（访问日期：2017 年 5 月 15 日）。

然而，非洲正在经历过早的去工业化进程。发展中国家的制造业份额在就业和实际增加值方面都在下降，这一现象自 20 世纪 80 年代以来尤为明显。这种去工业化趋势"为时过早"，因为与早期工业化国家相比，这些发展中国家"更快地耗尽工业化机会，收入水平也更低"（Rodrik，2016）。尽管最近出现了快速增长，但与 20 世纪 80 年代中期相比，如今的非洲制造业在产出和就业方面所占的份额要小得多（Brookings，2014）。例如，在过去 10 年中，坦桑尼亚的制造业在GDP 和增长率方面的份额一直处于相对停滞（Wangwe et al.，2016）。2017 年，撒哈拉以南非洲的制造业增加值在 GDP 中的平均份额仅为10% 左右，低于 20 世纪 80 年代的 20% 以上（见图 9.1）。

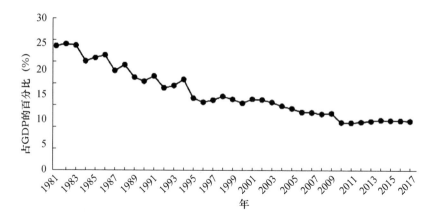

图 9.1　撒哈拉以南非洲制造业的增加值（占 GDP 的百分比）
资料来源：World Bank，World Development Indicators。

大多数成功的工业化经济体，包括二战后东亚的工业化经济体，都抓住了当高收入经济体由于工资上涨而失去在轻工业上的比较优势时，轻工制造业从高收入经济体向全球转移所带来的机会，从农业经济转型为工业化经济（Lin，2012b）。近年来，随着中国工资的快速增长，劳动密集型的轻工制造企业正在失去其比较优势。这些轻工制造企业是否会像它们过去的"前辈"一样，将其生产能力转移到低工资的发展中国家，特别是拥有丰富劳动力的撒哈拉以南非洲国家？这样的产业转移会有助于推动非洲的工业化吗？本章旨在探讨中国的轻工业转移是否会以及如何促进非洲的工业化。本章的主要论点是，即将到来的中国轻工业部门的迁移，为非洲国家提供了前所未有的机会，可以根据其潜在的比较优势助推工业化，但是需要关键利益相关者特别是非洲政府的助力实现这一巨大潜力。

本章的内容如下：首先，本章从"雁行"模式的历史角度考察了轻工业从当代中国向低工资发展中国家的转移所带来的机遇和挑战。其次，本章使用中国长三角和珠三角地区的第一手调查数据来研究中国的轻工制造企业如何应对不断上涨的劳动力成本，哪些类型的企业更有可能将其生产能力转移到低工资目的地，以及企业倾向于将生产线转移到哪里。再次，本章考察了"试点"的中国轻工业企业如何转移生产能力，以帮助在非洲创造就业机会和促进出口，从而克服先行者挑战。最后，本章运用新结构经济学的分析框架，对如何缓解约束条件提出政策建议，以帮助非洲国家抓住中国产业转移的机会窗口，最终实现经济结构转型。

9.2　从"飞雁"到"领头龙"

从历史上看，经济全球化时代见证了一种"雁行"模式，在这种模式中，一个更先进的国家（"领头雁"）打开市场空间，将资本、技术和管理技能转让给欠发达国家（"跟随雁"），从而促进其经济结构转型（Akamatsu，1962）。[①] 自 20 世纪 70 年代末中国内地开始开放经济并着手市场改革以来，通过吸引来自东亚"小虎"（尤其是韩国、中国香港地区和中国台湾地区）的轻工制造企业，抓住了机遇窗口。劳动密集型轻工制造业与中国内地潜在的比较优势非常吻合，这有助于挖

---

① Akamatsu（1962）创造了"雁行"一词来描述制造业从日本向其他低收入国家的转移。Lin（2012b）用"领头龙"这个词来反映从中国向其他国家的规模要大得多的转移。

掘其丰富而廉价的劳动力。中国的经济奇迹挑战了传统观点，即处于全球经济边缘的发展中国家遭受贸易条件恶化之苦，无法赶超核心发达国家。但这并不意味着后发企业将自动地从发达经济体的产业转移中获益，因为转型过程需要积极努力，才能把握住机遇，实现向全球价值链上游转移的潜力。

中国制造业的实际工资远高于非洲。此外，自 21 世纪头十年中期以来，实际工资一直在上涨；从 2003 年到 2016 年，每年增长率约 10%，[1] 这很可能也比非洲国家大得多。[2] 这种相对工资差距不断扩大的趋势引发了激烈的争论，那就是中国工资上涨是否预示着新一轮的制造业重新布局的浪潮，即制造业工作岗位转移到不太繁荣的低工资发展中国家。

对这一问题的回答已迫在眉睫。中国制造业的规模是空前的。随着中国在劳动密集型产业中失去竞争力，据估计，中国约有 8 500 万个工厂工作岗位属于轻工制造业（Lin，2012b）。

一方面，持乐观态度的人认为，随着不断增长的青年人口进入劳动力市场，中国制造业空前规模的迁移可能会促进非洲大陆和其他发展中国家的经济结构转型（Lin，2012b）。尽管数据有限，很难计算出中国对非洲轻工业的直接投资的确切数量，但就轻工制造业而言，有明显的迹象表明中国对非洲的参与度正在增加。根据《中国对外直接投资统计公报》，中国对非洲的对外直接投资从 2003 年的 0.7 亿美元增长到 2016 年的 24 亿美元。布鲁金斯学会的一项研究使用了中国的官方数据——企业向中国商务部办理对外投资计划的登记——估计在非洲有大约 2 000 家中国企业（Chen et al.，2014）。其中，作者认为大约有 1 170 家企业可归类为"农业和制造业"，约有 250 家企业从事与

---

[1] 中国国家统计局，见 http://data.stats.gov.cn（访问日期：2018 年 9 月）。

[2] 例如，2005 年至 2013 年，埃塞俄比亚的实际工资年平均增长率为 3%（根据国际劳工组织的统计数字）。然而，由于数据可得性的限制，这里的陈述只能解释为初步判断。

轻工业相关的行业。然而，因为商务部的对外直接投资登记数据是一个行政数据库，而不是对中国海外投资者的代表性调查，它低估了中国海外直接投资的规模（Rosen and Hanemann，2009；Tan，2013）。[①]为了克服这一官方数据的局限性，McKinsey 在非洲进行了一次自下而上的调查，发现非洲大陆大约有一万家中国企业，其中大约三分之一从事制造业。该项调查发现，在选定的 8 个非洲国家中，中国企业的数量是商务部登记企业数量的 2 倍至 9 倍（Sun，Jayaram and Kassiri，2017）。换言之，可能会有许多中国企业的迁移没有引起注意。这也引起一个警惕，尽管中国对非洲的外国直接投资增长迅速，但就存量而言，2013 年至 2016 年，中国在非洲的外国直接投资流入的相对份额仍保持在 5% 左右。[②]

　　另一方面，持怀疑态度的人认为，一系列长期趋势使乐观的前景——轻工业就业机会将以前所未有的规模从中国转移到其他低工资发展中国家，以释放其经济转型的潜力——变得黯淡。首先，在全球，尤其是在欧洲和北美，对传统轻工业产品的需求正在下降。其次，轻工业部门的劳动力吸收能力低于从前。自动化可能会使越来越多的劳动力变得多余。这意味着，即使确实发生了产业转移，创造就业机会的潜力也被削弱了。最后，同样重要的是，除非创造适当的条件，否则低工资发展中国家的经济转型将不会实现；除非道路、电力供应和港口充足，否则将无法将制造业工作岗位从中国转移到其他发展中国家；除非政治稳定、政策连贯，否则制造业就业岗位向低工资发展中

---

　　① 企业接受耗时的官方审批主要是为了获得海外投资证书，该证书可用于购买交易所需的外汇。这是中国资本账户管制的产物。企业可以将其留存收益再投资于海外，而无须将其汇回中国。

　　② 中华人民共和国商务部，《中国对外直接投资统计公报》，各年度数据。
　　平均而言，2015 年至 2017 年，非洲的外国直接投资占固定资本形成总额的一小部分，平均约为 11%。资料来源：UNCTAD, Country Fact Sheet：Africa, http://unctad. org/en/Pages/DIAE/World％20Investment％20Report/Regional-Factsheets. aspx（访问日期：2018 年 9 月 1 日）。

国家的迁移也不太可能发生。没有这些软硬基础设施，低工资的发展中国家将失去产业升级和经济转型的机会。因此，要实现这一巨大潜力，就需要有效的政策杠杆来创造适当的条件。

尽管存在上述争论，但很少有实证研究探讨中国制造业向非洲转移的机遇和挑战。这就是下文展示的试点调查所要填补的空白。

9.3　中国轻工业试点调查

为了更好地了解将中国轻工业生产能力转移到低工资发展中国家，特别是非洲的机遇和挑战，搜集企业层面的第一手经验数据非常重要。尽管在中国国内进行的家庭调查（如中国健康与养老追踪调查，CHARLS）开展良好，但企业调查面临着若干挑战，尤其是在获得企业调研许可和质量控制方面。① 为了克服这些挑战，北京大学新结构经济学研究院（INSE）和海外发展研究院（ODI）在2017年合作进行了一项试点调研，以了解中国轻工业企业如何应对劳动力成本上升的问题、哪些类型的企业更有可能将其生产能力转移到低工资目的地，以及企业倾向于在何处重新部署生产线（Xu et al.，2017）。该企业层面的试点调查还辅以对服装企业的深入案例研究。

为了使试点调查切实可行，我们选择了四个劳动密集型轻工业行业——家用电器、服装、鞋类和玩具行业，这些行业在中国共雇用了约1600万名工人。我们重点关注来自长三角和珠三角地区四个选定行业的轻工制造企业，这些地区的轻工制造企业在地理上较为集中。②

---

①　致力于企业层面试点调查的一个例子是由北京大学张晓波教授领导的小微企业调查。但对大型出口导向型企业的调查却少之又少，因为试图获得此类企业关于调研的许可往往难上加难。

②　按照官方定义，我们选择了以下城市：珠三角地区——广州、深圳、珠海、佛山、江门、东莞、中山、惠州、肇庆共9个城市；长三角地区——上海、南京、杭州、宁波、舟山、绍兴、湖州、嘉兴、苏州、无锡、常州、南通共12个城市。

由于产业集群对于中国制造业的发展至关重要，因此我们采用了基于集群的抽样策略。[①] 该项目中使用的抽样范围是根据中国国家统计局的 2013 年主营业务收入在 2 000 万元人民币（约合 300 万美元）以上的工业企业数据库。[②] 通过限定"规模以上"企业，即所包含企业的出口额超过其自身营业额的一半，我们的样本考虑到了对外投资的实际潜力。最后，我们调查了 640 家企业，回复率超过了 40%，远高于最初的预期（按行业和地区划分的企业详细分布见表 9.1）。

表 9.1　按行业和地区划分的企业详细信息

（单位：家）

	被调查企业			样本企业		
	长三角	珠三角	总计	长三角	珠三角	总计
家用电器	146（23）	129（20）	275（43）	274（19）	247（17）	521（37）
服装	75（12）	121（19）	196（31）	257（18）	324（23）	581（41）
鞋类	0	89（14）	89（14）	0	188（13）	188（13）
玩具	0	80（13）	80（13）	0	133（9）	133（9）
总计	221（35）	419（65）	640（100）	531（37）	892（63）	1 423（100）

资料来源：北京大学新结构经济学研究院和海外发展研究院。

注：（1）括号中的数字是占"被调查企业"一列中总调查量（640）的百分比，或占"样本企业"一列中的总样本数（1 423）的百分比。（2）我们仅从广东省选择鞋类和玩具行业的企业，因为这两个行业都集中在广东省。

该调查的一个关键发现是，劳动力成本上升已成为企业面临的首要挑战。2014 年至 2016 年，中国的年工资增长率为 10% 至 20%，超

---

① 根据所选行业内的企业数量对广东省和浙江省这两个省的县/区进行排名。入围名单由累计占各省各行业企业总数 30% 的县/区组成。因此，我们在少数几个城市进行了调查：珠三角的三个城市（广州、中山和东莞）和长三角的宁波。

② 企业调查在其他研究中得到广泛应用（Brandt et al.，2014；Xu and Hubbard，2018）。它提供来自企业财务账户的详细财务信息，包括工资总额、资产、收入、利润和所有权，以及工业部门和所在地的数据。数据库中的数据主要来自各企业向当地统计局提交的季度和年度汇总报告。数据库包括基本信息，如地址和电话号码、行业、所有权类型、隶属关系和开始经营的年份；还包括经济和财务信息，如雇员人数、资产负债表、营业额、运营成本（包括劳动力和中间投入成本）、利润、已付税款和出口。我们的重点是出口额占年总产出的 50% 以上的出口导向型企业。

过 80％的企业将上涨的劳动力成本（包括工资、福利和社会保障）视为其三大挑战之一。近半数的企业认为劳动力成本上升是最大的挑战。此外，原材料投入成本的上升和对产品需求的减少也削弱了企业的盈利能力。因此，许多中国企业正在失去竞争优势。

由于劳动力成本上升，超过半数的受访企业将技术升级作为降低劳动力成本、提高劳动生产率的首选策略。虽然以机器代替劳动力似乎是企业采取的主导策略，但作为技术升级的主要形式，自动化在轻工业部门的应用有其自身的局限性。首先，自动化设备所需的投资非常之大，超出了中小型企业的能力。其次，服装或鞋类等特定行业的许多制造过程很难实现自动化。例如，裁剪、缝纫、钉纽扣、熨烫和服装检验不能完全由机器来完成。最后，自动化还需要维护费用和技术人员。针对劳动力成本上升，许多受访企业采取的其他策略是加强对投入和生产的成本控制，改变产品线或扩大市场。

向海外转移生产线的浪潮似乎还尚未出现。只有 10％的受访企业过去曾有或计划在未来三年内投资海外。然而，这可能低估了"飞雁"的数量，原因有二。第一，调查无法涵盖已经全部迁移的企业。[①] 第二，回复中没有报告被调查企业的母公司在国外的投资。[②] 即使使用10％的保守比率，粗略估计，中国轻工制造业可能重新安置的工作岗位也约为 850 万个。[③] 虽然这一数字相对较小，但到 2030 年，将有1.85 亿名劳动力在非洲寻找工作，这一数字在绝对值上仍然具有重大意义。

但值得注意的是，将轻工业产能转移到海外的步伐正在加快。尽

---

① 随机观察表明，大部分来自中国香港地区、中国台湾地区和韩国的劳动密集型工厂已经离开中国内地。

② 这项调查还低估了低收入、劳动力丰富国家的机会。如果中国的企业无法通过自动化或搬迁和关闭来应对工资上涨的挑战，它们的出口市场将被释放出来，供其他国家的企业填补，因为全球买家正在寻找低成本的目的地，以实现利润最大化。

③ 由于我们的调查显示，不同轻工业子行业的迁移决策可能存在差异，因此此处的估计值不应被解释为预测，而应解释为进一步调查的线索。

管到目前为止"飞雁"的数量相对较少，但自 2010 年以来，仍有很大一部分企业迁移到低工资发展中国家。

当我们仔细观察一下这些"飞雁"时，会发现作为原始设计制造商（ODM）的大型外资鞋类和服装企业更有可能转移生产能力。这一发现有助于回答哪些类型的公司更有可能成为"飞雁"的问题。

首先，大型企业通常比小型企业更有可能向国外扩张或转移生产。拥有不少于 1 000 名员工的大型企业中约有 12％进行了迁移，拥有 300～999 名员工的中型企业中有 7％进行了迁移，而拥有 20～299 名员工的小型企业中则有 4％进行了迁移。将生产能力转移到国外会带来很大的风险，尤其是在东道国遭受政治动荡和宏观经济波动之苦时。大型企业可能有更大的能力来缓解风险和应对挑战。

其次，中国的外资企业比内资企业更倾向于向国外转移。尽管只有 8％的外资企业倾向于将外迁作为应对成本上升的策略，但它们做出这一选择的可能性是内资企业的四倍。一个可能的原因是位于珠三角地区的外资民营企业（占调查样本的一大部分）已经具有了海外投资的经验。换言之，外资企业是经验丰富的"飞雁"，可以提前预见迁移的浪潮，而不是持观望态度。

再次，与家用电器和玩具行业的企业相比，鞋类和服装行业的企业更可能迁往国外。27％的鞋类企业和 5.6％的服装企业或已在海外投资，或计划在未来三年内进行海外投资，而家电行业和玩具行业的这一比例分别为 1.8％和 1.3％。这种有趣的经验现象值得进一步研究。一个可能的原因是，鞋类和服装行业的机械化生产很困难。换言之，劳动力不能轻易被机器取代，因此企业不得不转移到低工资地区以降低生产成本。第二个可能的原因是，与家用电器和玩具相比，鞋类和服装的供应链相对简单，因此，工资成本的下降更有可能补偿物流成本的上涨。① 第三个可能的原因是，中国鞋类和服装行业的企业如果将生产线转移到有资格享受优惠关税计划的低收入发展中国家，就可以节省大量关税。这些计划包括美国《非洲增长与机会法案》（AGOA），该法案规定从许多撒哈拉以南非洲国家免税进口服装，以及欧盟针对49个最不发达国家（LDCs）的"除武器外一切都行"（EBA）待遇，这使得除武器外的所有产品均可以免税和免配额。② 这使得在美国或欧盟市场上从这些非洲国家进口的服装和鞋类与直接从中国进口的商品相比具有极大的价格优势。③

最后同样重要的是，调查发现，与原始品牌制造商（OBM）相比，原始设计制造商（ODM）在国外建立生产的可能性更大。近14%的ODM企业已经在国外投资，而只有不到4%的OBM企业在国外投资。而且，OBM企业的利润率更高，这使它们能够采取多元化策略。一个例子就是位于长三角地区的斐戈集团（FIOCCO Group）。根据一手采访，斐戈集团的前身成立于1992年，是由一家农村经济合作社和一家台湾企业合资成立的华艺时尚。在作为原始设备制造商（OEM）运营了大约十年之后，它于2006年开始建立其高端女性时尚品牌。为了应对不断上涨的劳动力成本带来的挑战，斐戈集团通过涉足国际物流业务实现了多元化，同时仍维持外贸装配业务，以提供发展自有品牌所急需的资金。

那么，那些"飞雁"去了哪里呢？仔细观察受访的轻工制造企业

---

① 例如，2012年第一家迁往埃塞俄比亚的鞋类企业华坚（Huajian）的物流成本占总成本的比例从2%提高到8%，但与中国的成本结构相比，其劳动力成本占总成本的比例从约25%降至5%（基于对华坚集团老板的采访）。

② "GSP＋"为16个符合某些人权和劳工权利标准的国家规定了零关税。

③ 例如，非丝绸针织、钩编头带和马尾辫夹（HTS No.6117.80.85.00）从《非洲增长与机会法案》国家可以免税进口到美国，而从中国进口的税率为14.6%；带有皮革鞋面的运动鞋（HTS No.6404.11.20）从《非洲增长与机会法案》国家可以免税进口，但从中国进口税率为10.5%；带有保护性金属鞋头的鞋（HTS No.6401.10.00.00）从《非洲增长与机会法案》国家进口，可避免37.5%的关税。

海外直接投资的目的地，我们发现南亚和东南亚低工资邻国最先受益于中国轻工业转移，这一转移的步伐正在加快。越南和柬埔寨是最受欢迎的投资目的地。但我们在实地调查期间也得到报告，由于劳动力规模相对较小，南亚和东南亚国家的工资一直在迅速上涨。例如，孟加拉国的最低工资从 2009 年的 24 美元上升到 2013 年的 68 美元。[①] 越南的最低工资也有类似的上升趋势：河内和胡志明市的最低工资从 2010 年的 51 美元上升到 2018 年的 174 美元。[②] 服装厂工人的平均工资从 2010 年的 56 美元上升到 2017 年的 103 美元。[③]

　　还有一种可能性是，企业正在转向非洲以寻求更低的工资。事实上，在埃塞俄比亚可以看到中国工厂迁移的第一轮先锋浪潮，例如华坚鞋厂。撒哈拉以南非洲国家目前的劳动力约为 4.15 亿人，远大于越南和柬埔寨的总和（6 600 万人）。[④] 据预测，到 2030 年，撒哈拉以南非洲地区的劳动力将增长到 6 亿人以上。[⑤] 而与中国相比，非洲的生产率相对较低，可以通过提供培训来提高生产率。因此，非洲在从事劳动密集型轻工业方面具有巨大潜力。

　　总之，劳动力成本上升是中国轻工制造企业面临的最紧迫的挑战。为了应对这一巨大的挑战，大多数企业选择了技术升级作为首要战略。但是，如果企业是作为 ODM 的大型外资鞋类和服装企业，它们更有可能成为"飞雁"。虽然目前东南亚和南亚国家是最受欢迎的中国轻工制造企业迁移目的地，但撒哈拉以南非洲国家可能会成为下一个迁移目的地，因为它们拥有丰富的劳动力。

---

① 当前价格，国际劳工组织（International Labour Organization，ILO）的数据。
② 当前价格，来自中华人民共和国商务部以及人力资源和社会保障部的官方网站，因为 ILO 只提供 2014 年和 2016 年的数据。
③ 当前价格，来自 CEIC（司尔亚司数据信息有限公司）数据。
④ World Development Indicators.
⑤ ILO 数据。

9.4 "飞雁"先行者

尽管劳动力成本上升是中国轻工制造企业面临的最严峻挑战，但其在海外投资还面临着其他重大挑战。对于那些率先进入新目的地（尤其是撒哈拉以南非洲国家）的先行者来说，这些挑战更为迫切。

先行者必须克服对未知的恐惧，这种恐惧因信息不对称而加剧。对于大多数中国轻工制造企业的所有者来说，非洲是一个遥远的大陆，饱受内战、传染病和宏观经济不稳定的困扰。尽管大量的年轻劳动力使非洲成为一个潜在的有吸引力的迁移目的地，但这种对风险的错误认知阻碍了轻工制造企业将其生产能力转移到非洲。

非洲薄弱的软硬件基础设施进一步加剧了先行者面临的挑战。欠发达的一个突出症状是，由于繁文缛节、行政能力差和腐败猖獗，体制和政策不利于民营部门的发展。例如，由于全国商业环境不佳，许多非洲国家在世界银行的营商环境指标中排名很低。与此同时，许多非洲国家还面临基础设施短缺的问题，使得向国际市场运输货物变得困难，阻碍了出口导向型制造业的发展。

克服先行者挑战的一种方法是吸引锚定企业①提供"示范效应"。华坚集团在埃塞俄比亚的试点成功就是一个例证。华坚集团成立于1996 年，总部位于广东省东莞市，专业生产高档女鞋，每年为 Guess、Marc Fisher、Coach 和 Calvin Klein Nina 等国际知名品牌生产超过2 000 万双鞋。②

华坚集团试点成功的一个关键因素是，埃塞俄比亚政府根据其潜

---

① 锚定企业是在生产过程和最佳实践方面处于行业领先水平的大型知名国际企业。它们可以鼓励其他外国投资者效仿。

② "华坚集团简介"，http://www.huajian.com/hjgk/hjjj.html（访问日期：2018 年 7 月 1 日）。

在的比较优势——丰富的廉价劳动力和皮革，将目标锁定在了轻工制造业。埃塞俄比亚政府一直在积极部署一项产业政策，通过五年发展计划支持优先发展的部门。随着一项涵盖 2010/2011 年至 2014/2015 年的"增长与转型计划"的启动，政府非常重视外国直接投资和制造业出口，特别是皮革制品、纺织品以及服装业，以积累外汇和加速技术转让（Federal Democratic Republic of Ethiopia，2010）。

华坚集团成功的另一个关键因素是高层政治领导人非常积极地促进投资。世界银行的非洲轻工制造项目发现，埃塞俄比亚在制鞋行业具有要素成本优势，但也受到一些制约因素的影响，包括落后的基础设施、恶劣的商业环境，以及国际买家对埃塞俄比亚及时交付质量稳定的产品的能力缺乏信心。为了赢得国际买家的信心，吸引已经有成功纪录的中国轻工制造企业的外国直接投资至关重要。2011 年 3 月，时任世界银行首席经济学家的林毅夫教授向时任总理梅莱斯·泽纳维（Meles Zenawi）报告了这一发现，并建议他来中国亲自邀请制鞋企业去埃塞俄比亚的东方工业园投资。泽纳维总理迅速采取了行动，于 2011 年 8 月访问了广东省东莞市，该市是中国大陆的前沿，从东亚"四小虎"手中抓住了产业转移的机会窗口。应泽纳维总理邀请，华坚于 2011 年 10 月访问了亚的斯亚贝巴，并决定投资。为了克服缺乏熟练工人的困难，华坚招募了 86 名埃塞俄比亚工人到中国接受培训。2012 年 1 月，华坚在埃塞俄比亚建立了 2 条 600 名员工的生产线；2012 年 3 月，第一批货物出口到美国。到 2012 年 5 月，华坚已成为埃塞俄比亚最大的鞋类出口商；到 2012 年 12 月，就业人数已增至 2 000 人。2012 年，华坚出口的皮革占埃塞俄比亚皮革出口总额的 57％。截至 2013 年 12 月，华坚鞋厂在当地创造的就业岗位已增至 3 500 个。

除了合理的部门目标定位和积极的投资促进，经济特区还充当了这家中国领先鞋业公司试点"鸟"的一个"鸟巢"。埃塞俄比亚的第一个经济特区东方工业园（EIP）于 2007 年开始规划建设，并于 2010 年进驻了第一家企业——中顺水泥公司（Gakunu et al.，2015）。从那时起，埃塞俄比亚政府在改善发展国家经济特区所需的基础设施和体制框架方面进行了大量投资。东方工业园是江苏永元集团开发的一个私人区域，该集团最初是一家中国钢管和铝的生产商。虽然东方工业园在试点项目中早期可能会遇到一些可预见的问题，但它有助于为中国企业提供基础设施，使其迁移成为可能。

华坚的成功在埃塞俄比亚吸引外国直接投资方面产生了滚雪球效应。2013 年，位于新工业园区博勒莱米（Bole Lemi）的 22 个工厂单元仅用了 3 个月就全部租出。埃塞俄比亚政府在吸引外国直接投资方面的积极做法取得了进一步的成果。世界第二大服装公司 PVH 集团选择埃塞俄比亚作为其新商业模式的基地，该模式是一个从场地到成品的完全垂直整合的社会责任供应链。PVH 带领一批顶级供应商在埃塞俄比亚的哈瓦萨工业园（Hawassa Industrial Park，HIP）建造了工厂和一家纺织厂。哈瓦萨工业园项目于 2015 年 7 月开工建设，园区于 2016 年 7 月 13 日落成。在一年之内，即 2017 年 3 月 4 日，一家企业出口了哈瓦萨工业园的第一件正装衬衫（Mihretu and Llobet，2017）。埃塞俄比亚与卢旺达和塞内加尔分享了其先驱经验。其他非洲国家的代表团也访问了埃塞俄比亚，学习其经验。鉴于埃塞俄比亚的成功，C&H 服装公司于 2015 年 2 月在基加利（Kigali）经济特区投资，并在 2 个月内开始生产。截至 2015 年 8 月，该公司共创造了 500 多个就业岗位，为 300 名妇女提供了刺绣方面的培训，使家庭制造业得以实现，2017 年就业人数达到 2 000 人。塞内加尔于 2015 年设立了第一个经济特区，以吸引轻工业和家乐福等国际买家的外国直接投资。成功案例激发了更高级别的政治承诺，以实现泛非工业化的快速胜利（Hai and Xu，2016）。

9.5　政　策　建　议

中国轻工业生产能力向非洲转移的潜力巨大，而且转移的步伐正在加快，但并非是自动实现的。[①] 释放这一巨大潜力需要关键的利益相关者，特别是东道国政府，发挥扶持和促进作用。从新结构经济学的角度来看（Lin，2012a），经济结构转型需要有效市场与"有为政府"协同发力。林毅夫教授提出的新结构经济学将新古典主义的方法应用于经济结构及其演化的研究。新结构经济学旨在突破传统发展思想的局限性，包括过分强调国家干预的旧结构主义和过分注重自由市场的新自由主义。新结构经济学至少在两个方面是"新的"。第一，它建议发展中国家基于它们所拥有的东西（当前的要素禀赋），把重点放在它们能做得好的方面（潜在的比较优势）。换言之，这是一项具有潜在比较优势的产业政策。它与那些失败的"旧"产业政策形成了鲜明对比，"旧"产业政策的失败，通常是因为支持那些在它们所处的环境中没有自生能力的产业。第二，它认为需要一个"有为政府"来提供出口产业所需的基础设施和服务，而且即使在最贫穷的发展中国家，也可以通过与港口相连的工业园区，以基于集群的方法实现这一点。"有为政府"致力于推动充满活力的能力建设，经过一代人的努力达到中等收入水平，这一点在最近的历史中已经得到证实。主流的新自由主义框架没有纳入"有为政府"的考量，因此新自由主义经济学家未能预测或解释亚洲的增长奇迹。

就目前中国向非洲的产业转移而言，尽管劳动密集型轻工制造业

---

① 尽管面对工资上涨，中国劳动密集型企业可能会决定关闭业务，而不是迁往其他低工资国家，但它们过去服务的市场不会消失，而是会被其他供应商所填补。如果非洲国家能够吸引一些中国企业搬迁，以此为催化剂，提高国内劳动密集型企业的能力，改善物流，并能接触到外国买家，它们或许能够占领那些关闭的中国企业留下的市场，并启动一个充满活力的工业化进程。

与非洲国家潜在的比较优势非常吻合，但除非政府在识别和克服瓶颈性挑战方面发挥关键作用，否则这些行业就不能获得国际市场上的竞争优势。

第一项建议是，东道国政府可以建立经济特区，在一个整体基础设施和商业环境都很差的国家，有策略地利用有限的资源改善有界区域内的软硬基础设施。这种方式可以将国家潜在的比较优势转化为竞争优势，实现速胜，为树立国际投资者和买家的信心起到示范作用。然而，现实中经济特区往往没有达到它们最初的期望，即帮助非洲国家启动经济结构转型。这些失败至少有四个主要原因。第一，经济特区没有选定优先发展的产业目标，或者过于雄心勃勃，选择了要素成本远高于国际竞争对手的产业，不符合所在国的比较优势，无法获得国际市场上的竞争力。第二，缺乏高层政治承诺，地区当局和职能部委之间存在冲突，使得实施特别的政策激励措施非常困难甚至不可能。第三，基本的连接基础设施缺失，使得企业面临诸如电力短缺等重大挑战。第四，如果经济特区位于偏远地区，如政治领导人的家乡，则出口导向型企业将面临更高的运输成本。因此，东道国政府需要积极主动地学习，充分发挥经济特区的全部潜力。

第二项建议是，东道国政府需要积极主动和有针对性地促进投资。如 9.4 节所示，埃塞俄比亚政府成功地促进了国际企业在埃塞俄比亚的投资。据报道，这种支持民营部门投资的高层承诺是投资决策的主要推动力，尤其针对那些已习惯于与地方和中央政府建立合作关系的中国企业。值得注意的是，并非所有非洲国家的政府都准备像埃塞俄比亚政府那样积极地促进投资（Calabrese，Gelb and Hou，2017）。只有那些准备好在解决投资者面临的瓶颈性挑战中发挥促进作用的非洲国家政府，才能成功吸引中国的轻工业外国直接投资。此外，为了实现速胜，非洲各国政府可以通过吸引最有可能迁移的中国轻工业企业来更有效地促进投资。根据我们的调查结果，在珠三角地区从事加工贸易的大型外资鞋类企业可能会成为初始的定向投资重点。

第三项建议是，发展机构可以在克服先行者挑战方面发挥催化作用。当未经考验的市场存在巨大风险时，民营企业往往采取观望态度。第一个挑战是经济特区缺乏基本的基础设施，因为东道国政府经常受到财政限制，私人资本也受到短视主义的影响。在这种情况下，发展机构可以提供急需的长期资本来建造基础设施，从而为即将到来的中国轻工制造业的迁移奠定基础。第二个挑战是高政治风险和政策不确定性。国际金融公司等开发性机构可以提供股权投资，以帮助降低风险，树立试点投资者的信心。第三个挑战是信息不对称加剧了对未知的恐惧。开发机构可以充当公正的经纪人，向潜在投资者提供中立的信息，传播试点的成功，努力吸引更广泛的投资者。值得强调的是，向先行者提供的这类激励方案应包括退出条款。根据该条款，当试点企业在克服瓶颈性挑战后变得在经济上具有自生能力时，应逐步取消特殊支持。同时，有必要搜集第一手资料，了解先行者带来的更多外国直接投资、技术转让和劳动生产率等溢出效应，以确保根据实际表现来提供特殊支持。简言之，克服先行者挑战有助于在未来形成滚雪球效应。

最后同样重要的是，非洲各国政府需要发挥积极作用，鼓励外国企业提供在职培训。如前所述，与中国相比，非洲的劳动生产率相对较低。非洲国家可能陷入低工资和低生产率的困境，因为外国投资者可能不会自愿提供培训，而只是利用廉价劳动力生产低端的产品或部件，同时将高端的产品或部件留在本国生产。由于在职培训是外国直接投资在当地经济中产生溢出效应的一个关键途径，非洲各国政府应积极鼓励外国投资者培训当地工人以提升价值链。

总之，关键利益相关者需要发挥扶持和促进作用，帮助非洲国家把握住中国轻工制造企业即将迁移的机会窗口。

最后要注意的是，如果非洲国家不迅速采取行动，可能将会错过这一机会窗口。两种长期趋势可能会使非洲国家失去这种前所未有的机会。其一，优惠贸易协定可能会受到巨大的政治不确定性的影响，这些不确定性会阻碍中国轻工制造企业迁往非洲国家。例如，美国特朗普政府最近决定暂停对卢旺达纺织品进口的免税待遇。[①] 2000 年，美国在克林顿政府的领导下颁布了《非洲增长与机会法案》，但如果不授权进一步延长其期限，其目前给予非洲的优惠和特权就将在 2026 年到期。[②] 其二，尽管在某些轻工制造行业充分应用自动化存在局限性，但制造业中自动化的总体趋势仍可能会导致低收入国家的手工工作减少。总而言之，非洲国家急需一种紧迫感，以抓住中国轻工制造企业空前规模的迁移所带来的机会窗口，进而推动其经济结构转型。

((•)) 参考文献

Akamatsu K. (1962) "A Historical Pattern of Economic Growth in Developing Countries", *Journal of Developing Economies*, 1(1): 3-25.

Brandt, L., J. Van Biesebroeck, and Y. Zhang (2014) "Challenges of Working with the Chinese NBS Firm-Level Data", *China Economic Review*, 30: 339-352.

Brookings (2014) "Learning to Compete: Industrialization in Africa and Emerging Asia", Learning to Compete Working Papers, Washington, DC, https://www.brookings.edu/research/learning-to-compete-industrialization-in-africa-and-emerging-asia/.

Calabrese, L., S. Gelb, and J. Hou (2017) "What Drives Chinese Outward Manufacturing Investment? A Review of Enabling Factors in Africa and Asia", ODI Supporting Economic Transformation Background Paper.

Chen, W. and H. Tang (2014) "The Dragon Is Flying West: Micro-Level

---

① Sarah McGregor, "US Suspends Duty-Free Benefits for Rwandan Textile Imports", 20 March 2018, https://agoa.info/news/article/15401-us-suspends-duty-free-benefits-for-rwandan-textileimports.html (访问日期: 2018 年 8 月 30 日)。

② AGOA FAQ, https://agoa.info/about-agoa/faq.html # what _ is _ AGOA (访问日期: 2018 年 8 月 30 日)。

Evidence of Chinese Outward Direct Investment", *Asian Development Review*, 31 (2): 109–140.

Federal Democratic Republic of Ethiopia (2010) "Growth and Transformation Plan (GTP I) 2010/11–2014/15", Ministry of Finance and Economic Development (MoFED), Addis Ababa.

Gakunu, Peter, et al. (2015) "Comparative Study on Special Economic Zones in Africa and China", Working Paper No. 06/2015, United Nations Development Programme; the International Poverty Reduction Center in China, http://www. cn. undp. org/content/dam/china/docs/Publications/UNDP-CH-Comparative％20Study％20on％20SEZs％20in％20Africa％20and％20China％20-％20ENG. pdf.

Hai, Y. and J. Xu (2016) "Industrialization and Job Creation for Africa", *Good Practices in South-South and Triangular Cooperation for Sustainable Development*, United Nations Office for South-South Cooperation, pp. 9–10.

Lin, J. Y. (2012a) *New Structural Economics: A Framework for Rethinking Development and Policy*. Washington, DC: The World Bank.

Lin, J. Y. (2012b) "From Flying Geese to Leading Dragons: New Opportunities and Strategies for Structural Transformation in Developing Countries", *Global Policy*, 3(4): 397–409.

Mihretu, M. and G. Llobet (2017) "Looking beyond the Horizon: A Case Study of PVH's Commitment to Ethiopia's Hawassa Industrial Park", World Bank Group, Washington, DC.

Rodrik, D. (2016) "Premature Deindustrialization", *Journal of Economic Growth*, 21(1): 1–33.

Sun, I. Y. , K. Jayaram, and O. Kassiri (2017) "Dance of the Lions and Dragons: How Are Africa and China Engaging, and How Will the Partnership Evolve?", McKinsey & Company, New York.

Rosen, D. H. and T. Hanemann (2009) "China's Changing Outbound Foreign Direct Investment Profile: Drivers and Policy Implication", Policy Brief 09–14, Peterson Institute for International Economics, Washington, DC.

Tan, X. (2013) "China's Overseas Investment in the Energy/Resources Sector: Its Scale, Drivers, Challenges and Implications", *Energy Economics*, 36: 750–758.

Wangwe, S. , et al. (2016) "The Performance of the Manufacturing Sector in Tanzania: Challenges and the Way forward", Learning to Compete Working Paper

No. 22, Brookings Institute, Washington, DC.

Xu, J., et al. (2017) "Adjusting to Rising Costs in Chinese Light Manufac-turing: What Opportunities for Developing Countries?", Center for New Structur-al Economics and Overseas Development Institute, Peking University, Beijing.

Xu, J. and P. Hubbard (2018) "A Flying Goose Chase: China's Overseas Di-rect Investment in Manufacturing (2011—2013)", *China Economic Journal*, 11(2): 91-107.

第 10 章　推动中非关系以促进非洲结构转型

——埃塞俄比亚的经验

(Fantu Cheru，Arkebe Oqubay)

10.1　引　言

随着中国、印度、巴西和土耳其等南方新发展伙伴的出现，非洲的发展前景发生了巨大变化。虽然在可预见的未来，OECD 国家仍将是非洲的重要合作伙伴，但重心已不可逆转地向南方和东方转移(Alden，2007；Cheru and Obi，2010；Manning，2006)。在过去 10 年里，许多非洲国家取得了令人瞩目的增长，这得益于新兴经济体对非洲石油、天然气和矿产资源的狂热需求。加之对非洲基础设施部门投资的扩大，使得埃塞俄比亚等非洲国家能够提高其生产潜力，使其经济基础多样化，并相对快速地将商品运输到当地、区域乃至全球市场（*The Economist*，2011；UNECA，2013）。交通运输和能源获取渠道的改善对农业和其他部门生产率的提高至关重要。

对中国在非洲所扮演的角色的这种积极刻画并不意味着两个贸易伙伴之间在经济政策上不存在任何紧张关系。作为一个在全球经济中举足轻重的新兴大国，中国在处理与非洲的经济关系时，国家利益始终被放在首位。中非之间可能出现的紧张关系包括：（a）在国内市场上来自中国廉价制成品的直接竞争，这些产品取代了非洲中小型生产商的产品；（b）在非洲相关的出口市场上间接竞争，即纺织品、鞋类和皮革等行业（Geda and Meskel，2010）；（c）非洲中型企业在当地内销和分包的机会有限（Axelsson and Sylvanus，2010；Wethal，2018）；（d）在非洲开展业务的一些中国企业在环境和劳动方面的做法不佳（Human Rights Watch，2011）。尽管这些紧张关系不可避免，但非洲各国应自行制定必要的监管框架和执行机制，以解决新出现的紧张关系，并确保中国投资成为非洲工业化和结构转型的催化剂（Cheru and Obi，2011；Mohan et al.，2014）。

本章探讨了埃塞俄比亚政府为使中国从战略上参与其工业化和结构转型而采取的策略。本章旨在解读埃塞俄比亚的发展型政府在确定长期发展愿景方面的作用，该愿景旨在利用与东方新兴大国特别是中国之间经济联系的催化效应，实现经济快速增长和多样化，并通过试验和边做边学的过程来发展国内持续增长的能力（Oqubay，2015，2019a）。最后，本章总结了在政策制定、谈判策略与能力、知识获取及吸收方面的经验教训，这些经验教训可能对于寻求结构转型新途径的其他非洲国家也是有价值的。

10.2　超越理论和意识形态：历史和
非洲机构的作用

过去 10 年，讨论中非关系的文献层出不穷。有关中国对非洲发展的真正影响的文献中，存在许多有争议的观点，这些观点可分为两大阵营："危言耸听者"和"摇旗呐喊者"。第一种观点认为中国是一个有野心的大国，意图开发非洲资源并主导非洲市场（Moyo，2013；Sautmann and Hairong，2008；Southall and Melber，2009），而第二种观点将中国描述为一个天然的伙伴，将在南南合作的背景下促进以非洲为中心的发展（Wenping，2007：23 - 40；Brautigam，2009；Cheru and Modi，2013；French，2014）。"危言耸听者"阵营的学者们以一种近乎仇外的心理，将中国在非洲的行动形容为一种"新式帝国主义"（Naim，2007；Pillsburry，2015；Zakaria，2008）。

相反，第二阵营"摇旗呐喊者"则把中国和其他新兴南方经济体的崛起视为机遇，而不是威胁。这些学者认为，中国和其他新兴经济体的崛起，可能为非洲国家在没有西方援助机构和债权机构强硬手段的情况下尝试替代的发展模式开辟了新的可能性（Brautigam，2009；Carmody，2013；Cheru and Obi，2010；Mohan and Power，2008；UNCTAD，2010）。他们进一步指出，在短短的 30 年内，中国克服了殖民主义的遗留问题，成为世界上最强大的经济体之一，使七亿多人摆脱了贫困。因此，非洲国家可以从中国的经济改革中吸取许多经验，但也不必将这些经验全部移植到非洲（见第 3 章和第 10 章）。

中国和非洲之间的关系比上述争论性观点所显示出的更为复杂。在本章中，我们将把"非洲机构"的问题放在中心位置（Mohan and Lampert，2013）。我们的观点是，中国的崛起既不会产生一种新的

"殖民型"关系，也不能自动保证非洲国家在没有外部干预的情况下自主决定自己的发展道路。能否把与中国的新型关系转变为"双赢"的伙伴关系，最终将取决于每个非洲国家的国家性质和政治领导层，以及政府是否阐明了长期的国家发展愿景和拥有强有力的机构来推动结构转型议程（Zenawi，2012）。简而言之，政府必须设定优先次序，确定政策内容，创造必要条件，负责实施和监督项目，并准备好在不放弃主权的情况下从战略上吸引外部合作伙伴。

最新的经验证据表明，面对中国的经济实力，一些非洲国家远非无能为力，反而能够将中国提供的机会和资源转化为自己的优势（Mohan and Lampert，2013：92-93；Cheru，2016）。埃塞俄比亚就是这样一个例子。埃塞俄比亚人民革命民主阵线（EPRDF）领导的政府能够战略性地利用与新老西方发展伙伴的关系，以实施其雄心勃勃的工业化计划。在埃塞俄比亚更为独特的一点是，政府有能力将其与中国的战略伙伴关系作为与欧洲捐助者谈判的明确筹码（反之亦然）（Cheru，2016）。与以往相比，这使得埃塞俄比亚人民革命民主阵线的精英们可以从与埃塞俄比亚相关的更广泛的发展模式中进行选择。事实上，埃塞俄比亚的经济理念、政策能力和增长表现更接近东亚工业化经济体。该国在执行政策和战略方面也表现出高度的政治自主权和很强的体制执行力。

但是，必须首先指出，如果不充分掌握解放后埃塞俄比亚"国家发展项目"的思想基础和战略方向，就无法理解埃塞俄比亚在1991年之后的成功发展经验。自1991年5月埃塞俄比亚人民革命民主阵线掌权以来，埃塞俄比亚政府一直在推进一个高度政治化的"国家发展项目"，该项目以长期政治和发展愿景为基础，旨在赋予90%的埃塞俄比亚人权利，这些人恰好是贫穷的小规模自给自足的农民。解放后埃塞俄比亚"国家发展项目"的核心是从自给自足的农业向以农业为主导的工业化转变，使数百万农民摆脱赤贫，实现充分的粮食安全，并利用全球经济日益增长的机遇。中国与埃塞俄比亚之间的关系必须放在对结构转型的更广泛追求的背景下加以审视。

10.3　中埃关系：背景和情境

埃塞俄比亚是为数不多的几个在与传统的西方发展伙伴保持着牢固联系的同时，也采取了更加战略性的策略来与中国保持紧密联系的非洲国家之一。由于埃塞俄比亚是一个非石油出口国，它的政策制定者通过从中国和其他新兴经济体以及传统西方发展伙伴（如世界银行、非洲开发银行、欧佩克国际发展基金）调动大量投资，使该国能够着手推进其雄心勃勃的工业化议程。

从 20 世纪 70 年代中期到 80 年代末东欧剧变，埃塞俄比亚的外交政策在战略上与苏联保持一致。从 20 世纪 90 年代中期开始，情况开始发生变化。1995 年，时任埃塞俄比亚总理梅莱斯·泽纳维访华；中国也予以了同等回应，1997 年，时任中国国家主席江泽民访问埃塞俄比亚。梅莱斯总理在首次访华期间亲自劝说中国投资者来埃塞俄比亚投资，并向他们保证，埃塞俄比亚政府准备为他们的成功提供一切必要的激励措施。在两次互访中，中埃两国签署了多项双边经济和教育协定。1998 年，埃塞俄比亚财政和经济合作部（MOFED）与中国商务部成立了埃塞俄比亚-中国联合委员会（JECC）。① 该委员会是协调双方经济和技术合作协议的平台。双方技术团队每两年举行一次会议，会议在北京和亚的斯亚贝巴轮流举行。中国大规模贷款的决定通常是由最高政治决策层在具体情况具体分析的基础上做出的。

促进中国和埃塞俄比亚关系的第二条渠道是两国各自的政党——埃塞俄比亚人民革命民主阵线和中国共产党。每年，埃塞俄比亚地方

---

① 2015 年 8 月 17 日，在亚的斯亚贝巴，对埃塞俄比财政和经济合作部中国协调处项目官员的采访。

和国家行政部门多达 200 名官员前往中国参加培训和体验分享项目。党际会议提供了讨论发展经验、党在国家中的作用或政党继承策略的渠道。

与中国进行建设性接触的决定与埃塞俄比亚自 20 世纪 90 年代中期以来经济政策的战略转变不谋而合。虽然埃塞俄比亚人民革命民主阵线在执政后的第一个十年里不情愿地接受了新自由主义政策，但在国家指导下实现结构变革的承诺早于 1991 年 5 月该党上台执政时就已做出。在 20 世纪 90 年代初的过渡时期，西方捐助者不断向埃塞俄比亚政府施压，要求其向外国投资者开放经济，并推行影响深远的市场化改革。尽管对冲突后的埃塞俄比亚新自由主义经济政策的相关性存在严重疑虑，埃塞俄比亚人民革命民主阵线还是勉强开始实施国际货币基金组织/世界银行支持的市场导向的改革，以换取急需的捐助资金来启动经济并开展冲突后的重建和恢复项目。这些捐助者支持的改革方案对扭转埃塞俄比亚农业生产率下降趋势和为人民创造足够就业机会的影响大体上是有限的。

糟糕的经济状况要求埃塞俄比亚在发展政策上采取更激进和反霸权的思路。21 世纪初，在党内进行了一系列讨论和辩论之后，埃塞俄比亚人民革命民主阵线内部达成了一项共识，即需要通过与亚洲新兴经济体的紧密合作，使埃塞俄比亚的外交和经济关系多样化，从而平衡西方捐助者的过度干预，并将政府在国家发展中的作用放在中心位置。韩国和中国台湾地区是梅莱斯总理最喜欢的成功颠覆新自由主义教条的发展经济体的范例（De Wall，2012；Zenawi，2006）。

梅莱斯认为，东亚经济奇迹的核心是中国政府在通过严格的规划引导市场方面发挥的作用，以及中国政府愿意试验"非正统"政策以振兴经济、参在全球市场竞争，并在这个过程中减少贫困，同时朝着自由市场的方向发展。这一战略与"华盛顿共识"的失败政策形成鲜明对比。埃塞俄比亚和其他非洲国家忠实遵守"华盛顿共识"，但却没有取得任何成功。

虽然"发展主义和发展国家"方针的思想根源似乎可以追溯到解放斗争时期，但其实质性部分是在接连的发展计划中形成的，首先是《快速与可持续发展的减贫计划》（PASDEP-2005/10）。该计划旨在使埃塞俄比亚在一个强大和以发展为导向的政府的指导下，从依赖自给农业转向工业化和增值产品的出口（MOFED，2005；Zenawi，2012）。根据实施《快速与可持续发展的减贫计划》的经验教训，政府于 2010 年制定了第一个"增长与转型计划"（2010—2015）（MOFED，2010）。该计划的"政府主导"系统性转型方法就是从东亚发展模式中汲取了灵感。

埃塞俄比亚与中国互动的关键载体包括扩大贸易机会的措施、针对基础设施项目的软贷款、直接投资、技术援助和培训计划。

10.3.1　贸易模式

作为非石油出口国，埃塞俄比亚与中国的贸易在过去 10 年里大幅增长。中国是埃塞俄比亚第二大贸易伙伴国，仅次于欧盟，但领先于美国。然而，需要注意的是，与 2017 年从中国的进口额 48.6 亿美元相比，埃塞俄比亚对中国的出口额微不足道，仅为 2.88 亿美元，因此对中国的贸易逆差约为 46 亿美元。2000 年至 2010 年间，埃塞俄比亚从中国的进口额的增长率为 37％，2011 年至 2017 年为 17％（ERCA，2018；另见附录中表 A10.2）。

10.3.1.1　出口增长和构成

尽管埃塞俄比亚对中国的出口额在过去 10 年大幅增长，2017 年达到 2.88 亿美元，但欧洲仍是埃塞俄比亚的最大贸易伙伴（出口额达 8.814 5 亿美元），其次是中东（出口额达 5.538 2 亿美元），如图 10.1 所示。2017 年，中国占埃塞俄比亚出口总额的 10％，而美国和欧洲占埃塞俄比亚出口总额的 29.1%。

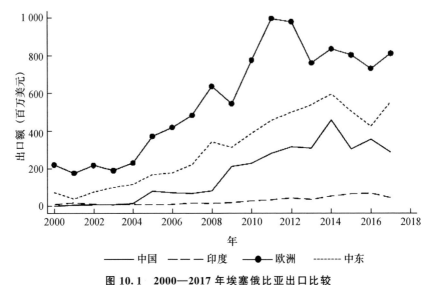

图 10.1 2000—2017 年埃塞俄比亚出口比较
资料来源：埃塞俄比亚税务和海关总署（2018）（基于附录表 A10.1，未出版）。

埃塞俄比亚对中国的出口主要是未经加工的农产品，如芝麻、油籽、皮革和香料。埃塞俄比亚受益于中国在 2006 年宣布的优惠贸易协议。零关税计划涵盖的产品数量从 2006 年的 190 种增加到 2012 年的 440 种（Anshan et al.，2012）。埃塞俄比亚仍然有很大的空间可以利用与中国的优惠贸易安排，扩大其农产品的附加值，并通过开发精选农产品的专营市场来满足不断增长的中国中产阶层的需求。埃塞俄比亚葡萄酒业的快速发展及成功打入中国市场，很好地说明了埃塞俄比亚可以采取哪些行动来扩大与中国的贸易。

10.3.1.2 进口量和结构

自 2010 年通过"增长与转型计划"以来，埃塞俄比亚从中国的进口呈指数增长，反映出政府对大型基础设施项目的高投资水平以及在私人建设住房和办公楼方面的繁荣。埃塞俄比亚从中国进口的产品包括制成品、机械、钢铁、建筑材料、发电和输电设备以及工业零部件。如图 10.2 所示，2000—2017 年埃塞俄比亚的进口总额为 1 423.9 亿美元，其中来自中国的进口占进口总额的 26%（即 370 亿美元）。同期的其他进口地为：印度（116 亿美元，占比 8%），欧洲（269.3 亿美元，占比 19%），中东（309.6 亿美元，占比 22%），其他国家（363.2 亿美元，占比 25%）（ERCA，2018）。

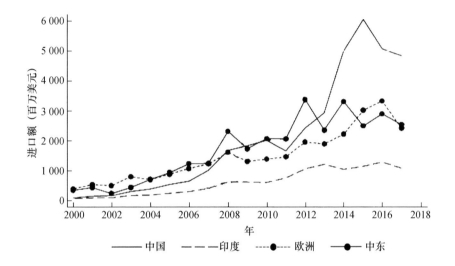

图 10.2　2000—2017 年埃塞俄比亚进口比较

资料来源：埃塞俄比亚税务和海关总署（2018）（基于附录中表 A10.2，未出版）。

埃塞俄比亚对华进出口贸易结构明显有利于中国，近年来两国贸易逆差大幅增长，引发国际收支危机。埃塞俄比亚无法通过出口来摆脱危机，进一步加重了与中国和其他贸易伙伴的债务负担。2017 年，埃塞俄比亚的总体贸易逆差为 121.6 亿美元（其中与主要贸易伙伴的贸易逆差见表 10.1）。现金流不足清楚地表明了埃塞俄比亚的竞争劣势，但也为埃塞俄比亚制定针对具体国家的战略以提高其在国际贸易中的总体地位提供了重大机会。

表 10.1　2017 年埃塞俄比亚与主要贸易伙伴的贸易逆差

（单位：百万美元）

贸易伙伴	贸易逆差
中国	−4 600
印度	−1 000
美国	−984
意大利	−584
日本	−579
科威特	−563
土耳其	−557
马来西亚	−340
摩洛哥	−286
沙特阿拉伯	−247

资料来源：国际贸易中心，联合国商品贸易统计数据和贸易地图。

注：四舍五入，保留到个位数。

10.3.2　中国对外直接投资流入的生产性本质

虽然埃塞俄比亚不是石油出口国，但它成功地吸引了许多国家的投资，涉及广泛的领域。2000 年至 2017 年，埃塞俄比亚的新制造业企业主要来自中国（407 家）、印度（123 家）、欧洲（60 家）和中东（112 家）。在 407 家中国企业中，87 家是合资企业（ERCA，2018）。

从 2000 年至 2017 年埃塞俄比亚制造业的外国直接投资流入量来看，总额接近 56.5 亿美元。其分布如下：中国（8.517 4 亿美元）、印度（2.619 5 亿美元）、欧洲（2.920 8 亿美元）、中东（17.1 亿美元）和其他国家（25.3 亿美元）（图 10.3）。中国企业一直是埃塞俄比亚第二大外国投资者，仅次于沙特阿拉伯和海湾国家（图 10.4）。

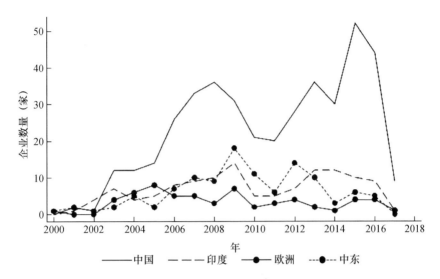

图 10.3　2000—2017 年埃塞俄比亚新增外国直接投资制造业企业总数
资料来源：埃塞俄比亚投资委员会（2018）（基于附录中表 A10.3，未出版）。

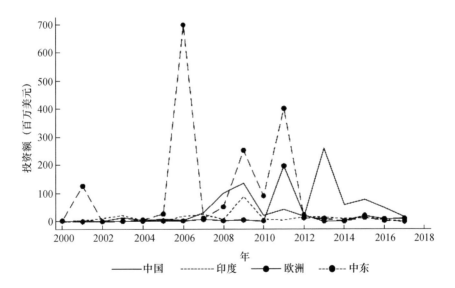

图 10.4　2000—2017 年流入埃塞俄比亚的外国直接投资
资料来源：埃塞俄比亚投资委员会（2018）（未出版）。

中国的投资分布在众多项目中。在埃塞俄比亚投资委员会（EIC）登记的 657 个①制造项目中，407 个处于运营阶段，91 个处于实施阶段，174 个处于预实施阶段（图 10.5）。建筑和房地产是中国在埃塞俄比亚直接投资的第二大领域。另一方面，中国在农业部门的投资微不足道，仅涉及 39 个投资项目，其中 33 个项目处于预实施阶段。这一证据反驳了中国在埃塞俄比亚大规模"掠夺土地"的说法。

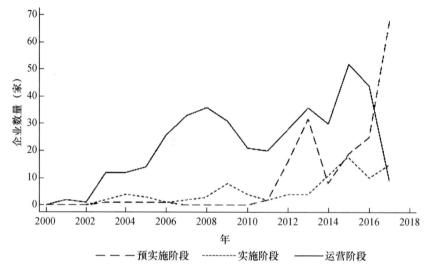

图 10.5　三个阶段的新的中国制造业企业
资料来源：埃塞俄比亚投资委员会（2018）（未出版）。

埃塞俄比亚投资委员会的数据显示，目前中国有 87 家合资企业处于运营阶段，26 家处于实施阶段，27 家处于预实施阶段。2000 年至 2017 年，来自中国的制造业对外直接投资总额为 8.52 亿美元，其中涉及合资企业的投资额为 3.51 亿美元。

10.3.2.1　对生产性就业的贡献

外国投资者为埃塞俄比亚的经济创造了就业机会（图 10.6）。2000 年至 2017 年间，外国投资者共创造了 183 661 个制造业就业岗位。其

———————————
①　其中 15 家企业更改了营业范围。

中，中国企业占制造业创造就业岗位总数的 21%。其余来自以下国家或地区的投资者：印度（27 822 个，占比 15%），欧洲（4 866 个，占比 3%），中东（25 871 个，占比 14%），其他（85 808 个，占比 47%）。

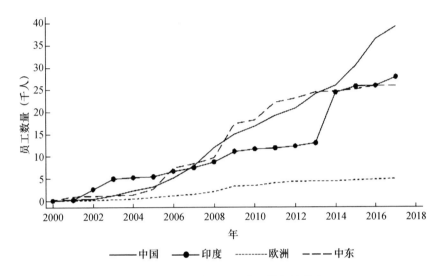

图 10.6　外国企业（累计）创造的就业
资料来源：埃塞俄比亚投资委员会（2018）（未出版）。

10.3.2.2　技能和技术转让

在中国转移知识和技能的尝试中，最引人注目的部分就是建立经济特区。埃塞俄比亚的第一个出口加工区于 2015 年在亚的斯亚贝巴郊区的勒布（Lebu）设立。出口加工区的目标是雇用 30 000 名工人，并在当地提供住房和学校教育。勒布的初始资金来自中国皮鞋制造商华坚集团，有意向的投资者包括中非发展基金（CAD）和国际金融公司。开发商声称，该开发区预计需要 20 亿美元的投资，10 年后将产生 40 亿美元的回报。在第二个"增长与转型计划"（2015—2020）期间，计划建立 6 个民营的新经济特区或工业园区。

此外，中国在 2009 年援建了埃塞俄比亚-中国职业技术学院，并继续向大批埃塞俄比亚学生提供奖学金，让他们到中国的大学学习，包括为大批政府官员和职能部委的技术官僚提供短期培训。

10.3.3 融资和基础设施开发

除了中国的私人投资，中国企业还广泛参与埃塞俄比亚政府实施的大型基础设施项目。这些项目涉及公路、铁路、水力发电和电信，主要由多边机构提供资金，如世界银行、非洲开发银行、阿拉伯基金会、中国国家开发银行和中国进出口银行。

埃塞俄比亚从中国获得的贷款总额（优惠性和非优惠性贷款）的准确数字很难获得（见第 5 章）。约翰·霍普金斯大学的中非研究计划（CARI）提供了最好的可用数据。根据中非研究计划在 2018 年 8 月发布的一份简报，"自 2000 年以来，中国债权人向埃塞俄比亚提供了至少 121 亿美元的贷款，而埃塞俄比亚也从中东、世界银行等机构大量借款，债务总额达 290 亿美元"（CARI，2018：2）。例如，我们试图更全面地概述埃塞俄比亚对外借贷的规模，但由于负责电力、公路和铁路运输的政府机构的报告要求不同，很难对贷款国家和机构进行全面细分。此外，政府对外国贷款的披露也很谨慎。在某些情况下，原因更为平淡无奇和实际。例如，附录中表 A10.4 列出了 2012—2013 年各类基础设施项目的中国贷款清单。

10.3.3.1 电力部门

根据"增长与转型计划"，埃塞俄比亚政府的目标是将电力项目从 2 178 兆瓦提高到 10 000 兆瓦。中国参与了该国几乎所有的电力项目。除大坝施工和输电塔建设外，中国的工程公司，如百纳国际、中国万宝工程有限公司、浙江华立国际发展有限公司和中国电力工程有限公司，一直是非洲开发银行第二期资助的普及接入项目的主要电气配件供应商，项目价值数百万美元（见附录中表 A10.5）。

10.3.3.2　交通基础设施

中国企业在埃塞俄比亚的交通基础设施领域占据主导地位。中国企业参与了该国约 60％ 的道路工程建设，并为 2 000 多公里的国家铁路网和约 30 公里的亚的斯亚贝巴铁路建设提供了资金。据估计，与中国的铁路交易总额为 30 亿美元，其中包括埃塞俄比亚-吉布提铁路的 25 亿美元和亚的斯亚贝巴城市轻轨铁路的 5 亿美元。

然而，需要指出的是，并非埃塞俄比亚的所有大型建筑项目都由中国官方机构提供资金。如附录中表 A10.6 所示，大多数道路项目都是埃塞俄比亚政府投资，要么来自埃塞俄比亚自己的资源，要么来自国际开发协会、非洲开发银行和其他海湾阿拉伯开发性金融机构的贷款。中国的建筑企业恰好是最终胜出的企业。

10.3.3.3　电信

中国在埃塞俄比亚参与的第三个领域是电信业。埃塞俄比亚政府授予中兴通讯和华为两家中国电信公司独家经营权。中国国有企业中兴通讯向埃塞俄比亚电信公司提供了 15 亿美元的信贷额度（供应商融资），条件是该公司无须参与竞争性招标即可获得合同。中兴通讯在 2013 年授予了第二笔信贷额度，将 4G 服务扩展至亚的斯亚贝巴，并将 3G 服务扩展至该国其他地区。然而，2014 年 12 月，中兴通讯未能履行合同义务，埃塞俄比亚政府决定将中兴通讯的部分合同授予瑞典电信公司埃里克森。

虽然国际货币基金组织和世界银行一直在敦促政府开放电信业以进行竞争，但政府直到最近才拒绝，声称如果将其交给私人供应商运营，数百万低收入客户将无法获得电信服务。相反，政府选择对系统进行技术升级，以降低消费者成本并提高效率，这是比大规模私有化更好的选择。① 然而，随着 2018 年 3 月新总理的任命，包括埃塞俄比亚电信公司在内的几家国有企业开始计划进行私有化。随着运营商之间的竞争加剧，这势必会影响中国电信公司在埃塞俄比亚的运营。

综上所述，过去 20 年来，中国与埃塞俄比亚的贸易、投资往来都非常广泛。尽管埃塞俄比亚目前对中国的出口微乎其微，但中国在基础设施领域的贷款和投资在释放埃塞俄比亚生产潜力方面发挥了重要作用。② 通过改善贸易物流，埃塞俄比亚正在成为东非的制造业中心，希望逃离中国高劳动力成本的中国投资者可以很容易地迁往那里。这又一次提振了埃塞俄比亚的经济。随着政府的第二次"增长与转型计划"坚定地致力于在 2025 年将制造业在 GDP 中的份额扩大 20％，如果埃塞俄比亚能够通过扩大出口量来偿还这些债务，中国作为投资者和优惠性贷款来源的作用仍将十分重要。

10.4　战略性地接触中国：向埃塞俄比亚学习

埃塞俄比亚是为数不多的几个在与传统的西方发展伙伴保持着牢固联系的同时，也采取了更加战略性的策略来与中国保持紧密联系的非洲国家之一。在实践中，这包括采取"非正统"政策，战略性地向世界市场开放经济，而不是"不加区别地开放"。政策行动在被采纳之前，会根据其如何在促进经济增长和结构变革方面符合国家利益，通过严格有序规划对其进行适当评估。这种务实的做法为政府提供了足够的政策空间，使其可以着手推进雄心勃勃的工业化议程。埃塞俄比

---

①　2015 年 5 月 12 日，与部长兼总理特别顾问 Arkebe Qqubay 的私人交流。

②　2018 年 8 月，埃塞俄比亚政府向外国企业开放物流业，外国企业可与当地企业建立持股比例不超过 49％的合资企业。2018 年 6 月，埃塞俄比亚政府决定允许在电信和铁路部门建立外资持股比例不超过 49％的合资企业，并且还剥离了埃塞俄比亚糖业发展公司旗下的糖业部门。尽管商务部没有公布贷款数据，但据估计，在 100 亿美元的商业贷款总额中，铁路项目占 30％，电信业占 30％，其余份额由能源和糖业部门占据（例如，见 CARI 数据库）。

亚成功的关键因素如下。

10.4.1　长期发展愿景

埃塞俄比亚工业化议程的设计者指出了中国和其他东亚国家工业化战略的两个核心因素：（a）政府对基本经济政策进行调控的自由；（b）政府以有利于国家发展的方式引导市场的行政、立法和监管能力。Oqubay 认为：按照这一逻辑，埃塞俄比亚政府为该国的工业化和结构转型确定了一个长期愿景，但并不认同"华盛顿共识"中占主导地位的新自由主义教条（Oqubay，2019a，2019b）。前总理梅莱斯·泽纳维强调了确保"埃塞俄比亚等国实施替代发展战略的政策空间"的极端重要性（Zenawi，2006）。

第一个"增长与转型计划"（2010—2015）是埃塞俄比亚人民革命民主阵线就埃塞俄比亚应遵循的适当发展道路问题多年思考的结晶（MOFED，2010）。"增长与转型计划"旨在使经济从自给自足的农业转向农业的工业化和增值，目标是到 2025 年成为中等收入国家。鉴于政府高度重视基础设施，将其作为增长的基础，让中国参与的决定则具有良好的政治和经济意义，因为中国除了具备专业知识，还愿意为大型基础设施项目提供必要的资金。

10.4.2　坚定的政治领导和强大的政治自主权

埃塞俄比亚当局确保他们有权设定优先事项，决定政策内容，创造必要条件，并负责实施和监督项目。Oqubay 认为，埃塞俄比亚发展了政府以有利于国家发展的方式引导市场的行政、立法和监管能力，这有利于埃塞俄比亚融入全球经济（Oqubay，2015）。坚定的政治领导，加上负责实施和监督项目的强大政府机构，使埃塞俄比亚可以从与中国的战略性接触中受益。

10.4.3 优先投资基础设施和能源

基础设施投资在发展议程中具有核心作用，对支持经济增长和减贫至关重要。基础设施通过两条途径影响经济增长：一是通过有形资本积累产生直接影响，二是通过提高生产率产生间接影响。在微观层面上，对基础设施的投资通过降低生产成本和开辟新市场、提供新的生产和贸易机会来加强民营部门的活动。与此同时，电力、供水、卫生和住房方面的基础设施投资改善了公民的社会福利。埃塞俄比亚目前将国内生产总值的15％左右投资于基础设施——公路、铁路和水坝，使该国能够释放其生产潜力，并成为东非的制造业中心。

10.4.4 在实践中学习和效仿

埃塞俄比亚等后来者既不能仅仅通过复制其他国家的模式来实现工业化，也不能将外部模式视为不相干而断然拒绝。聪明的政府是那些采取系统和务实的方法来学习国际最佳（甚至失败）做法并设计自己的一揽子政策的政府。在这方面，产业政策一直是埃塞俄比亚发展政策和战略的核心。埃塞俄比亚努力学习中国的经验，同时认识到学习中的本地背景和特殊性（Oqubay，2019a；Oqubay and Ohno，2019；Oqubay and Tesfachew，2019）。例如，埃塞俄比亚的政策制定者认真研究了中国在枢纽建设和工业园区方面的经验，以及新加坡、韩国、越南和毛里求斯等其他国家的经验。埃塞俄比亚可以从中国的产业政策中汲取经验教训，如建立国家龙头企业、相继加入全球生产网络、利用经济特区成功促进外国直接投资和技术升级，以及从投资导向向创新导向转型等（Lin，2012；Lin，Xu and Hager，2019；Nolan，2014；Oqubay，2019c）。

政策学习在埃塞俄比亚是一个正在持续进行的过程。埃塞俄比亚目前已经开展培训，建立机构，调动资金，并动员官员和专家来执行长期计划中规定的项目。该国政府通过反复试验和亲身实践，发展了自己的政策能力，以实现国家确定的具体目标，而不是捐助者制定和强加的目标（Oqubay，2015；Oqubay and Tesfachew，2019）。这种务实的方法具有以下优势：将有限的人力和财力资源集中在优先项目上；通过清晰的标准来评估绩效；灵活地将资源和组织转移到需要的地方；随着具体项目逐个完成而产生自豪感和成就感。

10.4.5　实用主义和政策灵活性

尽管有着社会主义的背景，1991 年后的埃塞俄比亚政府对经济改革采取了务实的态度（就像从 1978 年开始中国的做法），并使其经济代理人的能力适应了这一进程。这意味着政府对外国思想持开放态度，但有选择地挑选出被认为有用的元素，并使之适应当地的环境。虽然埃塞俄比亚的长期目标是在技术上实现跨越式发展，但政策制定者对工业化采取了更为现实的做法，并强调循序渐进（Oqubay，2019b）。在这方面，政府优先确保道路的连通性和电力供应的稳定性，并优先实施技术培训计划，这些是在推进那些旨在实现高工业化目标的计划和项目之前所必需的。政府不仅花费了大量精力学习最佳实践，而且也致力于掌握如何学习。

10.5　大局观：非洲经济转型的制约因素和途径

近年来，中非之间的经济联系日渐紧密。中国是当今非洲最大的贸易伙伴，也是非洲基础设施建设的主要贡献者。正如习近平主席在中非合作论坛成立十五周年之际指出的那样："15 年来，中非各领域务实合作成果丰硕。2014 年中非贸易总额和中国对非洲非金融类投资存量分别是 2000 年的 22 倍和 60 倍，中国对非洲经济发展的贡献显著增长。"① 本章的作者们赞同习近平主席对中非经济关系现状的评价。

尽管取得了这些积极的进展，但是中非关系对非洲经济的催化作用并不均衡。本章的作者认为，导致结果存在差异的关键驱动因素是非洲东道国的战略方针和政策所有权。埃塞俄比亚是从中非经济合作中受益的典型，显示了政府的积极政策和广泛的改进空间。在未来几年，中非经济联系仍有相当大的发展空间。然而，合作伙伴必须解决许多问题才能为实现"双赢"结果创造条件。目前，存在以下方面的问题或改进方向。

10.5.1　持续的贸易失衡

中非贸易伙伴关系在几个方面存在劣势。首先是进出口数量和结构的不平衡。非洲的出口以初级商品为主，初级商品的特点是价值下跌，而非洲也是中国廉价制成品（如服装和鞋类）、机械和高价值商品的净进口国。这将限制中非贸易的增长动力和可持续性。促进中国在非洲制造业的外国直接投资将有助于改善和替代非洲对低价值商品的进口，也有助于创造就业和提高购买力（Yueh，2013；另见本书第 2 章和第 9 章）。这将有助于放松国际收支约束，也有助于非洲国家发展生产能力。可以探索更多使非洲商品免税进入中国市场的手段以充分支持这一战略。②

10.5.2　过重的债务负担和财政可持续性

正如在埃塞俄比亚所观察到的那样，通过优惠贷款和商业贷款为

---

①　习近平主席于 2015 年 12 月 5 日在第六届中非合作论坛约翰内斯堡峰会上的讲话，http://english.cri.cn/12394/2015/12/05/4083s906994.htm。

②　通过"除武器外一切都行"和《非洲增长与机会法案》向非洲商品提供的免税进入欧洲和美国市场的机会是可能有助于实现这一战略目标的例子。作为工业品生产的后来者，一段时间的关税减免将有助于提高非洲制造业的竞争力。

基础设施融资，极大地有助于加快经济增长和促进工业化。然而，随着各国深受债务问题困扰，对商业贷款的高度依赖已变得不可持续。主要问题在于，非洲的出口太弱，无法满足外汇需求；国内储蓄太弱，无法减少对外部融资的过度依赖；投资和经济活动太弱，无法充分利用基础设施投资。目前以商业贷款为主的融资计划，必须让位于对非洲国家不具惩罚性的替代融资计划。这需要一种新的方法来扩大优惠贷款部分（见第 5 章）。还应探索在各种基础设施建设中扩大公私合作机会的新模式，以减轻非洲各国政府的负担。然而，除非与改善贸易不平衡、支持出口部门和扩大生产性投资挂钩，否则这些措施不会取得成果。

10.5.3　优质外国直接投资和生产能力

从非洲国家经济转型的角度来看，可以说，中非合作最关键的组成部分是生产部门的外国直接投资流入，因为这有助于解决结构性制约因素。此类投资对于发展出口部门和放松国际收支约束、创造就业机会和提高收入水平、发展国内市场连接和促进生产性投资以及提高技术能力至关重要。根据 McKinsey（2017）和其他研究，相对于非洲其他国家，埃塞俄比亚已成功地吸引了大量制造业投资。但考虑到中国作为主要经济体和制造业强国的地位，目前吸引到的投资还是有限的，能够利用的投资还可以多得多。

10.5.4　有限的知识转移影响

专有技术和国内能力的转化受到限制，低于理想的水平。通过设计基础设施项目来发展技术能力和促进技术转让，以及提出新的模式来改进项目完工后的运营和管理，对于实现资金的最大价值和更好地服务于东道国的经济转型目标至关重要。用于能力建设和技术转让的特别基金，以及鼓励本地产品和服务的奖励措施，对于非洲国家持续从项目中受益十分关键。

10.5.5 把中非合作论坛打造成有效平台

中非合作论坛已成为最大的南南经济伙伴关系平台，这种关系是建立在平等、相互尊重、互不干涉对方内政的基础上，主要焦点是互利的经济发展（PRC，2006）。中国继续通过逐年增加对非洲的金融和经济支持来兑现其承诺。例如，在约翰内斯堡举行的 2015 年中非合作论坛第六届部长级会议上，中国承诺向非洲提供 600 亿美元的一揽子计划，其中相当一部分已经落实（CARI，2018）。在 2018 年 9 月 3 日至 4 日在北京举行的中非合作论坛北京峰会的开幕式上，习近平主席宣布向非洲国家提供 600 亿美元的发展资金支持，以"八大行动"为中心。[①] 承诺的资源包括：

- 150 亿美元的无偿援助、无息贷款和优惠贷款；
- 200 亿美元的信贷资金额度；
- 100 亿美元的中非开发性金融专项资金；
- 50 亿美元的自非洲进口贸易融资专项资金；
- 不少于 100 亿美元的中国企业未来 3 年对非投资。

中国仍将是非洲国家开发性金融和投资的重要来源。然而，许多非洲国家至今还没有利用中非合作论坛这一平台来从战略上加强与中国的经济关系，也没有系统地利用该平台解决双方关系中可能出现的任何有争议的问题。非洲有关国家亟须制定清晰明了的政策，采取战略方针与中国建立经济伙伴关系。缺乏本土政策和战略的政府不仅会

[①] 中非合作论坛秘书处（2018），"习近平主席在 2018 年中非合作论坛北京峰会开幕式上的致辞全文"，https://focacsummit.mfa.gov.cn/eng。

在这方面失败，而且在进行更广泛的经济转型时也会失败。该策略必须得到基于证据的研究和分析的支持。非洲国家的当务之急是大力投资发展强大的国家智库和研究机构，以便准确了解中国在世界经济中的作用及其对非洲的影响。目前，专注于这种合作的智囊团屈指可数，或者是受意识形态驱使。

10.5.6　改善双方的商业环境

中国投资者面临着一些重大障碍，这些障碍可由非洲国家和中国共同解决。非洲东道国应改善商业环境并提供更有效的支持。[①] 工业园区和经济特区在这方面发挥了重要作用（Lin，Xu and Hager，2019）。但单靠这些干预措施还不足以产生战略性影响。考虑到非洲东道国所面临的资源限制，东道国无法解决对中国投资者的融资问题。中国投资者在经营中的不利条件和所面临的限制，需要东道国和中国提供激励和额外支持。正如一些研究所示，目前中国投资者对培训和提升本地技能、与当地企业建立联系以及促进国内市场连接的重视程度参差不齐且相对较低（McKinsey，2017；Oqubay，2019c；World Bank，2012）。中国投资者在非洲问题上存在认知差距，对非洲的潜力也缺乏了解。

10.5.7　缩小知识和文化差异

中方对非洲的了解和非洲对中国的了解都还很欠缺。因此，中国投资者倾向于在亚洲投资，因为亚洲对大多数投资者来说都很熟悉，且风险较小。中国的政策制定者和智囊团对非洲和非洲大陆的经济潜力了解有限。中央政府和地方政府在推动非洲成为中国投资者投资目

---

① 见 Kidane（2011，2019）关于中国与非洲国家的双边投资协定。

的地上的做法并不一致。中国、非洲东道国政府和民营部门协会需要采取更加积极主动的联合行动，以深化中非之间的经济和文化联系。同样，非洲机构对诸如中非合作论坛和"一带一路"倡议等经济伙伴关系的构成及其与非洲的关系也缺乏理解。双方显然需要就中非经济关系的性质与当地人民及民营部门进行更好的沟通，并增进非洲人民和中国人民之间的文化理解。双方非政府部门的更多参与有助于扩大两国社会的共识。

通过共同行动应对上述挑战，对于在未来几十年改善和加强中非关系将大有裨益。

10.6 结 论

非洲与中国和其他发展伙伴的关系变化迅速，未来充满变数。"动荡"一词最能反映当今世界的状况。中国对旧的世界秩序进行重建的雄心既带来了风险，也带来了机遇；然而，非洲不能等着合作伙伴们来确定两国关系的性质。它必须掌控自己的未来。非洲大陆必须从全球讨论和规则制定的被动旁观者转变为塑造规则的积极参与者。

另外，非洲国家在与中国建立复杂的贸易和投资关系之前，必须做好功课，以期借鉴中国的发展经验。认为非洲国家可以简单地从中国移植制度性实践而不注意它们是否适合非洲环境的想法是幼稚的。重点必须放在"学习"上，而不是"复制"上。1985 年，中国改革开放的总设计师邓小平曾对来访的加纳年轻领导人杰里·罗林斯（Jerry Rawlings）说："如果说中国有什么适用的经验，恐怕就是按照自己国家的实际情况制定自己的政策和计划，在前进过程中及时总结经验。"非洲国家确实可以从中国的经验中学到很多东西。然而，关键是使这种经验适应非洲的现实。

附录

表 A10. 1 2000—2017 年埃塞俄比亚出口目的地

| | 出口额（百万美元） | | | | 占出口总额的比重（%） | | | | | 增长率（%） | |
	2000	2005	2010	2017	2000	2005	2010	2017	2000—2008	2009—2017
中国	1.05	78.93	228.21	288.16	0.28	9	11	10	62	3
印度	8.29	8	27.51	44.69	2	1	1	2	6	10
欧洲	220.50	370.35	774.47	881.45	46	41	36	28	12	4
中东	72.40	168.11	386.68	553.82	15	19	18	19	19	6
其他（十亿美元）	0.18	0.27	0.73	1.09	36.72	30	34	41	1	77
总计（十亿美元）	0.48	0.90	2.15	2.86	100	100	100	100	100	100

资料来源：埃塞俄比亚税务和海关总署（2018）（未出版）。
注：由于四舍五入，表中数据存在一定的计算误差。

表 A10.2 2000—2017 年埃塞俄比亚进口来源地

	进口额（十亿美元）				占进口总额的比重（%）				增长率（%）	
	2000	2005	2010	2017	2000	2005	2010	2017	2000—2010	2011—2017
中国	0.10	0.55	2.02	4.86	8	15	24	32	37	17
印度	0.07	0.25	0.62	1.09	5	7	7	7	25	10
欧洲	0.40	0.90	1.40	2.43	32	24	17	16	14	10
中东	0.36	0.95	2.08	2.55	28	25	25	17	23	7
其他	0.34	1.15	2.21	4.09	27	29	27	28	1	56
总计	1.27	3.80	8.33	15.02	100	100	100	100	100	100

资料来源：埃塞俄比亚税务和海关总署（2018）（未出版）。
注：由于四舍五入，表中数据存在一定的计算误差。

表 A10.3　制造业（外国）新企业总数

	企业数量（家）			累计企业数量（家）	累计企业数量占比（%）
	2000—2005	2006—2011	2012—2017	2000—2017	2000—2017
中国	41	167	199	407	32
印度	21	51	51	123	10
欧洲	19	25	16	60	5
中东	13	61	38	112	9
其他	97	263	197	557	44
总计	191	567	501	1 259	100

资料来源：埃塞俄比亚投资委员会（2018）（未出版）。

表 A10.4 2012—2013 年中国对埃塞俄比亚的贷款承诺（按债权人和类型）

	签署日期	经济部门	金额（美元）	条款		
				利率（%）	宽限期（年）	期限（年）
中央政府						
中国进出口银行	27/03/2013	电灯和电力产品	292 250 000.00	2	8	20
政府担保						
国家开发银行	19/12/2012	制糖	25 000 000.00	Libor+2.6	3	10
中国电力	26/04/2013	配电	1 002 970 414.05	3.08	3	15
中国进出口银行	15/05/2013	铁路运输基础设施	220 471 000.00	Libor+3.0	6	15
中国进出口银行	15/05/2013	铁路运输基础设施	981 260 000.00	Libor+3.0	6	15
中国进出口银行	15/05/2013	铁路运输基础设施	1 289 029 000.00	Libor+3.0	6	15
非政府担保						
华为	10/01/2013	电信	800 000 000.00	Libor+1.5	3	13
中兴通讯	10/01/2013	电信	800 000 000.00	Libor+1.5	3	13

资料来源：MOFED (2012)，"Public Sector Debt Statistical Bulletin No. 9" (2007/8-2011/12)，Debt Management Directorate, Ministry of Finance and Economic Development, Addis Ababa, October.

注：Libor 为伦敦同业拆借利率。

表 A10.5　中国参与埃塞俄比亚电力部门项目的情况

项目	主理方	工作类型	金额（百万美元，按 2009 年汇率 12.45 比尔/美元计算）
发电			
Tekeze 水电站	CWGS JV	拱坝引水隧洞施工	220.57
Tekeze 水利工程	CWBEC	设计、供应和机电设备	23.60
Tekeze 水利工程	JV JPCC 和 CCC	230 千伏变电站的设计、供应和安装	4.26
Tekeze 水利工程	JPCC	传输线的设计、供应和建设	6.32
Finchaa-Amerti 多用途项目	CGGC	工厂的设计、采购和施工	97.92
Beles 水电站	CMEC	设计、制造 CIF 供应、运输、建筑材料	49.26
Genale Dawa 水电站	CGGC	设计、制造 CIF 供应	463.51
Chemoga-Yeda 电力项目	中国水电	设计、制造 CIF 供应	570.32
Harena Messobo & Adama Nazret 风力发电项目	Hydro China	设计、制造 CIF 供应、运输、装卸设备试验	256.90
发电项目合计			1 692.65
输电工程			
Tekeze-IndaSelassie-Humera	中国		12.05
Tekeze-IndaSelassie-Humera	中国		16.99
Bedele-Metru 输电项目	中国		9.24
Bedele-Metu 输电项目	中国		7.60
Bahir Dar-Debre Markos –亚的斯亚贝巴输电项目	中工国际工程有限公司		32.98
Bahir Dar-Debre Markos –亚的斯亚贝巴输电项目	Shingai 电气集团有限公司		31.32

（续表）

项目	主理方	工作类型	金额（百万美元，按 2009 年汇率 12.45 比尔/美元计算）
Bahir Dar–Debre Markos –亚的斯亚贝巴输电项目	Shingai 电气集团有限公司		48.97
Gibe Ⅲ亚的斯亚贝巴输电线路合同	特变电工（中国）		75.00
Fincha-Gedho-Gefersa 输电项目	CWBEC（中国）		10.84
Fincha-Gedho-Gefersa 输电项目	中国葛洲坝集团公司（中国）		19.82
Koka-Dire Dawa 输电项目	CWBEC 和 JPPC（中国）		89.28
输电工程项目合计			353.99
普及接入项目			
Sawla Afer 项目	中国万宝工程有限公司	S/S 和电力变压器的供应	4.57
亚行二期融资项目	CAMCO International	OHL 配件供应	0.79
亚行二期融资项目	中国电力工程有限公司	提供中压和低压绝缘材料	2.29
亚行二期融资项目	浙江华立国际发展有限公司	提供中压和低压开关设备	2.01
亚行二期融资项目	中国万宝工程公司	设备	6.51
EAREP I	百纳国际（中国）	提供中压和低压绝缘材料	2.11
EAREP I	CE Lighting Co.	节能紧凑型荧光灯供应	3.40
EAREP I	百纳国际（中国）	路灯采购	0.49
普及接入项目合计			23.17

资料来源：埃塞俄比亚电力公司。

表 A10.6　参与埃塞俄比亚道路项目的中国公司的部分名单 (2009)

中国公司名称	项目名称	已建道路里程（公里）	金额（百万美元）	资金来源
中国葛洲坝集团公司	Shire-Siraro-Humera（地段 1）	156	49.51	GOE
Hunan Hunda	Shire-Shiraro-Humera（地段 2）	161	50.42	GOE
Hunan Hunda	Gonder-Humera	117	27.40	GOE
中地海外集团	Kombolcha-Gundewoin（合同 1）	173	55.75	GOE
中地海外集团	Kombolcha-Godewoin（合同 2）	136	72.63	GOE
Hunan Hunda	Harar-Jijiga	106	28.11	GOE
中地海外集团	Dodola-Junction-Goba	130	29.85	IDA
中地海外集团	Magna-Mechara	120	37.60	IDA
中地海外集团	Dondola-Junction-Goba	130	7.60	IDA
中国铁路工程总公司	Adigrat-Adiabun	108	22.75	IDA
中国水利水电建设股份有限公司	Nazreth-Assela	79	14.24	IDA
中国水利水电建设股份有限公司	Nekempt-Mekenajo	127	24.15	IDA
中国路桥工程有限责任公司	Butajira-Hossana	95	17.47	APB
中国四川国际合作股份有限公司	Mekenajo-Dengoro-Billa-Hena	61	11.13	OPEC
中国路桥工程有限责任公司	Nejo-Mendi	74	11.87	OPEC

（续表）

中国公司名称	项目名称	已建道路里程（公里）	金额（百万美元）	资金来源
中国路桥工程有限责任公司	Merawi-Gonder	208	31.77	IDA
中国路桥工程有限责任公司	Alemgena-Butajira	120	17.96	ADB
中国路桥工程有限责任公司	Awash-Hirna	140	20.61	IDA
中国路桥工程有限责任公司	Kulubi-Dengego-Harar	80	13.03	IDA
中国万宝工程有限公司	Woldiya-Alamata	78	12.07	IDA
中国万宝工程有限公司	Betemariam-Wukro	117	16.34	IDA
中国万宝工程有限公司	Debre Markos-Merawi	220	26.27	IDA
中国路桥工程有限责任公司	Gashena-Woldiya/Woreta-Woldya	108	29.78	IDA
总计			628.34	

资料来源：基于埃塞俄比亚公路局数据。

参考文献

Alden，C.（2007）*China in Africa*. London：Zed Books.

Anshan，L.，et al.（2012）"FOCAC Twelve Years Later：Achievements，Challenges and the Way Forward"，Discussion Paper No. 74，The Nordic Africa Institute and Peking University，Uppsala.

Axelsson，L. and N. Sylvanus（2010）"Navigating Chinese Textile Networks：Women Traders in Accra and Lomé"，in F. Cheru and C. Obi（eds）*The Rise of China and India in Africa*. London：Zed Books，pp. 132–144.

Brautigam，D.（2009）*The Dragons Gift：The Real Story of China in Africa*. Oxford：Oxford University Press.

Carmody，P.（2013）*The Rise of the BRICS in Africa：The Geopolitics of South-South Relations*. London：Zed Books.

Cheru，F.（2016）"Emerging Southern Powers and New Forms of South-South Cooperation：Ethiopia's Strategic Engagement with China and India"，*Third World Quarterly*，37(4)：592–610.

Cheru，F. and R. Modi（eds）（2013）*Agriculture and Food Security in Africa：The Impact of Chinese，Indian and Brazilian Investments*. London：Zed Books.

Cheru，F. and C. Obi（2010）*The Rise of China and India in Africa：Challenges，Opportunities and Critical Interventions*. London：Zed Books.

Cheru，F. and C. Obi（2011）"Decoding China-Africa Relations：Partnership for Development or Neo-Colonialism by Invitation?"，*World Financial Review*，September-October：72–77.

China-Africa Research Initiative（CARI）（2018）"The Path Ahead：The 7th Forum on China-Africa Cooperation"，Briefing Paper No 1，prepared by Janet Eom，Deborah Brautigam，and L. Benabdallah. https：//static1. squarespace. com/static/5652847de4b033f56d2bdc29/t/5b84311caa4a998051e685e3/1535389980283/Brie? ng＋Paper＋1＋-＋August＋2018＋-＋Final. pdf.

De Wall，A.（2012）"The Theory and Practice of Meles Zenawi"，*African Affairs*，112(446)：148–155.

ERCA（2018）Unpublished raw data collected from the agency. Ethiopian Revenue and Customs Agency，Addis Ababa. Unpublished.

French，H.（2014）*China's Second Continent：How a Million Migrants Are*

Building a New Empire in Africa. New York: Alfred A. Knopf.

Geda, A. and A. Meskel (2010) "China and India's Growth Surge: The Implications for African Manufacturing Exports", in Fantu Cheru and C. Obi (eds) *The Rise of China and India in Africa: Challenges.* London: Zed Books, pp. 97–106.

Human Rights Watch (2011) "You Will Be Fired If You Refuse: Labor Abuse in Zambia's Chinese State-Owned Copper Mines", Human Rights Watch, New York.

Kidane, Won L. (2011) *China-Africa Dispute Settlement: Law, Economics and Culture of Arbitration.* Alphen aan den Rijn: Walters Kluwer.

Kidane, Won L. (2019) "The Legal Framework for the Protection of Foreign Direct Investment in Ethiopia", in Fantu Cheru, Christopher Cramer, and Arkebe Oqubay (eds) *The Oxford Handbook of the Ethiopian Economy.* Oxford: Oxford University Press.

Lin, J. Y. (2012) *Demystifying the Chinese Economy.* Cambridge: Cambridge University Press.

Lin, J. Y. , J. Xu, and S. Hager (2019) "A New Structural Economics Perspective on Special Economic Zones in Ethiopia", in Fantu Cheru, Christopher Cramer, and Arkebe Oqubay (eds) *The Oxford Handbook of the Ethiopian Economy.* Oxford: Oxford University Press.

Manning, R. (2006) "Will Emerging Donors Change the Face of International Cooperation?", *Development Policy Review*, 24(4): 371–385.

McKinsey (2017) "Dance of the Lions and Dragons: How Are Africa and China Engaging and How Will the Partnership Evolve?", McKinsey, New York.

MOFED (2005) "A Plan for Accelerated and Sustained Development to End Poverty (PASDEP) 2005/6–2009/10", Government of Ethiopia, Addis Ababa.

MOFED (2010) "Growth and Transformation Plan, 2010 – 2015", Federal Democratic Republic of Ethiopia, Addis Ababa.

Mohan, G. and B. Lampert (2013) "Negotiating China: Reinserting African Agency into China-Africa Relations", *African Affairs*, 112(446): 92–110.

Mohan, G. , et al. (2014) *Chinese Migrants and Africa's Development: New Imperialists or Agents of Change?.* London: Zed Books.

Mohan, G. and M. Power (2008) "New African Choices? The Politics of Chinese Engagement in Africa and the Changing Architecture of International

Development", *Review of African Political Economy*, 35(1)：23–42.

Moyo, D. (2013) *Winner Take All：China's Race for Resources and What It Means for Us*, London：Allen Lane & Penguin Books.

Naim, M. (2007) "Rogue Aid：What's Wrong with the Foreign Aid Programs of China, Venezuela and Saudi Arabia?", *Foreign Affairs*, 159：96.

Nolan, P. (2014) *Chinese Firms, Global Girms：Industrial Policy in the Era of Globalization*. New York：Routledge.

Oqubay, A. (2015) *Made in Africa：Industrial Policy in Ethiopia*. Oxford：Oxford University Press.

Oqubay, A. (2019a) "Ethiopia：Lessons from an Experiment", in Justin Lin and Celestin Monga (2019) *The Oxford Handbook of Structural Transformation*. Oxford：Oxford University Press.

Oqubay, A. (2019b) "Industrial Policy and Late Industrialization in Ethiopia", in Fantu Cheru, Christopher Cramer, and Arkebe Oqubay (2019) *The Oxford Handbook of the Ethiopian Economy*. Oxford：Oxford University Press.

Oqubay, A. (2019c) "Structure and Performance of the Ethiopian Manufacturing Sector", in Fantu Cheru, Christopher Cramer, and Arkebe Oqubay (2019) *The Oxford Handbook of the Ethiopian Economy*. Oxford：Oxford University Press.

Oqubay, A. and K. Ohno (2019) *How Nations Learn：Technological Learning, Industrial Policy, and Catch Up*. Oxford：Oxford University Press.

Oqubay, A., and T. Tesfachew (2019) "Learning and Catch Up in Africa", in Arkebe Oqubay and Kenichi Ohno (eds) *How Nations Learn：Technological Learning, Industrial Policy, and Catch Up*. Oxford：Oxford University Press.

People's Republic of China (PRC) (2006) "Declaration of the Beijing Summit and Beijing Action Plan, 2007–2009", Forum on China-Africa Cooperation (FOCAC), Ministry of Foreign Affairs, the People's Republic of China, Beijing.

Pillsburry, M (2015) *The Hundred Year Marathon：China's Secret Strategy to Replace America as Global Superpower*. New York：Henry Holt Co.

Sautmann, B. and J. Hairong (2008) "Fu Manchu in Africa? Distorted Portrayal of China in Africa", *South African Labor Bulletin* 31(5)：34–36.

Southall, R. and H. Melber (eds) (2009) *A New Scramble for Africa? Imperialism, Investment, and Development*. Scottsville：University of Kwazulu-Natal Press.

The Economist (2011) "Africa Rising", 401(8762): 3 December 2011.

UNCTAD (2010) "Economic Development in Africa Report 2010: South-South Cooperation: Africa and the New Forms of Development Partnership", UNCTAD, Geneva.

UNECA (2013) "Economic Report on Africa 2013: Making the Most of African Commodities—Industrializing for Growth, Jobs and Economic Transformation", UN Economic Commission for Africa, Addis Ababa.

Wenping, H. (2007) "China Policy Balancing", *China Security*, 1(3): 23-40.

Wethal, U. (2018) "Beyond the China Factor: Challenges to Backward Linkages in the Mozambican Construction Sector", *Journal of Modern African Studies*, 56(2): 325-351.

World Bank (2012) "Chinese FDI in Ethiopia: A World Bank Survey", Addis Ababa.

Xi, J. (2018) Speech at the Opening of FOCAC Beijing Summit (FOCAC VII), 3 September.

Yueh, L. (2013) *China's Growth: The Making of an Economic Superpower*. Oxford: Oxford University Press.

Zakaria, F. (2008) *The Post-American World*. New York: W. W. Norton & Co.

Zenawi, M. (2006) "Africa's Development: Dead End and New Beginnings", unpublished master's dissertation, Erasmus University, Rotterdam.

Zenawi, M. (2012) "States and Markets: Neoliberal Limitations and the Case of a Developmental State", in A. Norman et al. (eds) *Good Growth and Governance in Africa: Rethinking Development Strategies*. Oxford and New York: Oxford University Press, pp. 140-174.

第 11 章　中非经济关系的未来

——新的轨道和可能性

（Arkebe Oqubay，林毅夫）

2018 年 9 月，中非合作论坛第七届部长级会议在北京举行。在这一重大历史时刻之后不久，《中非关系与经济转型》一书的相关研究和编写工作完成，意义重大且非常及时。在峰会期间，中国政府宣布了一些新的行动，这些行动是基于对中非合作论坛自 2000 年成立以来所取得的成就和存在的差距、在促进中非经济关系中汲取的经验教训、中国经济再平衡带来的新的可能性以及非洲自身在全球政治经济中不断变化的状况的全面回顾（Xi，2018）。本书编者希望能够帮助人们更好地理解中国和非洲之间不断变化的经济关系，以及这种关系对非洲经济转型带来的影响。

最后一章的目的并不是总结书中的各个章节，而是突出贯穿全书的共同主题，并探讨中非合作论坛第七届部长级会议成果文件的战略意义，该文件概述了在未来几十年中加强中非经济关系的新方向和新框架。在本章的结尾，我们重点阐述了关于非洲国家如何从战略上与中国来往以获得更大经济利益的重要见解。[①]

11.1 反对"反华"言论：让事实说话

围绕中非近三十年来合作的神话愈演愈烈，如今已达到极致。"新殖民主义"已经成为一个流行语，尤其是被西方媒体用来定义中非关系的性质。例如，英国《金融时报》最近一篇题为《中国模式正在使非洲走向失败》的文章预测，"在贸易、金融和投资持续增长超过 10 年之后，中国的大规模参与正在危及非洲未来的发展前景……下周论坛的大张旗鼓很可能是昙花一现——中国模式正在使非洲走向失败"（*Financial Times*，2018）。[②] 2018 年 3 月 8 日，美国前国务卿雷克斯·蒂勒森（Rex Tillerson）在非洲联盟发表演讲时说："我们认为，非洲国家应该认真考虑那些投资条款，我们目睹了中国所遵循的模式。他们不会在当地创造大量就业机会；他们不会带来能让非洲人民在未来更充分参与的重大培训项目；而且通常情况下，这种融资模式的构建方式会导致国家在陷入财政困境时，由于违约而失去对本国基础设施或自身资源的控制。"（Tillerson，2018）

一些非洲领导人拒绝接受所谓的"中国殖民主义"或"帝国主义"

---

① 作者感谢 Fantu Cheru、James Mittelman、Scarlett Cornelissen、Mohamed Salih、Linda Yueh、Ian Taylor、Carlos Oya、Daniel Poon 以及 Dirk Willem 所给出的建议和投入的精力。他们的评论以及在 2018 年 8 月 30—31 日亚的斯亚贝巴研讨会期间的讨论非常有价值。我们也很感谢 Deborah Kefale 和 Binyam Arkebe 对本文所作出的编辑。
② https://www.ft.com/content/ca4072f6-a79f-11e8-a1b6-f368d365bf0e

说法，并积极肯定中国在非洲经济转型中的积极作用。[①] 鉴于"殖民主义"所具有的暴力性质，使用这个词来描述当前的动态是一种侮辱。同样，中国领导人明确而大胆地宣布了中国的"五不"方针，并希望其他国家也遵循这一方针：

> 始终尊重非洲、热爱非洲、支持非洲，坚持做到"五不"，即：不干预非洲国家探索符合国情的发展道路，不干涉非洲内政，不把自己的意志强加于人，不在对非援助中附加任何政治条件，不在对非投资融资中谋取政治私利。中国希望各国都能在处理非洲事务时做到这"五不"。
>
> （Xi，2018）

2015 年至 2018 年间，中国政府组织了多次会议和研讨会，并部署了多个智库，重点研究中非经济关系、制约因素以及改进中非伙伴关系的方法。显然，中非关系建立在信息透明、基于实证决策和新的学习基础之上。

与以"中国在非洲"为主题的论战性和耸人听闻的断言与故事相反，越来越多的有经验依据的研究关注中非经济关系，以及非洲的政治经济及其结构转型（Alden and Large，2018；Brautigam，2009，2015；Cheru and Obi，2010；China Africa Research Initiative，2018；Lee，2017）。[②] Brautigam 的著作揭穿了与中国在非洲和参与非洲农业有关的不实传闻。Lee（2017）以比较人种学为基础，提出了新颖的见解，展示了"中国在非洲投资的独特性"、中国投资的多样性，以

---

① 完整的采访，参见 https://www.caixinglobal.com/2018-09-06/qa-south-africas-president-dismisses-accusations-against-beijing-of-new-colonialism-101323312.html。

② Alden 和 Large 令人耳目一新地回顾了有关中非如何被研究的问题以及未来研究的新方向（Alden and Large，2018）。他们强调，当前的文献仅局限于评估中国在非洲、中非关系或中国和非洲的情况，而没有对"非洲研究中更深层次的历史遗留问题所蕴含的权力领域"（从认识论、理论和方法上）进行深入的研究。

及中国国家投资与全球私人投资的区别。^① 这些研究在消除传统误解的同时，还可能开辟新的研究途径，并为非洲国家和中国的政策制定提供参考。

11.2 不均衡、多样性和动态变化

本书的一个主题是，中非经济关系既不是静态的，也不是均衡的。这种伙伴关系的主要性质是它所表现出的不均衡性、多样性和随着时间的推移而发生的动态变化。要理解这种多层面关系的性质，就需要了解当前的国际环境和不断演变的国际秩序，同时需要更深入地分析中国和单个非洲国家（而不是将"非洲"作为一个整体）在当代融入这一全球秩序的轨迹。不断演变的全球分工和权力分化对非洲的发展轨迹具有深远的影响。

在全球对多边主义的认同下降、单边主义和保护主义抬头的时候，中国已经成为倡导以规则为基础的多边主义、全球化和一体化的主要国家之一。中国国家主席习近平的新领导力在全球和地缘政治方面发挥了更为坚定的作用。习近平主席也成为全球化和多边主义的倡导者（Cornelissen，Cheru and Shaw，2015；Shambaugh，2013）。^② 中国同时加强了其经济国际化战略，"走出去"和"一带一路"倡议为中国与非洲的历史关系注入了新的活力。^③ 这一过程体现了全球不断扩大的劳

---

① Lee（2017）强调，中国国有资本的特征是其自身的"积累逻辑，劳动制度，管理精神"，不同产业部门和国家或地区间的产能不均衡，产出不确定。Lee（2017）表示，影响中国投资的主要失衡问题是"产能过剩、利润率下降、消费不足、传统出口市场需求萎缩以及战略资源匮乏"。

② Shambaugh（2013）强调了中国是"不完全大国"（partial power），因为中国的经济实力不断增强，贸易主导地位不断提高，军事实力、外交主导地位和"软实力"不断增强（尽管中国的"软实力"距"不完全大国"相对落后）。

③ 目前还不清楚"一带一路"倡议和中非合作论坛如何相互作用。

动分工和权力分化（Fröbel，2009；Mittelman，2011）。中国的崛起和不断深化的中非经济关系不能脱离这一背景来理解。

除了全球权力结构，我们不仅要了解中国崛起为全球经济大国对非洲的影响，还要了解中国的历史和中国国内政治复杂的变化及发展历程（Yueh，2013）。正如第 4 章所述，中国的政策已经随着国内政治的动态变化而发生了转变。（20 世纪六七十年代）中国对非洲的政策主要由中国在不结盟运动中所扮演的角色和对反殖民解放斗争的支持所决定。20 世纪 80 年代以后，对经济互补性和市场经济的考虑则反映了当时中国的改革开放所带来的转变（Lin，2011）。20 世纪 90 年代以后，"走出去"的初步试验反映了中国的新战略和更为自信的态度，以及中国新的政策制定方式。此外，中国的政策思想反映了其悠久的历史、经验和儒家文化的影响，因为历史和文化是一种社会结构，将有助于预测未来更加可能发生的行为。中国的民族主义作为"中国梦"的载体发挥了重要作用。对西方和日本帝国主义殖民统治难以忘却的记忆，深刻塑造了中国的民族主义，坚定了中国人民捍卫中国主权和自主决定发展道路的决心（Chow，2007；Nayyar，2016；Nolan，2016）。[1] 考虑到这段历史，中国不太可能与掠夺性和"新殖民主义"联系在一起，而更可能与其他发展中国家联系在一起。[2]

11.3　促进非洲经济转型

本书的一个中心主题是非洲经济的结构转型，并认为应从结构转型的角度审视中非经济关系及其对非洲经济的促进作用。Ocampo、

---

① Nolan（2016：3-4）强调："从汉朝（前 206—公元 220）到 18 世纪晚期的两千多年里，中国是世界上经济和技术最先进的地区……工业革命的许多关键技术都起源于中国。"

② Yueh（2013）强调中国是第一个成为全球经济大国的发展中国家。

Rada 和 Taylor（2009：7）将结构转型定义为经济发展的核心，在本书的背景下似乎是一个更合理的定义：

> 经济发展是一个结构转型的过程。结构转型与下列因素有关：生产活动的组成、国际贸易中相关的专业化模式、技术层面的经济能力，包括劳动力的受教育水平、生产要素的所有制结构、国家基本制度的性质和发展以及某些市场运作的发展程度和制约因素……将生产要素从传统农业重新分配到现代农业、工业和服务业……将资源从低生产率的部门转移到高生产率的部门……使国内生产结构多样化的能力，即开展新的活动以加强国内经济联系和发展国内技术的能力。

在应用结构转型的观点时，应该注重经济多样化进程、技术能力的发展和国内经济联系的推进，其政策重点应突出制造业部门的发展和中心地位、出口的活力和国际学习以及农业现代化。

本书总体得出的结论是，虽然非洲国家在与中国的往来中获益匪浅，但它们远未实现工业化和结构转型。中国和非洲之间的经济联系在很大程度上是不对称的。这可以用多种方式来表达。

第一，尽管取得了积极进展，但中国与非洲国家的经济往来对非洲经济产生的促进作用在各个国家之间并不均衡。

第二，从中非经济合作中受益最大的国家不仅展现了政府的前瞻性政策，也表明仍存在广阔的改进空间。各国取得成果差异的关键影响因素是非洲东道国的战略方针和政策自主权。

第三，未来几年中非经济关系仍有很大发展空间，双方必须共同解决一些问题，创造有利于实现"双赢"的条件。这些问题或改进方向包括：持续的贸易失衡，过重的债务负担和财政可持续性，有选择性地以优质和适当的外国直接投资以及生产能力为目标，通过中国的直接投资扩大知识转移和提高当地含量的潜力，落后的商业环境，缩小知识和文化差异，以及让中非合作论坛成为一个更为有效的平台。[①]

中非合作论坛第七届部长级会议在解决中非经济伙伴关系的制约因素和薄弱环节方面，就它们与非洲经济转型的紧密关系而言，取得了重大进展。表 11.1 中提供了一些战略对策，可能会有助于加强中国针对非洲经济转型的"八大行动"之间的协调。

表 11.1 非洲国家针对中非合作论坛第七届部长级会议行动的战略方针

战略合作领域	中国八大行动（2018—2021）	对非洲各国政府的战略意义
外国直接投资与生产力	产业促进行动（1）：扩大对非投资；新建升级经贸合作区；支持非洲农业现代化；继续加强和非洲国家本币结算合作，发挥中非发展基金、非洲中小企业发展专项贷款的作用	• 以工业化和结构转型为重点的发展战略 • 制定连贯的产业政策（重点关注制造业出口，有学习空间的部门，动态联系，刺激国内学习） • 根据生产标准发展经济特区的制造业集群 • 根据外商直接投资的选择性、单一窗口、适当的激励结构和绩效要求，设计具有针对性的投资促进方案 • 推动对产业政策和枢纽发展的研究 • 加强政府机构之间的协调以及与投资者之间的沟通 • 中央银行将货币结算计划制度化
贸易与出口	贸易便利行动（3）：扩大进口，特别是非洲的非资源类产品；贸易畅通计划；支持非洲大陆自由贸易区建设；当地货币结算；支持非洲国家参加中国国际进口博览会	• 实现交通运输及物流业的现代化，促进区域互联互通 • 改革银行和海关制度，加强协调性和自动化程度 • 对出口到中国的产品进行监督，重点关注附加值 • 确保领导机构得到加强，要求得到监测 • 认真审查双边贸易谈判

---

① 参见 Altman（2018）有关中非贸易失衡的文献。同时参见 Taylor（2009）、Cheng 和 Taylor（2017）关于中国援助在非洲所发挥的新作用。

（续表）

战略合作 领域	中国八大行动 （2018—2021）	对非洲各国政府的战略意义
融资与基础 设施发展	设施联通行动（2）：制定中非在能源、交通、信息通信等基础设施领域的发展方案；支持非洲单一航空运输市场建设；扩展中非空中联系；基础设施融资新模式；为非洲国家及其金融机构来华发行债券提供便利；支持非洲国家利用亚洲基础设施投资银行、新开发银行、丝路基金等资金来源	• 制定基础设施发展战略和总体规划（10年以上），优先关注对制造业和出口至关重要的公用事业发展（如能源、工业基础设施和交通运输） • 促进协调机构能力建设，提高协调性 • 健全的采购流程、项目管理和合同管理 • 避开忽略基础设施运作及管理的陷阱 • 专有技术转让，技能形成，提高当地含量，加强与本地公司的联系 • 使用替代融资计划，并将债务可持续性作为关键考量 • 考虑环境可持续性
可持续性与 环境	绿色发展行动（4）：低碳、循环经济和可持续发展；50个绿色项目；政策对话、交流和研究	• 制定绿色经济战略（工业化、基础设施发展、气候适应性农业）和协调机构 • 发展协调机构，制定和执行法律 • 教育和宣传运动
人力资本与 能力建设	能力建设行动（5）：支持发展规划合作和经验交流；创新合作中心；1 000名精英人才交流；50 000份奖学金	• 发展管理这些行动的能力和提高选择透明度 • 根据重点行业和知识确定所需技能 • 支持技能形成和需求研究 • 侧重于确保在关键优先事项中部署训练有素的专家 • 加强学习机构之间以及员工之间的交流
健康卫生	健康卫生行动（6）：非洲疾病控制和预防中心；艾滋病、疟疾、传染病防治运动	• 制定健康卫生战略 • 聚焦能力建设和医疗系统 • 发展制药业（在经济上可行的领域）
人文	人文交流行动（7）：非洲研究院；联合研究交流计划；支持非洲符合条件的教育机构申办孔子学院；促进非洲旅游业发展	• 推动新型智库和研究 • 利用研究投入来审查过程和结果，并确定优先次序 • 发展航空枢纽（例如埃塞俄比亚），以建立其竞争优势 • 针对中国游客制定旅游业发展战略（需要独特的方法）

（续表）

战略合作 领域	中国八大行动 （2018—2021）	对非洲各国政府的战略意义
安全和稳定	和平安全行动（8）：追求和平与发展；扩大联合国维和作用；打击海盗和恐怖主义（亚丁湾、几内亚和萨赫勒）；联合安全论坛	• 利用维和行动中的培训机会和经验交流 • 提高情报能力和协调性，以实现协同效应 • 强化次区域组织（伊加特、南部非洲发展共同体等）
资源	总计 600 亿美元财政资源，包括政府对金融机构和企业的援助、投资和融资：150 亿美元的无偿援助、无息贷款和优惠贷款；200 亿美元的信贷资金额度；100 亿美元的中非开发性金融专项资金；50 亿美元的自非洲进口贸易融资专项基金；100 亿美元来自中国企业的投资；取消中国政府对最不发达国家、内陆和小岛屿的无息贷款	• 重点应该是制定相关战略和政策，以确保经济转型，注重能力建设和建设关键机构，支持研究，并加强非洲国家之间和通过非洲联盟做出的共同努力。推动相互学习至关重要 • 培养财政部，国家规划机构，负责基础设施规划、发展和运作的机构以及开发熟练人力资源方面的能力 • 注重中非之间经验交流和专门技术转让，非洲国家之间的相互学习和经验分享，利用国际组织的技术支持 • 加强研究以探讨改善方法
国际秩序与治理	多极化；经济全球化；参与式全球治理；维护国际秩序；加强地区和国际协调	• 提高共同协调作用，以推动国际治理体系变革 • 加强非洲联盟作为战略机构和区域组织的作用 • 与联合国机构，如联合国非洲经济委员会、联合国贸易和发展会议等密切协调
合作原则与新理念	加强全面战略合作伙伴关系；互学互鉴；"五不"方针；互补性；以人为本；加强制度建设；创新理念；拓展合作领域；中非共同体；命运共同体；文明共存	• 加强南南合作 • 使国际组织参与进来，并与其他先进经济体和新兴经济体建立经济联系 • 设计中非经济关系的全面战略方针 • 尽最大努力成为积极而谨慎的伙伴 • 进行相关研究 • 将政策学习作为合作的中心 • 深化对中国的了解（政策制定、动态等）

11.4 中非经济关系的战略方针：未来发展之路

中国正在经历重大的经济再平衡过程，以步入第四次工业革命，并向创新驱动型经济升级，这必将以多种方式影响中非关系，给非洲国家既带来机遇，也带来挑战（见第 2、3 章）。例如，中国的新型国际化战略"一带一路"倡议不仅涵盖非洲，还涵盖其他大洲，体现了中国的"走出去"及其轻工制造业吸引外国直接投资的潜力。能否抓住中国经济的再平衡和中国企业的"走出去"战略所带来的机遇，将主要取决于非洲各方是否具有充分利用这些机遇的能力。[①] 考虑到中国的全球雄心，在迅速变化的环境下，非洲国家的政策制定者既需要了解在与中国经济往来中取得的成就，也要了解局限和不足。中国的迅速崛起给非洲国家提供了有益的经验。

11.4.1 中国作为学习的来源：书写自己的剧本

中国已使 7 亿贫困人口脱贫，并成功攀登上了工业化的阶梯，在一代人的时间里成为世界最大的出口国和第二大经济体。[②] 这些经验不仅对非洲国家非常重要，对其他发展中国家和新兴经济体也同样重要。中国已经成功地进入了国际市场，并利用外国直接投资发展国内企业。[③] Rodrik（2012：153）指出："事实证明，中国保护自己免受全球

---

① 另见 Lin 和 Monga（2017，2019）有关非洲经济转型的文章。

② 本书编者指出，过于简单化的将"华盛顿共识"与"北京共识"对立起来的观点，在分析上存在危险。"华盛顿共识"是一个用来描述新自由主义思想和国际金融机构惯例的术语，而"北京共识"是一个定义宽松的术语，无助于理解中非经济关系的本质。

③ Akyüz（2017）强调，中国是通过增加国内产品附加值和强制成立合资企业（以换取进入中国国内市场），来管理外国直接投资以实现结构转型的一个例子。参见 Akyüz（2017），他认为，发展中国家和新兴经济体应该"正确识别外国企业的能力，了解它们可以通过哪些渠道刺激增长和结构改革，并调整它们所需要的政策"。

经济冲击的能力至关重要……总之，中国的政策制定者为自己保留了
调控空间并巧妙地加以利用。"① Mittelman 追问："发展中国家如何才
能利用好全球化的优势？"（2006：377）对此，他补充道：

> 在寻找关键因素的过程中，中国国内的争论却基本上被忽视
> 了。这种创造性的对话可以帮助克服对反发展（antidevelopment）
> 的绝望，是一种对整个发展主义范式的多管齐下的攻击……这是
> 一个关于中国本土的战略转型令人信服的案例，充满希望和自信，
> 以及很大程度上的自主能力。另一方面，中国的故事引出了一个
> 问题：如何在新自由主义全球化的背景下写出新的发展剧本？
> （Mittelman，2006）

事实上，最重要的经验是中国的自主转型战略（而不是别国的惯
例）、政策学习（例如"实事求是"、政策试验或"摸着石头过河"）、
自信以及对自身发展道路的选择。邓小平强调："经济特区是一个试
验……我们的整个对外开放政策也是一个试验。"（Deng，1994：
137）② 这仍然是中国现任领导人发展思想的核心理念："中国事务必
须根据中国的国情来处理。这是解决我们所有问题的唯一正确途
径。"（Xi，2017：13）对外开放或建立经济特区、打造国家领军企业
和教育的战略目的都是加速技术变革（Deng，1994：43，61；Li，
2011）。从这个角度来看，中国模式难以被非洲国家所复制。总之，
非洲领导人应致力于成为中国的战略合作伙伴以及这种伙伴关系的
推动者。③

---

① Kozul-Wright（2018）强调："中国采用了发达国家在经济阶梯上攀登时所使用的标准
剧本。"

② 另见 Li（2011）关于改革开放的中国特色的表述。

③ 邓小平强调"从长远来看，我们应该重视教育和科技"（Deng，1994：269），并补充称
"我们应该扩大对外开放……以加快我们的技术转型……这是一个具有战略意义的问题"
（1994：43）。另见 Nolan（2014）关于中国打造国家领军企业的产业政策和政府发挥的积极作用。
同时参见 Chu（2019）关于政府和产业政策所扮演的角色。

11.4.2 优先考虑并注重生产性投资

金融资源和基础设施建设是主导中非关系的两个方面。从非洲结构转型的角度来看，生产能力投资，特别是经济基础设施投资，在加速农业工业化和现代化、建立技术能力和国内联系、促进出口以改善贸易条件以及偿债方面具有显著的溢出效应（CNN，2018）。人力资本和基础设施的发展，特别是电力和交通运输的发展，应该着眼于提高生产力和获得最优回报。另一个与政策学习相关的基本问题是，非洲的政策制定者和学者可能忽视了将中国作为一个学习来源，或者可能没有掌握一个系统的学习方法（Oqubay，2015；Oqubay and Ohno，2019；Oqubay and Tesfachew，2019）。

11.5 政策自主权和掌握主动权

中非经济关系的一个战略方针意味着非洲国家拥有发展战略、产业政策和长期指导性计划，这些战略、政策和计划需要与正在实施的中非倡议和长期结构转型框架相一致（UNECA，2016）。[①] 这是一个加强学习和不断培养伙伴关系的动态过程。除此之外，非洲政策制定者应了解这些倡议，并设计新的方案以最大限度地加以利用，以及引入新的理念以进一步改进这一过程。非洲国家之间的相互学习本身就是至关重要的，这种相互学习可以加强中非关系的战略性和互补性。这应该得到以证据为基础的研究的支持，以为政策制定提供参考。

非洲政策制定者还需要与其他新兴经济体和发达经济体以及"传统"伙伴接洽，以加快结构转型。合作伙伴之间更好的协调和协同作用将产生更好的结果。在这方面，不应仅关注金融资源，更应关注促

---

① 尽管《2063年议程》很重要，但最重要的是各国的国家发展战略和产业政策。各国所采取的行动将取决于每个国家的发展方向和发展轨迹。

进外国直接投资流入和促进出口。知识转移和经验分享需要被赋予更大的战略意义。因此，指导原则应该是坐在"驾驶席"上并确保政策独立。非洲国家应该共同努力，力求改变全球治理，确保非洲获取更大的利益和影响力。

11.5.1　投资于创新、研究和发展

在一些国际知名人士和有影响力的学者之中风靡的观点是，由于国际出口市场饱和、中国崛起带来的竞争以及快速的科技发展（机器人和人工智能），非洲国家应该放弃专注于制造业的政策，因为制造业不会成为增长动力。现实情况是，制造业的特殊属性在 21 世纪仍然强大有效，加速的技术进步意味着产业政策应当侧重于促进技术学习。[①] Yülek（2018）强调，制造业是"技术、生产力和创新的温床"，仍然是经济增长的引擎，出口导向型增长在 21 世纪的产业政策中占据主导地位。[②] 现代服务业的扩张也在很大程度上依赖于制造业的发展。非洲国家应采取工业化和产业政策，以创造就业机会，促进出口，发展技术能力，加快经济转型。这必须得到人力资本发展和基础设施建设的支持，且以加速经济转型为目标。从这个角度来看，没有多少非洲国家已成功地利用中非经济关系来促进工业化和结构转型。

11.5.2　规划新的研究议程

尽管过去 10 年有关中非关系的研究有所增加，但在一些关键问题上仍存在巨大的欠缺。其中一个值得进一步探索研究的空白领域就是促进中国大学和非洲大学之间的技术学习。尽管有大量非洲留学生来到中国学习，并且举办了大量的培训研讨会，但迄今为止，还没有对

---

① 有关制造业的特殊属性和出口的战略作用的问题，参见 Kaldor（1967）和 Thirlwall（2013）。

② 另见 Lee（2019）有关创新和吸收能力的重要性的论述。

工业产生溢出效应的基础研究和应用研究联合项目。当前迫切需要转变方法并采取紧急措施，将诸如大学和科研单位等知识机构与非洲的工业和企业联系起来，并加强大学和当地企业的能力建设。另外，随着中国准备进入第四次工业革命，并准备为成为创新驱动型经济体打好基础，有必要探讨数字技术、人工智能以及算法的发展对未来中非经济关系的影响。除了数字技术和人工智能对经济产生的促进作用，还需要研究相关治理方式和规章制度，以预防技术创新带来的危害和伦理问题，如在世界其他地区遇到的机器人和自动驾驶问题。

参考文献

Akyüz，Y. (2017) *Playing with Fire：Deepened Financial Integration and Changing Vulnerabilities of the Global South*. Oxford：Oxford University Press.

Alden，C. and D. Large （eds）（2018）*New Directions in Africa-China Studies*. New York：Routledge.

Altman，M. (2018) "Taking China-Africa Trade Relations to New Heights"，*China Daily*，5 September.

Brautigam，D. (2009) *The Dragon's Gift：The Real Story of China in Africa*. Oxford：Oxford University Press.

Brautigam，D. (2015) *Will Africa Feed China？*，Oxford：Oxford University Press.

Brautigam，D. (2018) "China's FOCAC Financial Package for Africa 2018：Four Facts."，4 September，http://www. chinaafricarealstory. com/2018/09/chinas-focac-financial-package-for. html.

Cheng，Z. and I. Taylor (2017) *China's Aid to Africa：Does Friendship Really Matter？*. New York：Routledge.

Cheru，F. and C. Obi （eds）（2010）*The Rise of China and India in Africa*. London：Zed Books.

China Africa Research Initiative （2018）"The Path Ahead：The 7th Forum on China- Africa Cooperation"，Briefing Paper No 1，Janet Eom，Deborah Brautigam，and Lina Benabdallah，https://static1. squarespace. com/static/5652847de4b 033f56d2bdc29/t/5b84311 caa4a998051e685e3/1535389980283/Briefing＋Paper＋1＋-＋August＋2018＋-＋Final. pdf.

Chow, G. (2007) *China's Economic Transformation*. 2nd edition. Oxford: Blackwell Publishing.

Chu, W. (2019) "Catch-Up and Learning by Newly Industrializing Economies: The Case of Taiwan", in Arkebe Oqubay and Kenichi Ohno (eds) *How Nations Learn: Technological Learning and Catch Up*. Oxford: Oxford University Press, ch. 6.

CNN (2018) "Skyscrapers, Trains and Roads: How Addis Ababa Came to Look Like a Chinese City", 3 September, Jenni Marsh, https://edition. cnn. com/2018/09/02/africa/addis-ababa-china-construction/index. html.

Cornelissen, S. , F. Cheru, and T. Shaw (eds) (2015) *Africa and International Relations in the 21st Century*. London: Palgrave Macmillan.

Deng, X. (1994) *Selected Works of Deng Xiaoping, Volume III: 1982 – 1992*. Beijing: Foreign Languages Press.

Financial Times (2018) "The Chinese Model Is Failing Africa", Luke Patey, 26 August, https://www. ft. com/content/ca4072f6-a79f-11e8-a1b6-f368d365bf0e.

Fröbel, F. (2009) *The New International Division of Labour: Structural Unemployment in Industrial Countries and Industrialisation in Developing Countries*. Cambridge: Cambridge University Press.

Kaldor, N. (1967) *Strategic Factors in Economic Development*. Ithaca, NY: New York State School of Industrial and Labour Relations, Cornell University.

Kozul-Wright, R. (2018) "The Global Economy's Fundamental Weakness", *Project Syndicate*, 13 September, https://www. project-syndicate. org/commentary/global-economy-fundamental-weakness-by-richard-kozul-wright-2018-09.

Lee, C. K. (2017) *The Spectre of Global China: Politics, Labor, and Foreign Investment in China*. Chicago, IL: University of Chicago.

Lee, K. (2019) "Catch-Up and Learning in South Korea: Formation and Absorptive Capacity", in Arkebe Oqubay and Kenichi Ohno (eds) *How Nations Learn: Technological Learning, Industrial Policy, and Catch Up*. Oxford: Oxford University Press, ch. 7.

Li, L. (2011) *Breaking Through: The Birth of China's Opening-Up Policy*. English edition. Oxford: Oxford University Press, and China: Foreign Language Teaching & Research Press.

Lin, J. Y. (2011) *Demystifying the Chinese Economy*. Cambridge: Cambridge University Press.

Lin, J. Y. and C. Monga (2017) *Beating the Odds: Jump-Starting Developing Countries*. Princeton, NJ: Princeton University Press.

Lin, J. Y. and C. Monga (2019) *The Oxford Handbook of Structural Transformation*. Oxford: Oxford University Press.

Lin, J. Y. and J. Zhang (2019) "China: Learning to Catch up in a Globalized World", in Arkebe Oqubay and Kenichi Ohno (eds) *How Nations Learn: Technological Learning, Industrial Policy, and Catch Up*. Oxford: Oxford University Press, ch. 8.

McKinsey & Company (2017) "Dance of the Lions and Dragons: How Are Africa and China Engaging, and How Will the Partnership Evolve?", June. Irene Yuan Sun, Kartik Jayaram, and Omid Kassiri.

Mittelman, J. (2006) "Globalization and Development: Learning from Debates in China", *Globalizations*, 3(3): 377-391.

Mittelman, J. (2011) *Contesting Global Order: Development, Global Governance, and Globalization*. New York: Routledge.

Nayyar, D. (2016) *Catch Up: Developing Countries in the World Economy*. Oxford: Oxford University Press.

Nolan, P. (2014) *Chinese Firms, Global Firms: Industrial Policy in the Era of Globalization*. New York: Routledge.

Nolan, P. (2016) *Understanding China: The Silk Road and the Communist Manifesto*. New York: Routledge.

Ocampo, Jos?A., C. Rada, and L. Taylor (2009) *Growth and Policy in Developing Countries: A Structuralist Approach*. New York: Columbia University Press.

Oqubay, A. (2015) *Made in Africa: Industrial Policy in Ethiopia*. Oxford: Oxford University Press.

Oqubay, A. (2019) "Industrial Policy and Late Industrialization in Ethiopia", in Fantu Cheru, Christopher Cramer, and Arkebe Oqubay (eds) *The Oxford Handbook of the Ethiopian Economy*. Oxford: Oxford University Press.

Oqubay, A. and K. Ohno (2019) *How Nations Learn: Technological Learning, Industrial Policy, and Catch Up*. Oxford: Oxford University Press.

Oqubay, A. and T. Tesfachew (2019) "Learning to Catch up in Africa: Lessons and Complexity", in Arkebe Oqubay and Kenichi Ohno (eds) *How Na-tions*

Learn：*Technological Learning*，*Industrial Policy*，*and Catch Up*. Oxford：Oxford University Press，ch. 14.

Rodrik，D.（2012）*The Globalization Paradox*：*Why Global Markets*，*States*，*and Democracy Can't Coexist*. Oxford：Oxford University Press.

Shambaugh，D.（2013）*China Goes Global*：*The Partial Power*. Oxford：Oxford University Press.

Taylor，I.（2009）*China's New Role in Africa*. Boulder，CO：Lynne Rienner.

Thirlwall，A.（2013）*Economic Growth in an Open Developing Economy*：*The Role of Structure and Demand*. Cheltenham：Edward Elgar.

Tillerson，R.（2018）"Africa：Press Availability with African Union Commission Chairperson Moussa Faki"，8 March，US State Department，Washington，DC.

Xi，J.（2017）*The Governance of China*，*Volume II*. Beijing：Foreign Language Press.

Xi，J.（2018）Speech at the Opening of FOCAC Beijing Summit（FOCAC VII），3 September.

UNECA（2016）"Transformative Industrial Policy for Africa"，United Nations Economic Commission for Africa，Addis Ababa.

Yueh，L.（2013）*China's Growth*：*The Making of an Economic Superpower*. Oxford：Oxford University Press.

Yülek，M. A.（2018）*How Nations Succeed*：*Manufacturing*，*Trade*，*Industrial Policy*，*and Economic Development*. London：Palgrave Macmillan.